融资约束视域下金融发展对企业创新的影响研究

李子君　著

中国财经出版传媒集团
中国财政经济出版社
·北京·

图书在版编目（CIP）数据

融资约束视域下金融发展对企业创新的影响研究 / 李子君著. --北京：中国财政经济出版社，2025. 2.

ISBN 978 -7 -5223 -3676 -3

Ⅰ. F273. 1

中国国家版本馆 CIP 数据核字第 2025ZR5504 号

责任编辑：彭　波　　　　责任校对：张　凡

封面设计：孙俪铭　　　　责任印制：史大鹏

融资约束视域下金融发展对企业创新的影响研究

RONGZI YUESHU SHIYUXIA JINRONG FAZHAN

DUI QIYE CHUANGXIN DE YINGXIANG YANJIU

中国财政经济出版社 出版

URL：http：//www. cfeph. cn

E - mail：cfeph@ cfeph. cn

社址：北京市海淀区阜成路甲 28 号　邮政编码：100142

营销中心电话：010 -88191522

天猫网店：中国财政经济出版社旗舰店

网址：https：//zgczjjcbs. tmall. com

涿州汇美亿浓印刷有限公司印刷　各地新华书店经销

成品尺寸：170mm ×240mm　16 开　15. 5 印张　221 000 字

2025 年 2 月第 1 版　2025 年 2 月河北第 1 次印刷

定价：78. 00 元

ISBN 978 -7 -5223 -3676 -3

（图书出现印装问题，本社负责调换，电话：010 -88190548）

本社图书质量投诉电话：010 -88190744

打击盗版举报热线：010 -88191661　QQ：2242791300

前　言

随着我国经济发展进入了“新常态”，传统依靠要素投入的粗放式发展已不可持续，经济增长方式亟待改变，而创新正是实现这一转变的关键所在。创新驱动发展战略已成为事关国家长远发展的核心战略，企业作为创新的主体，其创新能力的提高对于企业自身竞争力与国家创新驱动力的形成都具有重要意义。然而，中国企业的自主创新能力却长期落后于经济发展的现实需求。根据《2019 年中国企业 500 强发展报告》，中国 500 强企业的平均研发强度仅为 1.60%，低于国际公认的企业生存线 2%。那么，什么因素制约了我国企业的创新投入水平？目前，我国经济还在转型升级过程中，金融服务体系仍不够完善，资本市场发展尚不成熟，企业融资存在融资渠道不稳定、融资成本高和融资效率低的问题。创新活动的积累性、专业性和高调整成本特点意味着其需要长期大量的资金支持，然而不同于一般投资，企业创新活动内在的高风险和高度信息不对称的特点，增加了其获得外部资金支持的难度。良好的金融体系能够汇集资金、筛选创新项目、有效配置资源、监督经理人、分散风险，帮助企业克服道德风险和逆向选择问题，有利于支持并促进创新。

在这样的背景下，研究我国金融体系如何有效支持企业创新活动，乃至更好地服务实体经济具有重要意义。基于我国推出的一系列科技金融发展措施和创新驱动发展战略下的金融改革背景，以及企业创新活动融资难和投资不足的现实背景，本书试图具体探究以下问题：从企业微观视角来看，融资约束对我国企业创新产生了怎样的影响，这种影响针对异质性企业是否存在差异？将宏观金融发展和微观企业创新结合来看，我国地区银行部门发展和股票市场发展对企业创新投入和创新绩效产生了怎样的影响？金融发展对不同所有制、不同规模、不同研发水平的企业是否存在差异性影响，以及不同区域金融发展对企业创新影响有何不同？金融发展通过怎样作用渠道影响了企业创新，是否存在以融资约束为中介变量的显著的中介效应？作为企业外部资金来源和政府创新激励手段的政府补助与金融发展对企业创新投入产生怎样的交互影响？

本书先是对相关理论和已有文献研究进行了梳理和评述，并对中国创新和金融发展的制度背景与现状进行事实分析，在结合理论分析提出研究假设的基础上，本书选取2007~2018年A股非金融业上市公司为研究样本，经过实证论证，得到以下几点结论：第一，本书采用SA指数、KZ指数和WW指数法构建融资约束指标，检验了融资约束对企业创新的影响，实证结果显示，融资约束显著抑制了我国上市公司的创新投入，尤其是对较小规模企业和非国有企业；融资约束对企业创新绩效的数量和质量也产生了负面影响。第二，我国地区银行业金融机构发展和股票市场发展显著促进了企业创新投入，尤其是对非国有企业、较小规模企业和研发水平较高的企业；东部地区银行业发展和股票市场发展对企业创新促进作用最显著；考虑创新绩效，地区银行业信贷规模扩张和股票市场融资规模扩张对企业创新产出数量没有显著影响，但是与企业创新产出的质量显著正相关。第三，本书通过实证检验了金融发展对企业创新的影响机制，研究发现金融发展能通过缓解融资约束和信息不对称来促进企业创新，其中实证结果表明融资约束对于金融发展影响企业创新起到了显著中介效应。第四，地区金融发展与政府补助的交互作用显著促进企业创新投入增加，这种正向交互影响对于融资约束和信息不对称问题较严重的企业更明显。

本书研究可能的创新之处主要有：第一，区别于多数文献的单一视角，本书结合了企业微观融资视角和宏观金融发展视角，检验资金可得性对企业创新的影响。在金融发展对企业创新作用机制的实证检验中，本书不只采用了交互项系数检验方法，还通过中介效应检验法深入探究了金融发展、融资约束和企业创新之间的关系。第二，本书从金融功能观出发，创新性地采用了信息不对称的研究视角，实证研究发现金融发展能通过缓解信息不对称促进企业创新。第三，已有研究多用单一维度衡量企业创新，并且关于中国资本市场对企业创新影响的研究较少且经验证据尚无定论。本书在实证研究中，同时考虑了企业创新投入和创新绩效，并用数量和质量两个维度衡量企业创新绩效；从银行业金融机构和股票市场两个角度衡量金融发展，并在实证中考虑了企业所有制、企业规模、企业研发水平和区域的差异性影响，拓宽了研究深度。同时，也进行分位数回归全面对比了解银行业金融机构发展和股票市场发展对不同创新投入分位点企业的影响。本书从更全面的视角探究了融资约束和金融发展对企业创新的影响，并对重要指标选取两个以上的代理变量，进行了丰富的稳健性检验，丰富了此类课题的研究方法和经验结论。第四，政府补助是政府用来缓解企业融资约束促进企业创新投入的政策性激励手段，也是企业的外部资金来源，本书将金融发展和政府补助放入同一研究框架，探讨了两者对企业创新的交互影响，并给出政策建议。

作 者

2024 年 11 月

目　　录

第1章

绪　论

1.1　研究背景和问题的提出

改革开放以来，我国经济发展已取得巨大成就。但是，随着人口和资源红利逐渐消失，劳动力成本上升和经济增速放缓成为我国经济增长的“新常态”，我国依靠要素投入的粗放式发展模式已不可持续，经济增长方式亟待改变，而创新正是实现这一转变的关键所在。现代经济增长理论表明，技术创新是一国经济增长的源泉（Romer，1990；Aghion & Howitt，1992；Helpman，2004）。2006年，随着《国家中长期科学技术发展规划纲要》的提出，我国开启了全面国家创新体系的构建。2012年“创新驱动发展战略”的提出标志着我国创新战略上升为国家核心战略。2016年，我国明确提出到2050年建成世界科技创新强国的战略目标。目前，科技创新已在国家发展全局中占据核心地位，创新驱动发展战略受到了我国政府的高度重视和全社会的广泛认可。

创新能力是一国竞争力的决定性因素，近年来，我国总体创新研发水平快速发展，但与发达国家仍然存在一定差距。世界知识产权组织发布的2018年全球创新指数排名中，中国创新指数排名上升至第17名，同年中国研发投入强度（研发经费支出与GDP比值）达到2.14%，但是仍远低于德美日等发达国家3%左右的水平，更是大约只有韩国4.53%研发投入强度的1/2。尽管我国已经深刻认识到科技创新的重要性，但是在长期实践中的创新投入仍远远不足。此外，我国在大量关键领域的关键技术上，还没有实现国际领先。创新能力仍然不足，是制约我国国际竞争力的主要因素。当前，创新已成为我国经济增长的“新引擎”，是我国经济转型和持续发展的关键因素，因此，如何促进和培育创新、如何将我国建设成为世界创新强国，是我国学术界和政策制定者需要面对的重要挑战。

企业作为市场经济的主体，企业的创新能力在很大程度上决定了一国整体创新能力和核心竞争力。一方面，企业是国家科技自立自强的创新主体和微观基础，是把我国建设成为世界创新强国的重要力量；另一方面，创新也与企业自身生存和发展息息相关。大量文献表明，融资约束是妨碍企业成长发展的重要因素，这种制约作用在金融市场不完善的发展中国家尤为突出（Beck et al.，2005；Khurana et al.，2006；Poncet et al.，2010；Campello et al.，2010；李洁等，2016）。目前，我国经济还处于转型期，金融服务体系还不够健全，资本市场发展尚不成熟，企业融资面临融资渠道不稳定、融资成本高、融资效率低的问题，融资约束是制约企业实现生产最优规模的关键问题。2015年中央经济工作会议把“降成本”作为供给侧结构性改革五大任务之一，2019年中央经济工作会议明确提出要降低社会融资成本，企业融资困境仍是我国经济发展亟待解决的重要问题。创新活动的积累性和高调整成本等特点意味着其需要长期大量的资金支持，然而不同于一般投资，由于企业创新活动具有高风险、缺少抵押物、信息不对称等特点，其受到融资约束的影响往往更为严重（Hall et al.，2012）。

企业创新活动离不开资金支持，保持足够的资金投入是企业创新能够顺利进行的基础。企业创新的资金来源主要包括内源融资和外源融资，前者来自企业自身经营活动积累的资金，而后者主要来自金融体系融资和政府资金支持。企业创新活动需要一段时间内持续稳定的大额资金投入，在内外部经营环境的周期波动影响下，企业通常无法仅仅依赖自身现金流支持必要规模的创新活动，外源融资的重要性可以得见，而政府的资金支持相当有限，因此，金融体系的资金支持对于企业创新至关重要。企业创新的过程需要耗费大量的时间、财力和人力，创新的结果却难以预测，并且失败率较高，这给外部投资者带来了很大风险。企业创新研发过程中信息不对称和道德风险问题，会抬高企业外部融资成本，增加企业融资难度，阻碍企业创新。而良好的金融体系能够汇集资金、筛选创新项目、有效配置资源、监督经理人，帮助企业克服道德风险和逆向选择问题，有利于支持并促进创新。

在这样的背景下，关于我国金融体系如何支持企业创新活动，乃至更好地服务实体经济，成为一个重要的研究课题。改革开放以来，我国金融体系建设基本适应于我国早期经济总量为导向的经济体制，这是促成我国经济高速增长阶段的一个重要因素，而当前随着中国进入经济转型升级阶段，新的一轮金融改革正在深入展开（董小君，2014；彭明生和范从来，2020）。然而我国在长期实践中的创新投入不足，我国科技创新水平与发达国家仍有一定差距。我国政府逐步推进科技创新战略规划和创新驱动发展战略实施的同时，也相继推出了多项金融体系改革和科技金融发展措施，以期推进支持技术创新的金融体系建设。那么，这期间我国地区金融发展是否逐渐实现与创新驱动发展战略的匹配？在我国经济增长初期，企业多采用模仿创新，对研发投入不够重视，而在当前我国已处于以创新为经济增长核心驱动力的发展阶段，企业自主创新能力愈发重要，企业创新活动的资金需求逐渐增加，如何建设支持创新的金融体系，怎样发挥金融体系的功能来促进企业创新，是学术界和政策制定者关注的重要问题。带着这些疑问，进一步地，本书将聚焦以下具体问题：从微观企业视角来看，我国企业创新是否面临融资约束问题，融资约束对异质性企业是否具有差异性影响？将宏观金融发展和微观企业创新结合来看，我国地区银行部门发展和股票市场发展对企业创新投入和创新绩效产生了怎样的影响？金融发展对不同所有制、不同规模、不同研发水平的企业是否存在差异性影响，以及不同区域金融发展对企业创新影响有何不同？金融发展通过怎样作用渠道影响了企业创新，是否存在以融资约束为中介变量的显著中介效应？作为企业外部资金来源和政府创新激励手段的政府补助与金融发展对企业创新投入产生怎样的交互影响，政府补助对于金融发展影响企业创新是否具有调节效应？研究我国企业创新的融资约束和金融支持问题，对于促进和培育创新，探索建立有利于企业创新、适应国家发展战略的金融体系，以及帮助创新驱动发展战略顺利进行具有重要意义。因此，有必要对国内外相关研究进行梳理和展开评述，对我国创新和金融发展现状进行梳理，并通过实证研究对上述问题进行系统考察，以更好地丰富相关学术研究和指导今后政策实践。

1.2 研究意义

1.2.1 理论意义

（1）本书研究有助于丰富企业创新理论。

企业创新是当前的一个热点课题，企业创新的影响因素受到学者们的广泛关注。本书在梳理以往文献的基础上系统分析了融资约束因素和金融发展因素对企业创新的影响，并在实证研究中将企业微观融资视角和宏观金融环境视角相结合，考虑了企业创新投入和产出两个方面，深入研究了外部资金可得性对企业创新的影响。本书的研究有助于深化对企业创新理论的认识，包括对企业创新特征、企业创新投资的融资约束理论、金融和企业创新关系以及对我国企业创新现状的认识。

（2）本书研究有助于完善企业融资约束理论。

已有关于企业融资约束的相关研究大多采用投资—现金流敏感性来衡量企业融资约束，但该方法研究企业融资约束存在局限性，且其衡量融资约束的有效性也受到了其后一些学者的质疑。本书共采用了 SA 指数、KZ 指数和 WW 指数法对企业融资约束进行测度，构建了企业融资约束指标，并深入研究融资约束和企业创新之间的关系，拓宽了融资约束对企业微观行为影响的研究，也检验了三种融资约束指数在实证研究中的应用效果。

（3）本书研究有助于丰富金融发展理论。

第一，本书的研究有助于丰富金融发展影响企业创新的理论研究。关于如何将有限资金充分有效地投入于技术进步中，当前金融发展理论还未从微观层面给出明确的答案。现有研究关于银行部门和股票市场发展对企业创新的影响还有一定争议。理论研究方面，本书结合已有理论研究分梳理了金融发展影响企业创新的金融结构观和金融功能观，分析了金融发展对企业创新的影响机制。实证研究方面，本书考虑了金融结构中的银行部门和股票市场发展，从金融功能观出发，深入研究了金融发展对异质性企业的影响，以融资约束和信息不对称视角研究了金融体系对企业创新的作用渠道，丰富了金融功能理论研究。

第二，本书的研究从微观层面丰富了金融对经济增长影响的研究。金融发展理论主要研究的是金融发展和经济增长的关系，金融与经济的关联性已是经济学界的经典课题，创新对于经济增长的重要性也得到了大量文献的支持，但是关于金融发展与经济增长的影响路径，学者们仍莫衷一是（黎欢等，2014），本书的研究为金融发展促进经济增长提供了新的微观证据。我国渐进式银行系统和股票市场的改革与发展，为本书的研究提供了样本时间维度的变化；各省区市地区间金融发展各方面具有明显差异，为本书研究提供了样本横截面维度的变化。与跨国样本的研究不同，我国地区之间的文化和制度的相似性很强，在实证分析中相当于控制了一些其他企业层面之外的影响因素，保证了结果的可靠性。我国长期以来的金融改革与发展和地区之间的金融发展不平衡，为金融发展对企业创新的影响研究提供了良好的实验环境。

1.2.2 现实意义

尽管政府和全社会已经深刻认识到创新的重要性，但是我国在长期实践中的总体创新投入水平仍然不足，我国科技创新水平与发达国家仍有一定差距。企业是我国技术创新的主体，企业的创新能力决定了我国整体创新水平和国家核心竞争力。本书的研究对于我国促进和培育创新、探索建立有利于企业创新、适应国家发展战略的金融体系以及帮助创新驱动发展战略深入实施具有重要意义。

具体来看，本书的研究具有以下现实意义：第一，本书通过考察我国企业融资约束与企业创新的关系，为我国推动降低企业融资成本、有助于企业创新的财政金融政策制定和实施提供了有利证据。第二，本书通过实证研究银行部门和股票市场发展对企业创新投入和创新绩效的影响效果和作用渠道，有助于分别了解我国银行部门和股票市场发展与创新驱动发展战略匹配情况。本书的研究发现银行部门和股票市场通过缓解企业融资约束和信息不对称促进了企业创新，为我国推动金融改革、发挥金融体系功能、促进金融体系服务实体经济的政策实施提供经验证据和理论支撑。第三，本书的研究考虑了企业异质性特征，探究金融发展对不同所有制、不同规模、不同研发水平的企业的差异性影响，探究不同区域金融发展对企业创新的差异性影响，并用分位数回归方法检验了银行部门和股票市场发展对不同创新投入分位点企业的影响。这些研究有助于更多方位地了解我国地区金融发展对企业创新的影响，有利于为制订有针对性的金融政策，把握资金流向，根据地区企业创新和金融发展情况合理规划金融安排，以及为提升金融支持企业创新的效率提供政策启示，对于更好地建设有利于企业创新、适应国家发展战略的金融体系具有现实意义。第四，政府补助是政府用来缓解企业融资约束促进企业创新投入的政策性激励手段，来自金融体系的资金和政府补助是企业创新的重要外部资金来源，同时政府补助可以向外部投资者传递出关于企业创新项目的积极信号，本书将政府补助纳入研究框架，探讨了金融发展和政府补助对企业创新的交互作用，对于探究政府政策和金融市场机制的有效结合、完善我国降低企业融资成本、激励企业创新的政策体系建立，具有重要意义。

1.3 核心概念界定

1.3.1 企业创新

创新理论最初是由美国著名的经济学家熊彼特（J. Schumpeter）在1912年出版的《经济发展理论》中提出的，进一步地，在其1939年出版的《商业周期循环论》和 1942 年出版的《资本主义、社会主义和民主》中得到完善。熊彼特指出创新的本质是要“建立一个新的生产函数”，也就是把关于生产要素或生产条件的“新组合”引入生产过程当中去，而实现一种内生的、革命性的变化。熊彼特认为这些“新组合”会实现新产品、新的生产方法、新的市场、新的组织形式和新的原材料来源这五种形式的创新。

熊彼特对于“创新”的界定主要包括以下几个方面：第一，创新过程是对关于原有的生产要素和生产条件的“旧组合”进行破坏，进而重新创造出“新组合”，而非在“旧组合”的基础上进行渐进的调整，所以熊彼特又将创新称作一个“创造性的破坏过程”。第二，熊彼特指出创新是经济学概念而非科学层面的概念，他将创新与发明区别开，定义发明是一种新设想或者试验品，是创新过程的起始。熊彼特指出，只有当发明产生的科技成果可以应用于经济活动满足市场需求并带来相应利润，即实现了科技成果的商业化和产业化转化过程才能称为实现了创新。第三，熊彼特定义的创新是一个比较宽泛的概念，可能出现在企业开发、生产、管理等各个过程当中，它既包括产生技术变化的技术创新，也包括非技术创新，如组织创新、市场创新等。在通常情况下，经济学家对技术创新关注更多。

此外，熊彼特在早期企业家技术创新模型中还强调了“企业家”是创新的主体，他认为“企业家”的核心职能不是经营管理而是创新，企业家促使企业生产要素“新组合”落实于实践当中。熊彼特在 1942 年的《资本主义、社会主义和民主》中对创新模型做出改进，突出强调了企业（特别是垄断大企业）作为整体而非企业家个人的创新主体地位，熊彼特认为，技术创新来自企业内部的创新部门，是企业内部的集体研发影响了企业的技术创新。

国内外学者在熊彼特创新理论的基础上，不断补充和完善了对创新的认知，并取得了丰硕的成果。Schmookler（1966）指出，创新是由需求拉动而源自科学积累，并区分了产品创新（product innovation）和过程创新（process innovation），其中产品创新指对现有产品和服务的改进；过程创新指对生产方式的改进，如引进新设备、改进组织形式等。Lance 和 Douglas（1971）

在继承熊彼特创新理论基础上，将创新理论区别为技术创新和制度创新两个学派，并用“制度创新”解释了美国等国的经济增长。Henderson 和 Clark（1990）、Freeman 和 Soete（1997）等学者将创新概念进一步扩展延伸，区分技术创新为突破式创新和渐进式创新两种形式。突破式创新主要是指在对经济发展影响重大的创新活动；而渐进式创新则是指在产品和服务推广的过程当中所做的进一步改进，其产生的影响比突破式创新小得多。国内学者傅家骥（1998）在其著作《技术创新学》中，将始于研究开发而终于市场实现的技术创新称为狭义的技术创新，将始于研究创造而终于技术扩散的技术创新称为广义的技术创新，并指出我们通常理解的创新主要是指狭义的技术创新。

创新内涵在继承熊彼特思想的基础上被不断扩展，结合前人对创新内涵的探索研究，本书中所指的“企业创新”特指企业的技术创新行为，指企业为实现利润而进行的与产生新知识或新技术相关，或与提高生产率相关的，能对企业产生重大影响的创新行为。

1.3.2 金融发展

经济学界对金融发展这一概念的讨论始于 20 世纪 50 年代，Gurley 和 Shaw（1955，1956）对金融发展这一概念进行初步剖析，并指出金融发展表现在金融资产的增多和金融机构的扩张。1969 年，Goldsmith 的金融结构理论为传统金融发展理论奠定了基础，他指出金融发展是“金融结构”的变化，表现为一国金融工具与金融机构形式、性质和相对规模的变化。在此基础上，此后众多学者对金融发展的概念进行界定，金融深化理论的代表学者 McKinnon（1973）和 Shaw（1973）认为金融发展主要表现于金融机构、金融资产和金融工具的扩张；金融功能理论的代表学者 Levine（2002）指出金融发展主要内容包括金融制度的健全和金融功能的完善。

国内的学者早期研究主要从金融规模、金融结构和金融制度方面来解释金融发展的含义，随后“金融功能”视角逐渐受到学者们的重视。戴相龙和黄达（1998）的《中华金融辞库》中定义金融发展为金融规模扩张和金融产业高度化带来的效率提高，强调了金融要素与经济发展的适配。彭兴韵（2002）指出金融发展是金融功能的完善和扩张从而促进经济增长的动态演进过程。白钦先（2005）指出“金融功能的演进即是金融发展”。李延凯和韩廷春（2013）指出，金融发展包括金融主体规模的扩大、金融结构与资金转化和配置功能的逐渐完善以及金融衍生品等投融资工具的推陈出新等，其目的是为经济发展创造更为优越的金融条件。

金融发展是一个相对的概念，在不同经济体制的国家存在显著差异；同时，金融发展也是一个动态的概念，在不同发展阶段也有不同的表现形式（杨志群，2013）。本书结合已有文献定义金融发展为金融结构的演变和金融功能的完善，金融结构的演变表现为金融体系各组成要素（包括金融机构、金融工具、资本市场等）在数量、质量等方面的动态发展过程，金融发展的内涵是金融功能的实现和完善。相对于金融结构的动态演变，金融发展的内涵是相对稳定的。

1.3.3 融资约束

经典融资理论 MM 理论中，Modigliani 和 Miller（1958）提出，当资本市场是完善的和完全的，企业的投资决策不受到融资决策的影响，企业总是能以与内部资金相同的融资成本获得外部资金，因此不存在融资约束问题。然而，现实的金融市场是并不符合 MM 理论的假设，Myers 和 Majluf（1984）在放松了金融市场的完美性假设、把信息不对称理论应用到金融市场研究中之后，建立了优序融资理论，指出信息不对称存在会导致企业外部融资成本要高于内部融资成本，企业会优先选择从内部融资。Fazzari 等（1988）最早对企业融资约束进行了界定，他认为融资约束是指，由于金融市场不完备，企业在原有内部资金不能满足投资需求时，无法从金融体系获取足够外部资金，导致实际运营中企业投资规模无法达到最优水平，则认为企业面临融资约束。根据 Kaplan 等（1997），当企业外部融资成本与内部融资成本存在显著差异时，则认为企业存在融资约束。

基于以上文献，本书认为企业融资约束源于金融市场的不完备，反映了相对于潜在投资机会，企业获得资金的难易程度，具体表现为两个方面约束：一方面，企业受到资金价格带来的约束，即企业外部融资成本明显高于内部融资成本，资金边际成本的增加会使企业投资规模受限；另一方面，表现为资金规模的约束，即企业无法获得足够资金来使得企业投资最优水平，使得投资不足。

1.4 研究内容和研究框架

1.4.1 研究内容

本书按照“提出问题——分析问题——解决问题”的思路，将研究内容分为五大部分，共8章，具体安排如下：

第一部分即第1章。第1章为绪论，首先从研究背景出发，提出本书研究的问题，结合本书研究工作阐述研究意义，并对主要概念进行界定。在此基础上，介绍本书的研究思路和研究内容。

第二部分即第2章。第2章为相关理论和文献综述。该部分对相关理论基础和理论研究进行梳理和总结，对相关文献研究进行了系统梳理，并总结评述了已有文献的研究方法、研究结论、研究现状和不足之处。

第三部分即第3章。第3章为全书事实分析部分，分别对中国创新和金融发展制度背景及现状进行梳理和描述分析。对中国创新情况事实分析包括：中国科技创新战略和主要政策演进过程梳理以及中国总体、区域和企业创新研发现状分析。对金融发展事实分析包括：中国银行业和资本市场的发展历程和对企业创新的支持情况、中国社会融资情况以及区域金融发展情况。

第四部分为第4章到第7章，为本书核心的实证研究部分。

第4章从企业微观视角，实证检验融资约束对企业创新影响。本章分析了融资约束对企业创新的影响机制，并实证检验了融资约束对企业创新投入的影响，还探讨了融资约束对不同所有制和不同规模企业的异质性影响，进行丰富的稳健性检验。在此基础上，进一步从企业创新绩效的角度，实证检验融资约束对企业创新绩效的数量和质量的影响。

第5章，在第4章基础上实证研究金融发展与企业创新的关系。本章从银行业金融机构发展和股票市场发展两个方面进行实证检验，并根据企业不同所有制、规模、研发水平和不同区域特征进行差异性检验，以及进行了分位数回归检验。在此基础上，进一步从企业创新绩效的角度，实证检验银行部门发展和股票市场发展对企业创新绩效的数量和质量两个维度的影响。

第6章，在前两章的基础上，本章检验了金融发展对企业创新的影响机制。通过中介效应检验法和交互作用检验，研究了金融发展、融资约束和企业创新之间的关系，检验了融资约束在金融发展对企业创新影响中的中介效应。并进一步从信息不对称视角，探究金融发展对企业创新的影响机制。本章的研究厘清了本书研究中金融发展和企业创新的因果关系。

第7章，考虑政府补助既是企业另一种外部资金来源，也是政府用来缓解企业融资约束促进企业创新投入的政策性激励手段，本章将政府补助纳入研究框架，探讨了金融发展和政府补助对企业创新的交互影响，并根据企业融资约束和信息透明度分组检验了这种交互作用的差异性影响。

第五部分，即第8章，为本书主要结论、政策建议和研究展望。

1.4.2 研究框架

本书的研究主要围绕着企业创新的融资约束和金融支持问题。本书从对相关理论和文献综述的梳理和总结展开；同时，也对中国企业创新和金融发展的制度背景与现状进行梳理和描述性分析。在前三部分内容的铺垫下，本书在第四部分基于理论分析和研究假设进行实证研究，以2007～2018年中国A股非金融业上市公司为研究对象，首先，实证研究了融资约束对企业创新的影响，检验我国企业创新投入和绩效产出是否受到融资约束的制约作用；在发现我国企业创新受到融资约束制约作用之后，进一步研究中国地区金融发展对企业创新的影响，检验金融发展是否能促进企业创新；在此基础上，探究金融发展对企业创新的影响机制，厘清金融发展、融资约束和企业创新之间的关系。其次，本书进一步将政府补助纳入研究框架，探究金融发展和政府补助对企业创新投入的交互影响，以期进一步为企业创新的融资约束缓解问题和金融支持企业创新的相关研究作出贡献。最后，结合全书内容，总结主要结论和给出政策建议。在研究方法上，本书选取了定性分析和定量分析相结合、理论分析和实证分析相结合、文献分析法和多种计量研究方法。本书的研究思路框架如图 1－1 所示。

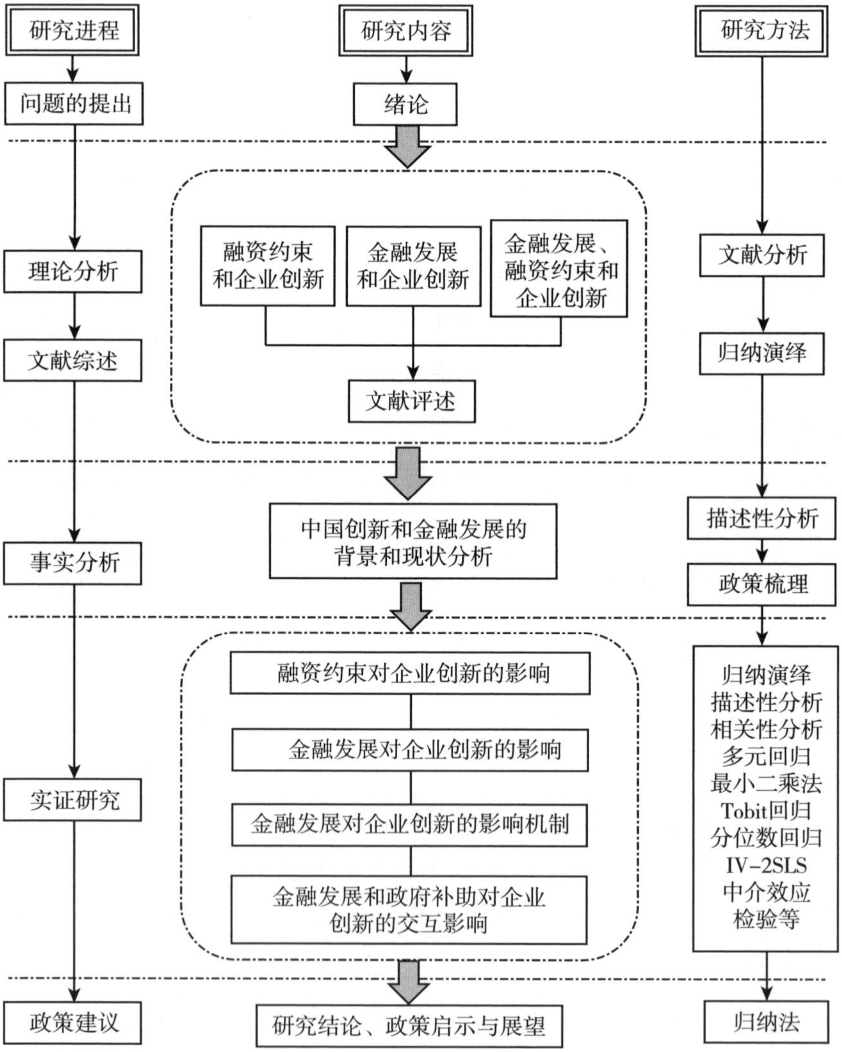

图 1－1　本书的研究思路框架

1.5 本书创新之处

本书主要创新之处如下:

(1) 区别于多数文献的单一视角，本书结合了企业微观融资视角和宏观金融发展视角，检验资金可得性对企业创新的影响。在实证检验融资约束和金融发展对企业创新的影响时，都考虑了企业规模和所有制的异质性影响，通过实证结果的比较，为金融发展对企业创新作用机制探讨提供更全面的经验证据。

(2) 已有关于企业创新相关研究，多采用企业创新投入、产出或决策的单一角度进行研究，特别是研究融资约束和企业创新相关关系的文献，普遍只选择了企业创新投入或创新决策作为研究的被解释变量。国内关于金融发展相关研究中很少有文献考虑了直接金融市场，而在现有考虑了直接金融市场和企业创新关系的文献研究中，采用的衡量指标和得出的研究结论也不一致。本书在实证检验融资约束和金融发展对企业创新的影响的研究中，同时考虑了企业创新投入和创新绩效，并用数量和质量两个维度衡量企业创新绩效。本书从银行业金融机构和股票市场两个角度衡量金融发展，并在实证中考虑了基于企业所有制、企业规模、企业研发水平和区域的差异性影响，拓宽了研究深度，也使得结果更具现实意义。同时，也进行分位数回归全面对比了解银行业金融机构发展和股票市场发展对企业创新投入不同分位点的边际影响。综上所述，本书从更全面的视角分别探究了融资约束和金融发展对中国上市公司创新的影响，并提供了丰富的经验证据和研究结论。

(3) 单独通过计量回归模型检验金融发展和企业创新之间的相关关系，并不能明确和解释金融发展和企业创新之间的因果关系。在实证研究金融发展对企业创新作用机制的过程中，本书不只采用了交互项系数检验方法，还创新性地通过中介效应检验法，验证了融资约束作为中介变量对于金融发展影响企业创新的中介效应，深入探究了金融发展、融资约束和企业创新之间的关系，更准确地检验了金融发展对企业创新的作用机制，验证了金融发展和创新之间的因果关系。此外，本书从金融功能出发，创新性地采用了企业信息不对称的研究视角，构建企业信息不对称指标，实证研究发现金融发展能缓解信息不对称对企业创新的抑制作用。

（4）我国政府为了促进企业创新投入，一方面通过政府补助减轻企业创新活动的融资压力，另一方面推动支持创新的金融体系建设来缓解企业创新活动融资成本。本书将金融发展和政府补助纳入了同一研究框架，发现金融发展和政府补助的交互作用促进了企业创新投入，并根据企业融资约束和信息不对称程度分组检验了这种交互影响的差异性，得出了有意义的结论，在此基础上提出政策建议。

（5）本书对主要指标都选择构建了两个及以上的代理变量，在实证研究中进行了丰富的稳健性检验，其中包括对异质性检验结果也进行了稳健性检验；本书也采用了改变模型估计、改变样本选择范围等稳健性方法，保证了结论的可靠性，丰富了此类研究课题的实证研究方法和经验证据。同时，本书选择了2007～2018年非金融业的A股上市公司样本，研究区间时间跨度较长，较好地补充了国内已有研究的样本选择类型。

第 2 章

相关理论和文献综述

本章对相关理论和国内外文献进行系统梳理，对本书主要研究内容的理论机理进行系统阐述，并对现有研究展开述评，明确本书后续研究方向。

2.1 融资约束和企业创新

2.1.1 融资约束理论基础

经典 MM 理论认为，在完美的资本市场中，企业价值与企业融资决策无关。对于企业管理者来说，内部资金和外部资金的融资成本没有差异，可以互为替代品，企业可以根据需要获取足够规模资金（Modigliani & Miller，1958）。但是，完美的资本市场只存在于理论假设中，现实中市场不完善导致的信息不对称和代理问题等会使企业内外融资成本存在差异，企业需要支付高于内部融资成本的溢价才能从外部获取资金，这使得企业从外部融资受到限制。Fazzari 等（1988）在信息不对称理论基础上提出融资约束假说，定义了企业融资约束，即当企业面临投资机会时，内部资金不足而外部融资成本过高使得企业投资无法达到最优水平，则认为企业存在融资约束。信息不对称和代理冲突是企业产生融资约束的两个关键原因（Fazzari et al.，1988；Kaplan & Zingales，1997；Hubbard，1998），本节将基于信息不对称和委托代理理论，解释企业融资约束的成因。

（1）信息不对称理论。

MM 理论中完美资本市场的最重要的一条假设就是信息是对称的，即市场参与者都可以获得完全的信息。而现实资本市场是不完善的，存在信息不对称。当资金供给方无法获知企业真实经营和财务状况时，企业外部融资会受到限制，或者不得不承担更高的融资成本（Hubbard，1998）。

自 1970 年 Akerlof 发表了著名的《柠檬市场》一文后，信息不对称这一概念在经济学界开始受到广泛关注。Akerlof 以二手车市场的例子说明了信息不对称导致的逆向选择问题，二手车市场上卖方比买方拥有明显的信息优势，为减少因信息不对称带来可能的损失，买方更愿意按市场平均价格支付，而质量好的二手车卖方会以高于市场均价的价格要价，经过多轮谈判，质量较好二手车会逐渐退出市场，形成“劣币驱逐良币”的局面。Akerlof 指出，交易市场上的卖方往往比买方掌握更多的信息，这使得卖方和买方对于资产估价存在较大差异，由此导致逆向选择问题，最终会使“市场失灵”。

Akerlof（1970）从商品市场的角度阐述了信息不对称理论，随后 Jaffee 和 Russell（1976）、Stiglitz 和 Weiss（1981）将信息不对称理论应用到了信贷市场上。Jaffee 和 Russell（1976）指出，由于信息不对称会导致信贷市场产生道德风险，当贷款方处于信息劣势难以准确评估借款方的质量时，不具有还款能力的借款方可能不会告知真实的资信状况，即存在“不诚实”的情况，为了弥补由于道德风险预期造成的损失，贷款方会采取风险补偿方式向借款方索要更高的贷款利率，这反而增加了“诚实”借款方的融资成本。Stiglitz 和 Weiss（1981）将逆向选择问题应用到信贷市场上，他们指出，银行的预期收益不仅与贷款利率有关，还与贷款的风险有关。当考虑贷款的利率独立于贷款风险时，当信贷市场资金需求大于供给时，银行可以提高贷款利率使市场达到均衡。但是，由于信贷市场存在信息不对称，银行无法判断借款方质量，愿意支付高利率的往往是还款意愿低的借款者，质量相对高的借款者可能会被市场驱逐，贷款利率提高也可能使借款方资金投向风险更大的项目，银行贷款风险增加。如果银行不愿提高利率，则会导致信贷配给，信贷市场贷款规模受限，市场上资金供不应求。

Agostino 等（2012）指出，在竞争市场下，信贷配给的存在会导致一些较年轻的或处于经营困难状况下的企业难以从银行获得贷款，进而导致融资约束问题。总体来看，信贷市场信息不对称引发的道德风险和逆向选择，都会导致企业融资约束。Greenwald 等（1984）、Myers 和 Majluf（1984）进一步在信息不对称的研究框架下考虑了股票市场，两者都认为企业管理者相比于股票市场潜在投资者具有信息优势，那么新股东往往会要求更高的溢价作为风险补偿。Greenwald 等（1984）指出，信息不对称下投资者只能通过经理人获得的激励来判断企业投资项目的前景，高债务融资比例表明企业管理者对未来收益有较高的期望，传递了积极的信号，而企业通过股权融资则传递了一种负面信号，会降低企业价值，这意味着通过企业发行股票融资面临更高成本。Myers 和 Majluf（1984）阐述了信息不对称背景下股票市场的逆向选择问题，指出股票市场投资者由于缺乏有效信息，无法准确评估企业投资价值，则会按照市场平均情况进行评估，优质企业的投资价值将会被低估。企业管理者了解企业真实投资价值，为保证老股东的利益，只有当企业股价被高估时，管理层才愿意发行新股。因此，企业投资项目价值低于外界预期时，会发行股票，新的投资者则会认为发行股票是不好的信号。而急需资金的优质企业则面临不得不折价发行新股的情况，进而承担更高的融资成本。Myers 和 Majluf 的研究在信息不对称理论和早期融资理论基础上发展出了优序融资理论，指出由于信息不对称的存在，企业外部融资成本会高于内部融资，企业在使用资金时会根据边际资本成本高低，优先选择从内部融资。

企业内外融资成本的差异主要归结于信息不对称导致的逆向选择和道德性风险在资本市场摩擦当中产生的成本（Hubbard，1998）。由于存在信息不对称，外部的投资者为了了解标的企业需要花费大量精力和时间，由此产生了信息成本。但即便如此，外部投资者还是难以获取充分信息，无法准确评估企业的投资价值。那么外部资金持有者为了弥补道德风险可能带来的损失，则会要求企业为外部资金的使用支付溢价作为风险补偿，这进一步增加了企业外部融资成本。当企业融资受限或者外部融资成本过高而使得企业投资不能达到最优水平时，企业存在融资约束（Fazzari et al.，1988）。

（2）委托代理理论。

现代企业组织形式普遍是所有权与控制权分离的，这会使股东与企业管理者之间出现委托代理问题。代理理论最早由 Jensen 和 Meckling（1976）提出，该理论认为，当企业管理者和所有者为同一人时，由于对企业拥有全部的剩余索取权，管理者为自己工作会努力实现企业利益最大化，此时不存在代理问题。但是随着所有权与经营权的分离，企业管理者和股东的效用函数不一致，随之会产生利益冲突，拥有少量企业股份或者没有股份的管理者可能会为了更多地获取自身利益而损害到股东利益。Jensen 和 Meckling（1976）指出，委托代理关系会带来信息不对称问题，拥有更多企业经营决策信息的管理者可能利用其信息优势而谋利，股东无法准确知道管理者的资金是使用于为企业带来高回报的投资项目，还是用于能够为管理者个人带来福利的活动，提供资金的股东将面临道德风险，由此产生代理问题。用于解决这些代理问题而发生的成本就称为代理成本，代理成本包括委托人监督和激励管理人行为的成本以及剩余损失。代理成本的存在也影响了企业股权融资成本，为了弥补可能承担的代理成本，提供资金的股东倾向于要求企业为此支付溢价。代理问题会导致企业融资约束。Lin 等（2011）研究发现，股东和管理者代理问题会对企业融资约束产生实际影响，企业管理层拥有超额控制权会增加外部投资者面临的潜在风险，企业受到的融资约束会更严重。Jensen（1986）还指出，债务融资能够提高经理人相对持股比例，以及约束企业过度投资，降低代理成本，企业增加负债能缓解股东和管理者之间的代理问题。

企业的债权人和股东之间同样具有委托代理关系，由于效用函数的不一致，两者之间同样存在利益冲突。拥有固定收益索取权的债权人通常要求企业未来投资具有正净现值（Myers，1977），而拥有剩余索取权的股东对高风险高回报项目具有投资动机，这种动机对于高负债企业的股东来说更加强烈（Jensen & Meckling，1976）。当企业向债权人借入资金时委托代理关系由此形成，但是资金流入企业之后，债权人对资金失去了控制权。由于信息不对称，债权人在签订合同之前无法完全预知资金用途，股东通过管理者谋取自身利益的同时可能会损害债权人利益。为解决代理问题，债权人需要付出代理成本，作为外部资金供给方的债权人可能会放弃交易或要求更高的回报率作为补偿（Hubbard，1998），由此导致企业融资受限或增加了融资成本，企业不得不放弃对股东有利的投资项目而出现投资不足。Jensen 和 Meckling（1976）认为，企业会权衡外部融资渠道的选择，当股权代理边际成本和债权代理边际成本相等时，即实现了最优资本结构。

2.1.2 企业创新投资的融资约束理论

企业创新投资的融资约束理论是在融资约束理论基础上发展起来的，企业创新投资项目具有许多不同于一般投资项目的特征，这使得企业创新投资比其他投资行为更易受到融资约束的影响。

（1）企业创新投资的调整成本高。

新知识的获取和掌握是企业创新投资成败的决定性因素，而获取与掌握新知识的关键在于高水平人才，因此人力资本是企业创新活动的最重要因素。Hall（2002）指出，企业创新投资不同于一般投资项目的一个重要的特点就是，企业研发支出中高达百分之五十甚至更大比例都是用来支付科研技术员工（特别是高水平的科学家和工程师）的工资，这些高水平员工的雇佣和培训成本非常高。科研技术员工的持续工作将创造出无形资产，即企业的知识积累，这可以成为企业未来几年利润创造的源泉。在某种程度上，这种知识财富是以企业的人力资本为载体，因此，一旦这些高水平员工离开，这些知识就会相应流失，而新员工上岗需要企业为招聘和培训工作再次投入资金，同时人员的变动会打破原有团队工作模式并降低效率，这些都意味着企业的研发创新活动调整成本是高昂的（Hall et al.，1986；Lach & Schankerman，1989）。企业创新活动具有连续性和积累性，若企业受到财务冲击而导致创新项目不能获得足够资金，企业可能不得不解雇相关员工，一方面，由此会导致创新活动的中断，使前期的资金投入变成了无法回收的沉没成本，造成企业损失；另一方面，离职的员工会通过直接或间接方式将企业不愿意分享的创新技术重要信息泄露给竞争对手，造成企业在市场竞争中的劣势局面（Zander & Kogut，1995）。因此，由于较高的调整成本问题，企业管理者会尽力确保创新活动资金投入的平滑（Brown et al.，2012a）。企业的融资能力关乎企业创新项目能否顺利进行，融资约束会对企业创新项目投资决策和成果产出产生较大影响。

（2）企业创新活动的风险高。

与一般投资项目相比，企业创新活动具有更高的风险和更高的不确定性（Scherer，1965；Holmstrom，1989；Hall，2002）。企业的创新活动具有较高的失败率，创新活动周期很长，整个企业创新实现过程中存在诸多随时间动态变化的不确定因素，创新的实现过程难以预期（Bergemann & Hege，2005）。企业内外的不确定因素带来了很大的风险，企业创新活动主要面临风险有技术风险、市场风险和财务风险。首先，新知识探索和技术开发过程本身就存在许多不确定因素，技术风险表现为企业可能会由于技术壁垒、关键技术难以突破、技术效果估计不足、技术转化困难等原因，导致创新项目中断甚至终止。其次，企业在技术开发成功后还会进一步面临市场风险，市场对新产品的接受程度也是不确定的（Tyagi，2006），市场风险具体表现为由于新产品因性能稳定性和消费惯性导致短期无法被市场接受，新产品投入生产后被其他产品替代等情况，最终导致市场推广环节的失败。此外，企业创新项目的投资预算难以把握，企业的前期投入是否能收回以及何时能够收回都难以准确估计（Solt，1993；Hall，2009），投资成本的不可逆性和投资回报的不确定性使得企业创新项目面临很大财务风险。企业内外的高风险因素最终导致了投资回报的不确定性，Kothari 等（2002）研究发现，企业研发投资的盈余波动是固定资产投资的 3～4 倍，收益的不确定性严重影响了企业创新项目的外部融资（余琰和李怡宗，2016），企业想要获得外部融资需要支付与其风险相对应的溢价。

（3）企业创新投资缺乏抵押品价值。

债权人通常只享有固定收益，而不具有企业的剩余索取权，因此以银行为代表的债权人通常为风险规避型投资者，除了要求融资方定期还本付息以外，为保证企业投资失败后仍能收回本金，债权人通常要求企业以实物资产做抵押，特别是要求投资活动本身具备一定的抵押价值（Berger & Udell，1990）。此外，债权人往往也需要企业提供抵押品，以弥补创新活动高度信息不对称下道德风险可能给债权人带来的损失（Giudici & Paleari，2000）。然而，不同于实物投资，企业创新投资所积累的主要是无形资产，且其资产专用性强难以再配置，企业创新投资项目无法提供足够价值的有形资产作为抵押物来锁定信贷风险，创新投资活动的抵押价值有限（Hall，1992；Almeida & Campello，2007；Brown et al.，2009；Czarnitzki & Hottenrott，2011），这限制了企业债权融资。

（4）企业创新活动周期长。

企业创新活动是个复杂且持续的过程，周期较长，需要持续大量的资金支持。技术创新不是短暂的经济活动，需要很长时间的准备和积累（Goodacre & Tonks，1995）。Hausman 等（1984）研究也发现，企业创新活动具有一定时间累积效应。企业创新活动的周期很长，往往在创新初始阶段就需要一个很长的酝酿期，接着从企业进行研发投资到研发成果实现，再到研发成果转化为现实生产力，再到明显经济效益的产生，都需要经历十分漫长的过程。企业创新项目需要高额的启动资金，而创新的不确定性以及信息不透明使其早期融资十分困难，且在后续进程中还需要不断追加投资以保证创新项目的顺利进行。特别是由于企业创新投资调整成本高，一旦项目进程中资金供应不足导致项目中断，后续推进项目运行可能需要更大量资金投入，如果无法筹集足够资金就可能会导致项目失败。在长期创新活动进程中，企业经营内部和外部环境的周期性波动下，只依靠企业内部资金往往是不稳定、不足够的，因此，企业创新项目有较高的外部融资依赖性，需要长期、稳定、大量的资金支持。

（5）企业创新活动中的信息不对称问题突出。

信息不对称是导致企业融资约束的重要原因（Fazzari et al.，1988；Kaplan & Zingales，1997；Hubbard，1998），由于较高的不确定性以及涉及较多的新知识和新技术等原因，信息不对称问题在企业创新活动中更为凸显（Bergemann & Hege，2005）。首先，企业创新投资项目具有远高于一般投资项目的复杂性和专业性，由于外部投资者往往缺乏相关专业知识，这极大地增加了项目评估难度。创新项目的专业性和前沿性使得投资者难以通过与其他企业创新活动类比来判断其投资价值。而相比之下，企业管理者更清楚相关项目的成本、风险状况、市场潜力等情况，能更了解项目成功率和预期收益（Segarra et al.，2013），由此可能引发逆向选择和道德风险问题。其次，企业的战略考虑也是导致创新投资项目高度信息不对称的原因。Arrow（1962）指出，技术创新具有扩散效应和外溢效应，创新观点也容易被模仿，所以企业往往不愿意将创新项目信息过多披露给外部投资者，以减少对竞争对手的信息泄露，保障企业创新活动的先发优势（Kamien & Schwartz，1978；Mina et al.，2013），这种情况在缺乏研发成果保护手段的小型企业中更加常见（Scellaro，2007）。高度信息不对称给外部资金供给者的项目评估和监督工作带来很大困难（Alfonso & Giannangeli，2012），也让企业管理者的道德风险行为有了更多操作空间（Holmstrom，1989），这会增加外部投资者承担的风险和代理成本，相应地也增加了企业外部融资成本和融资难度。

综上所述，与一般投资项目相比，创新投资项目具有风险高、专业性强、周期长、收益不确定等特点，这使得外部投资者和企业管理者之间存在更大的信息不对称，再加上创新投资活动缺少有形抵押物，这些都会增加企业融资难度，使创新活动面临更严重的融资约束问题（Hall，2002；Bergemann & Hege，2005；Hall & lerner，2009；Czarnitzki & Hottenrott，2011；Gorodnichenko & Schnitzer，2013）。由于调整成本高、周期长等特点，企业创新活动需要大量长期稳定的资金支持以保证项目顺利进行，仅仅依靠企业自身内部资金往往难以维持，外源融资成为企业创新投资的重要资金来源（Hall，2002；解维敏和方红星，2011；张杰等，2012；王昱，2015），这意味着企业创新活动的顺利开展和进行对企业的外部融资能力要求很高，融资约束会对企业创新活动产生负面影响。

2.1.3 融资约束影响企业创新的实证研究综述

2.1.3.1 关于融资约束和企业创新相关研究总述

根据实证研究方法和研究角度的不同，国内外关于融资约束与企业创新相关关系的研究，具体可以分为两个方面。

一方面，研究创新投资融资约束的存在性，或者说是研究“融资约束对于企业创新是否重要”（Brown et al.，2012a）的问题。研究方法通常是以Fazzari等（1988）提出的采用投资—现金流敏感性衡量融资约束大小的方法（该方法也被简称为FHP）为基础，将企业内部现金流引入研发投资模型中（主要包括Tobin'Q投资模型、投资加速度模型、误差修正模型或欧拉方程），构建投资现金流敏感性模型，通过估计企业研发投资对企业内部现金流的敏感系数来考察融资约束对企业创新（研发投资）的影响。Fazzari等（1988）等学者认为，当企业面临融资约束时，内部资金不能满足投资项目需求，外部融资受限，那么较低的现金流水平使管理者对创新投资更加谨慎，从而表现出对内部现金流过度敏感，即投资—现金流敏感性较高。一些学者通过一些可观测特征将企业进行分组，并通过比较FHP法估计结果的组间差异，对不同类型的企业研发投资的融资约束程度进行识别。该方法是学者们最早用于讨论融资约束对于企业创新是否有重要影响的实证研究方法，虽然后来受到一些质疑，但是仍被广泛应用至今。

另一方面，研究企业融资约束对企业创新活动产生了怎样的影响。研究方法通常是构建指标衡量企业融资约束，然后将融资约束指标引入企业创新回归模型中进行研究，来观测企业融资约束程度与企业创新（投入、产出、创新决策等）之间的相关关系。目前已有的主要融资约束指标构建方法如下：（1）单指标法。即采用能反映企业信息的某种单个指标衡量企业融资约束，如股利支付率、企业信用评级指数等，该方法计算简便，但反映出的信息含量比较片面。（2）复合指数法。即由多个反映企业特征的相关指标构建的复合指数来测度融资约束。常见的符合指数包括基于企业现金流、股利支付、现金持有、杠杆率和托宾Q值五个指标构建的KZ指数，基于企业内部现金流、长期负债占比、股利支付、企业规模、企业增长率和行业增长率构建的WW指数，以及基于企业规模和年龄构建的SA指数。（3）采用调研获得的企业管理者对自身融资约束情况的自主评估或企业填报的融资授信状况，对企业融资约束进行直接评估，该方法主观性较强。总体来看，目前融资约束指标构建方法已经比较丰富，在企业创新相关研究中的实证中的应用并不充分。

本书接下来将主要从这两个方面对相关文献研究进行系统梳理。

2.1.3.2 企业创新投资融资约束的存在性研究

尽管关于融资约束对企业创新影响的讨论已有扎实的经济理论基础，但目前实证方面的经验证据相对比较新且样本来源混杂，关于“融资约束对于企业创新是否重要”（Brown et al.，2012a）这一问题的讨论，研究结果往往与企业结构性特征（如企业规模）和融资策略有密切的关系，且基于不同时间或地理环境样本的研究结论也存在差异（Hall et al.，2016）。

（1）国外文献综述。

Hall（1992）以美国1973~1987年制造业企业为研究对象，实证发现研发投资具有显著的内部现金流敏感性，并在此基础上提出制约企业研发的是融资约束而非需求效应。Himmelberg和Petersen（1994）利用投资加速模型检验了美国178家小型高科技企业的研发投资现金流敏感性，也得出类似结论，并指出早期部分研究没有发现内部现金流对企业研发投资重要性，是因为其研究对象多是不易受到融资约束的大企业。Harhoff（1998）以德国236家非上市企业为研究对象，调研分析发现小企业研发投资和实物投资受到更明显的融资约束，但进一步采用欧拉方程和投资加速度模型研究上述问题，实证结论并不显著。Bougheas等（2003）、Bloch（2005）、Canepa和Stoneman（2008）、Sasidharan等（2015）分别以爱尔兰、丹麦、英国和印度企业为样本，研究发现企业研发投资与企业内部现金流显著相关。Brown等（2009）和He等（2016）均以美国企业为样本研究对象，实证研究发现研发投资具有显著的现金流敏感性，后者进一步指出美国企业研发投资现金流敏感程度随着愈发激烈的外部竞争环境而升高。Ughetto（2008）和Magri（2009）均以意大利制造企业为研究样本，实证研究发现，相比于大型企业，较小型的企业创新活动更依赖于内部现金流，指出小规模企业创新投资融资约束更严重，大型企业更易获得外部融资。

以上学者都以一国企业为研究样本，也有一些学者采用了来自跨国范围的企业样本，对不同金融系统背景下企业创新的融资约束进行了组间对比研究。Hall等（1998）以1978~1989年美、法、日高科技企业为研究对象，发现美国企业研发投资现金流敏感性高于法日两国的企业。Mulkay 等（2001）以 1982～1993 年美法两国制造业企业为研究对象，同样得出美国企业研发投资现金流敏感性更高的结论。Cincera 和 Ravet（2010）以 2000～2007 年美国和欧盟大型制造业企业为研究对象，实证发现欧洲企业研发投资的现金流敏感性更显著，而美国企业研发投资现金流敏感性不显著，该结论与 Hall 等（1998）和 Mulkay 等（2001）研究的经验证据相反，作者推测主要原因是样本选取的时间区间不同，2000 年以后美国和欧洲的金融系统发生了很大的变化。Bond 等（2003）对德国和英国制造业企业研发投资的现金流敏感性进行对比，发现英国企业研发投资表现出更明显的融资约束。相似地，Brown 等（2012a）基于欧洲 16 个国家上市公司样本的研究发现，相比于国家金融体系由银行部门主导的德法两国，金融结构为市场主导型的英国和瑞典的企业表现出更严重的研发融资约束，他们认为这是因为英瑞两国股票市场更发达，研究选取的上市公司样本中的企业更年轻，所以也表现出了更严重的内部现金流敏感性。综上所述，采用研发投资现金流敏感性检验方法研究企业研发投资融资约束问题的国外文献非常丰富。

（2）国内文献综述。

国内在这一领域研究相比国外开始得晚，国内文献方面，多位学者以不同的中国企业样本进行实证研究，验证了企业研发投资存在融资约束。唐清泉和肖海莲（2012）利用2007～2010 年中国 A 股上市公司数据进行实证检验，得出企业创新投资依赖企业内部现金流的结论，以及探索式创新（研发活动中存在研究阶段支出）投资—现金流敏感性高于常规式创新（只进行开发）。卢馨等（2013）以 2007～2009 年中国沪深两市高新技术上市公司为研究对象，检验出高新技术上市公司存在融资约束，并进一步发现小规模企业和非国有企业的研发投资的内部现金流敏感性显著，而大规模企业和国有企业实证结果不显著。王山慧（2013）以中国 191 家高科技上市公司为研究对象，利用欧拉方程检验得出企业研发投资存在融资约束的结论，进一步地发现成长期企业研发融资约束要高于成熟企业，民营企业的研发融资约束要高于国有企业。过新伟和王曦（2014）以 2002～2010 年中国 221 家制造业上市公司为研究对象，通过欧拉方程检验研发投资现金流敏感性，发现小企业、民营企业和年轻企业存在明显外部融资约束。孙晓华（2015）以大中型工业企业的省级面板数据为样本，发现了企业研发投入具有现金流敏感性。庄芹芹（2020）以2007～2015年中国A股制造业上市公司作为研究对象，检验制造业企业研发投资显著与企业内部现金流正相关，得出制造业企业研发投资受到融资约束影响的结论，并发现高技术行业企业受到融资约束更严重。李真等（2020）同样以制造业A股上市公司为研究对象，实证发现制造业企业研发投资显著依赖内部资金，即存在外部融资约束，进一步检验发现新兴行业企业和民营企业研发投资的外部融资约束更严重。

2.1.3.3 融资约束对企业创新的影响研究

尽管理论研究方面基本确认企业在获取外部资金存在困难，但是在实证研究方面就如何衡量融资约束这一问题学者们尚未达成共识（Silva& Carreira，2012）。Fazzari等（1988）提出的FHP方法用投资现金流敏感性模型来检验企业融资约束的方法得到了广泛应用的同时，也受到了Kaplan和Zingales（1997，2000）、Cleary（1999）、Platikanov（2006）等学者的质疑，即投资现金流敏感性被一些学者认为不能真实反映企业融资约束。此外，由于该方法存在无法在企业层面对融资约束直接度量的局限性，学者们也相继在相关研究中采用了较多的由不同来源和方法构造的指标来衡量融资约束。近年来，一些国内外学者基于构建的融资约束指标，来探究融资约束和企业创新的关系，从研究结论来看，普遍认为融资约束对企业创新产生负面影响。表2-1为国内外关于融资约束和企业创新实证研究的主要文献汇总。

表2-1　　关于融资约束和企业创新实证研究的主要文献

作者	研究对象	企业创新指标	融资约束指标	主要结论
Li（2007）	1975～2004年纽约证券交易所上市的非金融企业	研发支出/资本支出	KZ指数	研发密度越高，企业对融资约束越敏感

续表

作者	研究对象	企业创新指标	融资约束指标	主要结论
Czarnitzki 等（2011）	1992～2002 年德国中小型制造业企业	研发支出的对数形式	信用评级指数	融资约束抑制企业研发投资，且这种抑制作用随规模增加而单调递减
Roberto 等（2015）	2007 年智利 10011 家企业	企业创新决策二元变量	企业自主评估报告；是否被银行拒绝授信	融资约束对企业创新的抑制作用在小型企业和服务业企业中尤为严重
Leitner 等（2016）	2006 年和 2010 年对拉丁美洲国家制造业企业	企业创新决策二元变量	企业是否申请贷款或信用额度	有研发投入的创新企业受到融资约束影响
Broome 等（2018）	来自 13 个加勒比国家的 2421 个企业	企业研发决策二元变量	通过企业从银行获得信贷融资情况判断	有能力获得银行贷款的企业更倾向于进行研发投资
Xu 等（2020）	2010～2018 年中国深交所 200 家战略性新兴产业上市公司	Ln（研发投资/营业收入）	KZ 指数	融资约束抑制中国战略新兴企业研发投入
Gezici 等（2020）	1996～2013 年土耳其制造业企业	经过通货膨胀调整的实际研发支出的对数	基于四个企业相关指标构建的融资约束指数	融资约束抑制土耳其制造业企业研发投入
张杰等（2012）	2001～2007 年中国规模以上工业企业	研发支出/销售额	资产增长率对现金流敏感性指标	融资约束抑制企业创新投入，尤其是民营企业
刘胜强等（2015）	2009～2012 年中国上市公司	研发支出的自然对数、研发支出/营业收入	由五个财务指标构建并测算得到融资约束指数	融资约束抑制企业创新投入
郑妍妍等（2017）	2005～2007 年中国规模以上工业企业	研发支出的自然对数	利息支出占固定资产比率	企业融资能力提升有利于企业创新

续表

作者	研究对象	企业创新指标	融资约束指标	主要结论
张璇等（2017）	2005 年世界银行中国企业调查数据	是否从事研发活动；研发支出额/销售额	企业是否获得授信	融资约束显著抑制企业创新，信贷寻租会增加融资约束的创新抑制作用
刘文琦等（2018）	2012～2016 年中国 290 家高技术上市公司	研发费用/企业销售收入	SA 指数	高技术上市公司融资约束和企业创新投入呈正“U”形关系
李文静（2019）	2009～2017 年中国 779 家战略性新兴产业上市公司	研发投入强度、密度和专利申请数	KZ 指数	战略新兴行业上市公司融资约束对创新投入和产出都有的负面影响
郭联邦等（2020）	2012 年中国 25 个城市的世界银行企业调查数据	是否有研发活动；是否有新产品或服务	是否拥有投资额度或金融机构授信贷款	融资约束抑制企业创新活动开展

国外研究方面，Li（2007）研究了异质性研发水平下，企业融资约束和股票收益率之间的关系，发现随企业研发密度提高，超额收益与 KZ 指数的正向相关关系增强，指出研发密度高的企业对融资约束更为敏感。Czarnitzki 和 Hottenrott（2011）以德国中小型制造业企业为样本，采用 Tobit 模型实证发现融资约束抑制了企业的创新投入水平，且这种抑制程度随着公司规模增加而单调降低。但是，在考虑到企业年龄差异时，研究没有发现企业年龄与融资约束的研发抑制作用之间存在相关性。Roberto 等（2015）、Leitner 和 Stehrer（2016）、Broome 等（2018）分别以智利、拉丁美洲和加勒比地区国家的企业为研究对象，采用调研得到的企业自主评估或企业获得银行信贷情况来衡量融资约束，研究发现融资约束对企业创新决策有负面影响，Roberto 等（2015）还发现，相比于过程创新，融资约束对产品创新的影响更大。Xu（2020）以中国 200 家战略性新兴产业上市公司为研究对象，用

KZ 指数衡量融资约束，采用控制年份效应的多元回归模型，实证研究发现融资约束对企业研发投资存在负向关系。Gezici 等（2020）同样利用复合指数衡量融资约束，以土耳其制造业企业为样本，采用 Tobit 模型回归估计发现融资约束和企业研发投资存在负向关系。

国内文献方面，张杰等（2012）和郑妍妍等（2017）都利用了中国规模以上工业企业数据库的样本数据，研究结论均得出融资约束对企业研发投入有负面作用。鞠晓生等（2013）同样以中国工业企业数据为样本，以 SA 指数测算企业融资约束，研究得出企业营运资本会对创新活动起到平滑作用，并且这种平滑作用随着企业面临的融资约束加剧而增强。刘胜强等（2015）以 2009~2012 年上市公司为研究对象，采用双边随机边界法实证研究发现融资约束对企业创新投入的抑制作用。张璇等（2017）利用 2005 年世界银行中国企业调查数据，采用 Tobit 和 Probit 模型回归估计，实证研究表明融资约束能显著抑制企业创新，并且信贷寻租会导致社会资源配置损失，表现为加剧了融资约束对企业创新的抑制作用。郭联邦等（2020）以 2012 年世界银行的中国企业调查数据为样本，研究得出融资约束降低了企业开展创新活动的意愿。

一些学者选取特定行业类别的上市公司样本为研究对象，探讨了融资约束对企业创新的影响。刘文琦等（2018）利用沪深两市 290 家高技术企业数据，实证得出了与大多数学者不同的结论，即高技术企业融资约束与研发投资存在正“U”形的非线性关系。李文静（2019）以战略性新兴产业上市公司为研究对象，采用控制行业和年份效应的回归模型实证研究发现融资约束对战略新兴企业创新的投入和产出都有的负面影响。

考虑到企业异质性的相关研究中，学者们发现融资约束对不同行业和性质的企业的影响程度有所不同，但是没有得到统一的结论。就不同规模企业而言，Czarnitzki 和 Hottenrott（2011）、Roberto 等（2015）、郭联邦等（2020）研究发现融资约束对较小型企业抑制作用更强，Czarnitzki 和 Hottenrott（2011）认为小规模企业没有建立大规模、成熟的产品组合来积累利润和获取稳定现金流，因此其创新活动更易受到融资约束的限制；郑妍妍（2017）得出相反结论，研究发现较大型企业的创新投入对于企业融资能力更加敏感，认为小规模企业风险承受能力低，即使获得外部融资，能用于企业创新的投入也比较有限。就不同所有制企业而言，刘胜强等（2015）、张杰等（2012）、郑妍妍等（2017）、郭联邦等（2020）研究结论为，相较于国有企业，私营或非国有企业融资约束对企业创新抑制作用更显著。郑妍妍等（2017）认为私营企业更有动力进行创新，因此获得融资后会将更多资金用于创新投资；而李文静（2019）研究得出相反结论，即融资约束对国有战略新兴企业抑制作用更强，认为由于国有企业风险规避性更强，所以更容易因融资约束而放弃创新投资。考虑不同行业，刘胜强等（2015）研究发现融资约束高端产业企业创新影响大于低端产业；Roberto 等（2015）研究发现融资约束对智利的服务业企业抑制作用更明显，相似地，李文静（2019）研究发现融资约束对非制造业的战略新兴企业抑制作用比制造业战略新兴企业更明显。

2.1.3.4 外源融资对企业创新的影响

从微观视角探索企业融资因素对企业创新影响的相关文献中，一部分探讨了企业融资约束程度对企业创新的影响，而另一部分从融资来源角度，探索了内外部资金对企业创新的影响。企业融资来源可以分为内源融资和外源融资，内源融资来自企业内部自身积累的资金，而外源融资主要来自企业外部的金融体系，通常所说的企业外源融资主要分为债权融资和股权融资。

关于内源融资的重要性。由于信息不对称，企业创新投资外部融资成本高于内部融资成本，内部资金是企业创新活动主要的融资来源（Hall，2016）。Hajivassiliou 和 Savignac（2007）基于法国银行数据研究发现有创新活动的企业更难获得信贷融资。大量文献研究表明，内源融资是企业研发投资的主要资金来源，企业内部现金流与企业研发投资的正相关关系，已在相关研究中被大量国内外学者实证验证，详见前面的文献综述。关于外源融资的影响。整体来看，实证研究对股权融资创新促进作用给予肯定的文献较多，而关于债权融资对企业创新投入影响的经验结论差异性较大。

国外文献方面，Chiao（2002）研究债权融资与科技型企业研发投资产生负面影响，而对非科技型企业有积极影响。Brown 等（2009）通过以美国高科技企业为研究样本，将企业融资因素引入企业研发投资的欧拉方程中进行估计，实证发现企业内部现金流和外部股权融资对年轻企业研发投资有促进作用，而对成熟企业的作用较小。Martinsson（2010）研究发现，英国样本的研究结果与 Brown 等（2009）美国企业研究结果相似，20 世纪 90 年代末和 21 世纪初的企业内部和外部股权融资增加对英国企业研发投资产生积极作用，但是在股票市场欠发达的欧洲大陆国家没有得到相似的经验证据。Ayyagari 等（2011）通过对 47 个发展中国家企业进行研究，发现来自银行的外部融资对企业创新有积极作用。Brown 等（2012a）通过对大量欧洲国家的企业样本的实证研究，发现在控制现金流平滑作用后，股权融资对企业研发投资起到了重要作用。Marianna 等（2016）以 2006～2013 年意大利制造业企业为研究对象，指出外部资金可得性主要影响企业研发决策而不是研发投资强度，而内部现金流量对企业进行创新可能性和企业研发投资规模都有影响。Giacinto 等（2017）同样使用公司层面的数据分析意大利研发活动的融资情况，研究发现依赖于债券和股权融资的企业更倾向进行创新活动，并且关系贷款对企业创新有促进作用。Chang 等（2019）通过对中国可再生能源企业实证研究发现，短期债务能促进企业研发投资，而长期债务对企业研发产生抑制作用。

国内研究方面。卢馨等（2013）研究发现，中国高技术上市公司创新投资主要依靠企业内源融资，其次是股权融资，债权融资对企业研发没有显著影响。李汇东等（2013）基于中国上市公司样本研究发现，外部资金对企业创新投资促进效果大于内部资金，政府补助的促进作用最大，其次是股权融资，而债权融资的影响不显著。而鞠晓生（2013）通过对上市公司研究则发现，股权融资不是企业创新活动主要资金来源，但对地方国企和非国有企业研发投资有平滑作用，而银行贷款只对央企的创新活动有明显贡献。孙早和肖利平（2016）以战略性新兴产业上市公司为研究对象，实证研究发现，股权融资对战略新兴企业研发投资有促进作用，而债权融资有抑制作用。岳怡廷和张西征（2017）以 2007～2015 年沪深两市上市公司为研究样本，实证发现中国国有企业和高技术企业研发投资主要依靠政府补助，而非国有企业和非高技术企业的研发投资主要依靠企业内源融资。张璟和刘晓辉（2018）研究发现更倾向于进行股权融资的上市公司研发投资强度更大。刘家树和范从来（2019）从研究和开发两个阶段对企业创新活动进行研究，发现内源融资只对研究阶段的企业创新有明显的促进作用，股权融资只对开发阶段的企业创新有明显的促进作用，而债权融资对两个阶段影响都不显著。李真等（2020）以中国制造业上市公司为研究对象，研究发现外源融资结构中企业直接融资（股权和债券融资）的比例上升能缓解企业研发融资约束并促进企业研发投资。

2.2 金融发展和企业创新

2.2.1 金融发展理论基础

金融发展理论研究有三个有代表性的经典理论，分别是以戈登史密斯（R. Goldsmith）为代表的金融结构理论，以麦金农（R. I. Mckinnon）、肖（E. S. Shaw）为代表的金融深化和金融抑制理论，以默顿、博迪（R. C. Merton& Z. Bodie）为代表的金融功能理论。

2.2.1.1 金融结构理论

1969 年，Goldsmith 在其“*Financial structure and development*”一书中提出的金融结构理论，被认为奠定了传统金融发展理论的基础。Goldsmith 从三个层次来理解金融：金融机构、金融工具和金融结构，并指出金融结构是一国金融机构和金融工具的总和，金融机构和金融工具的形式、性质和相对规模构成了一国金融结构的特征。Goldsmith 通过分析各国金融发展轨迹中金融结构的特征后得出，虽然各国金融发展阶段可能不同，但是金融发展路径都会遵循一个一般趋势。此外，Goldsmith 以百年的跨国数据为研究样本，提出了金融相关比率等重要的金融发展衡量指标，发现了金融和经济增长之间大致平行的关系。

Goldsmith 首次将金融研究领域从货币金融扩展到金融机构和金融工具，并创造性地采用金融结构演变的视角来衡量金融发展。在此基础上，其后的学者逐渐发展出银行主导论和市场主导论。比较分析两者的优劣，银行主导论认为银行主导的金融结构更有利于经济增长（Diamond，1984；Stiglitz，1985）；市场主导论认为以市场为主导的金融结构更优越（Rajan，1992；Weinstein & Yafeh，1998），形成了新的金融结构理论。后续还发展出了最优结构理论认为金融体系同时依赖于银行和金融市场（林毅夫等，2009）。

2.2.1.2 金融深化和金融抑制理论

20 世纪 70 年代初，Mckinnon（1973）和 Shaw（1973）选择以发展中国家金融体系为研究对象，在此基础上探索金融与经济增长关系，进而逐渐形成了金融深化和金融抑制理论，被经济学界普遍认为标志着金融发展理论正式形成。金融抑制理论认为，发展中国家金融体系由于市场发育不完善、技术落后等客观原因，没能充分发挥金融服务能力，而政府过度干预进一步损害了金融体系资源配置功能。因为发展中国家普遍对利率进行过度的管制，那么在通货膨胀下市场就形成了“负利率”（实际利率为负）的现象，这阻碍了金融体系发挥储蓄动员功能，造成信贷市场资源无法满足实际需求，进而形成信贷配给。而政府对信贷资源分配的干涉，降低了资源配置效率，抑制了投资，阻碍了经济增长。Mckinnon 把这种现象称为“金融抑制”，造成这种现象的根本原因是金融市场本身具有的调节能力因政府的过度干预而被取代，最后导致了金融机构功能萎缩；而这样的国家想要摆脱金融抑制、实现经济增长，就要进行“金融深化”。Mckinnon 和 Shaw 提出金融深化理论，指出发展中国家应该放弃政府对金融体系的过度干预，实行以利率市场化为核心的金融自由化改革，刺激储蓄和投资增长，进而促进经济增长。金融深化理论肯定了金融体制和经济增长之间的紧密联系，认为完善的金融体制能够动员储蓄，引导投资，实现经济增长；而国民收入增长能进一步刺激金融需求，活跃金融市场，实现良性循环。

金融深化和金融抑制理论都肯定了金融的积极作用，强调了金融体制与经济增长的密切联系，反对政府过度干预，两者一脉相承构成了比较完整的理论体系，他们的研究模型也被称为 Mckinnon – Shaw 模型，后续许多学者沿着他们的研究路线对金融深化理论进行了扩充。其后，20 世纪 90 年代金融深化理论受到 Hellman、Murdock 和 Stiglitz（1997）金融约束理论的挑战，金融约束理论认为，不发达的金融体系面临更严重的信息不对称，在非完全竞争环境下，需要适当的动态的政府干预，实现从金融抑制到金融自由化的过渡。

2.2.1.3 金融功能理论

Goldsmith 的金融发展观强调了金融结构的演变和金融发展的路径，而忽略了微观层面上金融的作用。20 世纪 90 年代以来，一些学者采用金融功能的视角来分析解决银行主导论和市场主导论之间的争论。针对 Goldsmith 的金融结构观，Merton 和 Bodie（1995）在《全球金融体系：功能的观点》中提出了金融功能观。Merton 和 Bodie 认为金融功能比金融结构更稳定，他们指出几十年时间里金融功能没有太大变化，而金融机构和金融市场结构却产生很大改变，原本属于一些金融机构特有的金融产品或服务，也逐渐被其他市场参与者提供或使用，因此他们指出重要的不是金融机构组织形式，而是金融机构实现了什么样的金融功能，即金融功能比金融结构更重要。传统金融理论是在金融机构和金融组织既定的前提下解决金融问题和进行金融改革，而金融功能观认为金融改革应从金融体系的功能出发，然后以此建立能实现对应功能的金融组织和金融机构。Merton 和 Bodie 认为金融体系功能包括提供信息、清算和支付结算、聚集和配置资源、跨时间空间的资源转移、管理风险和缓解委托代理问题共六个方面。此外，他们还认为金融机构和金融市场之间不是替代关系，而是竞争互补的动态关系。

Levine（1997）提出金融体系五大基本功能为聚集和调配储蓄、收集信息和有效配置资源、分散和配置风险、监督经理人和改进公司治理、便利交易，并指出金融作用于经济增长的机制如图 2 – 1 所示。

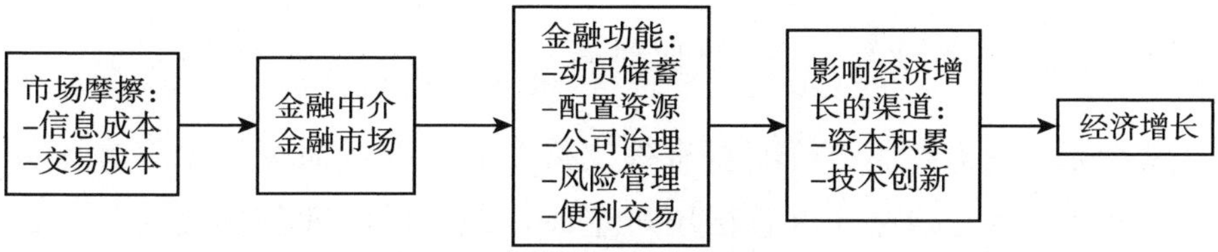

图2－1 金融和经济增长的理论关系

资料来源：Levine（1997）。

在此基础上，Levine（2002）提出金融服务论，指出金融发展是全局的概念，金融体系提供的金融规模和金融服务质量是金融影响经济增长的关键，而金融体系的组织形式是次要问题。20世纪90年代，以King和Levine为代表的一些经济学家突破了Mckinnon－Shaw的研究框架，在内生增长理论的基础上研究金融在经济发展中的作用，创建了衡量金融功能的计量指标，从金融功能角度衡量了金融发展对经济增长的贡献，并确定了金融发展和经济增长的因果关系，还指出金融发展可以通过促进技术创新推动经济增长。

金融功能理论与以往金融理论有所不同，相比于金融结构论试图从竞争性的角度理解金融机构和金融市场的关系，金融功能论把金融机构和金融市场都看作金融产品创新和金融功能实现的共同载体，用金融功能的视角找到两者之间的内在联系。金融功能观认为金融功能是解决金融问题的关键。

2.2.2 商业银行和股票市场对企业创新的影响——基于金融结构观

经济学界关于银行主导和市场主导金融结构的争论持续了几十年，一些学者也从金融结构观出发，探讨了商业银行和股票市场与企业创新的关系。银行部门和股票市场的内在属性不同，在发挥金融功能方面存在差异，因此对企业创新的影响也存在差异。本书将分别对已有文献关于商业银行影响企业创新和股票市场影响企业创新的主要观点进行梳理。

2.2.2.1 商业银行与企业创新

现有文献关于商业银行能否有效支持企业创新的研究结论存在不同观点。结合已有研究结论，可总结出肯定商业银行对企业创新支持作用的观点主要有以下几个方面：第一，银行体系发展具有规模效应，银行业的规模扩张能提高信贷资源储备和资源配置效率。殷剑峰（2006）指出，商业银行的规模效应降低了资本边际成本，银行在支持企业技术创新的过程中具有其他金融制度安排难以比拟的优势。第二，具有专业化和规模化特点的商业银行利用其资源和信息优势，能有效甄别和筛选企业创新项目，降低监督成本，更容易对企业创新项目进行监督管理（Greenwood & Jovanovic，1990；Dianmond，1984）。此外，商业银行能基于雄厚的资金规模和利用专业的投资技术，有效配置资产组合和进行风险管理（彭俞超，2015）。第三，Boot（2000）指出，作为关系型债权人，商业银行往往与企业保持密切联系，所以银行债权融资往往给企业带来比较稳定的资金来源，这有利于保障企业创新项目的资金供应。Herrera 和 Minetti（2007）指出，银企关系有利于银行获得更多企业信息，缓解银企之间的信息不对称，并通过对意大利制造业企业实证研究表明，企业与主要贷款银行的信贷关系存续时间的增加促进了企业开展创新活动。此外，银行可以在保障企业无须向社会披露更多创新项目信息的前提下，通过收集专有信息来评估和筛选企业项目。第四，银行体系可以面对不同客户不同需求，有针对性地提供金融服务，因此可以对企业的技术创新项目提供个性化金融服务。商业银行能有效为企业提供分阶段融资服务（Stulz，2000），通过对企业创新项目的监督，银行能根据项目进展的不同阶段有针对性地满足其融资需求，也有利于实现多个融资条款的跨期平滑。第五，在一个地区金融体系不发达、相关规章制度不健全的情况下，强有力的银行体系能促使企业披露信息和偿还债务，此时银行比金融市场更有效（Gerschenkron，1962）。

另外，也有一些学者认为商业银行不能有效促进企业创新，主要观点如下：第一，企业创新活动使用的资产专用性强难以再配置，而研发产出的知识资产是嵌入人力资本的无形资产，抵押价值的有限性也限制了企业从商业银行获取信贷支持（Brown et al.，2009；Czarnitzki & Hottenrott，2011）。第二，商业银行倾向于保护形成借贷关系的大规模企业，因此会限制新兴企业的发展（Hellwig，1991）。根据 Rajant 和 Zingales（2001）对关系型和市场型融资方式的对比研究，由于缺乏有效价格信号，银行在资源配置上不如资本市场灵活，银行可能会持续提供信贷给某一家企业，甚至是回报率低的项目，这会导致资源配置效率低下，不利于资金流向企业创新。第三，银行业具有审慎经营的特点，只能索取固定信贷收益的商业银行投资风格趋于保守，相比于企业创新绩效，银行更关心企业能否按时还本付息，而由于企业创新活动的高风险和不确定的特点与银行的信贷偏好错配，导致银行业不能很好地支持创新项目（Weinstein & Yafeh，1998；Boot & Thakor，2000）。第四，银行分支机构繁多，委托代理链条过长，因此更容易处理公开的财务报表与资信记录这类"硬信息"，而难以评估财务制度不健全的企业和创新项目（朱欢，2012）。综上所述，关于商业银行是否能对企业创新产生促进作用，学者们持有不同的观点。

还有一类观点认为，商业银行对企业创新的影响取决于银行业结构和银行业竞争度。一些学者认为，银行放松管制和银行竞争度的增加有利于企业创新，Boot 和 Thakor（1997）认为银行业垄断程度增加会导致企业收益被更多地掠夺。许多学者提供了有利的经验证据，Beck 等（2004）基于跨国样本数据研究发现，银行竞争度提升有利于企业获得融资。Amore（2013）实证发现美国洲际银行业放松管制的政策实施，对企业开展创新活动有积极影响。国内学者石璋铭等（2015）、蔡竞等（2016）和张璇等（2019）以中国企业为研究样本，实证研究发现银行业竞争度能促进企业创新。与之不同的是，也有一些学者认为银行业垄断不一定降低企业融资效率，指出银行业垄断有利于通过对贷款利率和信贷配给的控制或者利用长期的银企关系筛选借款者，来平衡信贷风险和收益（Peterson & Rajan，1995；Cetorelli & Gambera，2001）。此外，Carlin 和 Mayer（2003）基于 OECD 国家样本数据，研究得出银行业竞争性对企业创新的影响与一国经济发展阶段有关。

2.2.2.2 股票市场与企业创新

结合相关文献研究结论，股票市场对于支持企业创新的优势主要包括以下几个方面：第一，股票市场具有多样化的金融工具和灵活的风险机制，股票市场可以将风险分散给多个投资者，利于资金流入高风险高收益的创新型项目，使资源配置更有效率（Levine，2005）。第二，只能索取固定信贷收益的商业银行更关心企业有没有破产风险，相比之下，股票市场的投资者享有动态的剩余索取权，更多关心企业实现利益最大化（Macey & Miller，1997）。企业研发创新项目的风险收益特征与股票市场投资者投资偏好更匹配，因此股票市场更适合为创新型项目融资。此外，Stulz（2000）指出，开展研发活动的企业由于缺乏有形抵押物阻碍了债权融资，而股权融资使企业能以未来现金流为保证来筹集资金。第三，股票市场的价格机制有利于资源配置的高效进行。企业创新项目的公开信息较少，企业和外部投资者之间的信息不对称程度比较高。Grossman（1976）指出，股票市场能促进金融资产的价格发现，股票市场的价格具有价值和稀缺性指示器的功能，在理性预期之下，由于股票市场价格机制的存在，投资者能够提取带有噪声的反映企业价值的信息（钟腾，2017），灵敏有效的价格机制会使股票市场资源配置更有效率。第四，股票市场的信息披露制度有利于保障投资者利益，股票市场的激烈竞争有利于信息透明化（彭俞超，2015）。第五，股票市场集合了更分散性的投融资决策，同时也集合了多样化的观点，有利于促进市场挖掘有价值的投资方向，这对于新兴行业和创新型企业更有利，也使得股票市场更有效率（Allen & Gale，1999）。第六，股票市场的股东可通过选举董事会成员，增持或抛售股票以及建立薪酬激励机制等强化公司治理，缓解委托代理问题（孙静等，2019），有利于监督和激励企业创新项目的运行，提升创新成功率。与商业银行相比，股票市场具有灵活的风险管理、多元化的观点的汇集、独特的利益激励和投资退出机制等方面的特点，使发达的股票市场在创新项目的资源配置方面更有效率。根据相关理论研究结论，股票市场可以在一定程度上弥补银行系统的不足，引导资金投入创新型项目中，对企业的创新活动起到积极的作用（Allen，1993；Allen & Gale，1999；Rajan，2012）。

相比于商业银行，资本市场对企业创新的促进作用得到了较多学者的肯定，但是也有学者持不同观点。Stein（1989）认为，股票市场是短视的，倾向于锁定短期利益，股东可能会给企业管理层施加短期盈利压力，而导致创新项目被放弃。Asker 等（2011）也指出，在企业管理层短视的情况下，上市公司的管理者可能会为了满足资本市场短期的业绩要求，而倾向于减少长期的企业创新活动投资。

2.2.3 金融发展对企业创新的作用路径——基于金融功能观

金融发展在缓解创新主体和外部资金供给者之间的信息不对称、减少融资过程中的逆向选择行为和道德风险、优化金融体系对创新活动的资源配置，降低企业融资成本以及控制创新项目风险等方面，都表现出了不可忽视的作用（Levine，1997；Beck et al.，2000；Tadesse，2005；Hall & Lerner，2009；张杰和高德步，2017），大量研究都指出了金融发展对创新具有重要影响。结合已有文献的理论研究，金融功能作用于企业创新的机制和路径主要可以从三个方面分析。

2.2.3.1 从金融系统的资金融通功能角度分析

融资功能是金融体系最基础的功能，其他金融功能都是在融资功能基础上发挥作用。从金融体系融资功能的角度来看，金融发展扩大了企业创新活动的资金来源。从前面分析可知，企业创新活动需要长期稳定的大额资金，外部融资是企业创新活动重要资金来源，保证足够资金投入是企业创新活动能够顺利进行的基础的必要条件（Hall & Lerner，2009；解维敏，2011）。随着金融发展越来越快，金融体系越来越健全，债权融资和股权融资等外部融资已经成为企业重要融资渠道，特别是对于资金需求量巨大的科技型、创新型企业，金融发展能扩大企业的融资渠道。金融系统具有动员储蓄的功能，金融工具的规模化和多样化发展增加了投资者的投资选择，金融发展为投资者提供了分散风险和降低交易成本的交易市场和工具，因此金融体系能更有效地聚集零散资金，为缓解企业融资约束奠定基础（Levine, 1997；Acemoglu & Zilibotti, 1997）。

此外，金融发展能提高对创新项目的资金配置效率。Goldsmith（1969）指出，金融通过有效地将储蓄转化为投资，实现了与实体经济部门的链接。在动员储蓄、吸收了市场零散资金后，金融体系通过高效的储蓄—投资转化机制，将资金投入创新活动当中，优化了资源配置，拓宽了企业融资渠道，从而促进创新活动。金融机构产生的规模效应既实现了贷款分散化，也进一步提升了储蓄—投资转化效率（韩元亮等，2020）。

2.2.3.2 从金融系统的信息收集处理功能的角度分析

金融发展促进了资金流和信息流的高效流通和配置。从信息收集和处理功能出发，一方面，金融发展通过缓解企业和资金供给者之间的信息不对称，提升资金配置效率，进一步缓解了企业创新活动的融资约束；另一方面，金融发展通过提升信息收集和信息生产功能，强化了对企业创新项目进行监督、激励和约束。

具有专业化和规模化特点的金融机构利用其资源和信息优势，能甄别和筛选企业创新项目。Greenwood 和 Jovanovic（1990）指出，金融机构在汇集资金的同时也提高了信息收集能力，金融机构可以凭借其在信息收集处理方面的优势，引导资金流向高效率的企业。Diamond（1991）指出，金融机构可以通过对企业的监督降低道德风险问题，缓解投融资过程中的信息不对称。金融机构的信息生产具有规模经济效应，金融机构的扩张有利于进一步发挥其规模优势和资源优势，降低信息成本，提高资源配置效率。而股票市场中的信息披露机制、价格机制的信号作用以及市场信息的高效汇集和扩散，也能缓解投资者和企业之间的信息不对称，并引导资金流向有发展前景的创新项目。随着金融市场的规模扩张和流动性增强，使投资者更容易且更有动力获得企业信息（Grossman & Stigliz, 1980）。活跃的金融市场，能汇集多样化的观点和投资决策信息，有利于促进市场挖掘有价值的新兴产业和创新项目，有利于提高资金配置效率（Allen & Gale, 1999）。Bank 等（2011）指出，企业信息透明度增加，降低了投资者的信息成本，会增加股票流动性，同时，随着股价信息含量增加，企业会更容易吸引外部投资者（Barber & Odean，2008）。总体来看，金融机构和金融市场具有信息收集处理、信息传递和信息生产的功能，能够缓解信息不对称，进而缓解道德风险和逆向选择问题，减少外部投资者的代理成本，进一步缓解了企业融资约束。与此同时，金融市场发展能加强企业信息透明化，便于资金供给者对优质项目的甄别筛选，提高对企业创新项目的资源配置效率。

金融发展通过提升信息收集和信息生产功能，强化了对企业创新项目进行监督、激励和约束。金融体系在缓解外部投资者和企业之间信息不对称的同时，也进一步缓解了委托代理问题。Diamond（1984）在提出代理监督模型基础上指出，金融机构通过集中代理职能对企业进行监督，极大地降低了投资者们的监督成本。金融机构通过规模效应和长期银企关系建立对企业项目进行监督和管理，增加了公司信息透明度，降低了信息成本，通过签订契约约束管理者行为，有利于改善公司治理。此外，发展成熟的金融机构能汇总和处理更多专业信息，有助于管理企业投资项目，提升企业创新项目的成功率。资本市场的发展也加强了市场中的信息生产和信息传递，有利于加强市场外部投资者对企业的监督效果，有利于约束企业经营管理，提高创新活动的资金利用效率。总而言之，金融机构和金融市场发展有利于改善公司治理，由此产生的监督和激励作用能提高创新成功率。

2.2.3.3 从金融体系风险配置功能的角度分析

金融发展通过风险配置功能，帮助企业获得资金，并降低企业金融风险。Merton 和 Bodie（1995）提到的金融体系一个基本的功能就是对不同时间和空间上的资金进行配置，而在此基础上，金融体系也能实现对风险进行时间和空间上的配置。Allen 和 Gale（2000）指出，金融市场能实现横向风险分担，而金融中介机构能更好地进行跨期风险分担。横向风险分担指的是，伴随着金融市场上的交易，同一时间点的不同投资者之间可以实现风险互换，金融市场通过提供多元化的金融工具和投资组合，实现不同投资者之间的风险配置。跨期风险分散指的是，均衡在不同时间点的投资损益实现风险的跨期平滑。Berlin 和 Mester（1998）指出，银行可以通过贷款定价平滑企业财务风险，银行业金融中介可以在企业创新活动初期资金紧缺时收取较低利率，在企业经营稳定时收取较高利率。此外，金融体系还可以缓解流动性风险，金融发展促进资金流和信息流高效流通的同时，增加了资本的流动性（Diamond & Dybvig，1983）。金融市场通过提供不同期限的金融工具，金融机构通过大数定律将汇集的储蓄资金进行流动性转换，进而解决市场上资金供给和需求在期限上的不匹配，降低了市场参与者的流动性风险。

金融体系风险配置功能，能够帮助高风险的企业创新项目筹集资金。金融市场上多样化投资组合可以分散专业技术项目的风险，进而吸引外部投资者的资金，而银行业金融机构吸收储蓄后，通过大数法则，将一定资金投入企业创新项目，把风险内部化并发挥风险管理作用。如果没有金融体系的存在，外部投资者为了预防流动性冲击会把资金投入周期短、低风险的项目当中，而企业也只能投资与放弃高技术含量的创新项目（杨志群，2013）。而金融体系的风险配置机制，使得资金可以流向高端创新项目。

另外，企业通过金融市场融资的同时，也把创新项目的风险分散给了外部投资者。企业创新活动具有很强的不确定性，且前期投入资金规模很大，一旦失败就会对企业经营甚至生存造成巨大危害，而金融体系中的不同投资主体可以分担企业创新活动的风险，金融机构贷款、风险投资、私募基金、创业板等投融资方式，能够帮助企业分担创新活动不同阶段不同性质的风险。金融体系能够通过分散风险，激励企业开展创新活动（King & Levine，1993）。

结合以上分析，金融体系发展能够促进资金流和信息流的高效流通和配置，能缓解企业融资约束、分散创新项目风险、发挥监督和激励作用，进而促进企业创新，本节从金融功能出发分析出金融发展对企业创新的作用路径，如图 2－2 所示。

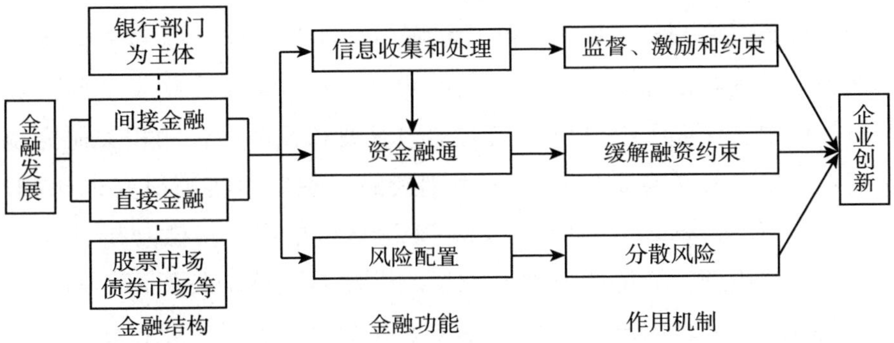

图2-2 金融发展影响企业创新机制和路径

2.2.4 金融发展影响企业创新的实证研究综述

2.2.4.1 金融发展与创新的相关研究总述

创新对经济增长的重要性被学术界反复强调（Solow，1957；Romer，1990；Aghion et al.，1992；Kogan et al.，2017），金融与经济的关系也已成为经济学界的经典课题，Greenwood 和 Jovanovic（1990）、Levin（1991）等学者，通过在内生增长模型中加入金融部门，基于金融功能分析金融体系对经济增长的作用路径，诸多学者通过理论和实证角度研究了金融发展对经济增长的影响。近年来，此类研究逐渐发展出了一个重要的分支，即金融发展如何通过支持了技术创新而推动经济增长（King & Levine，1993；Blackburn & Hung，1998；Morales，2003）。已有大量文献从理论层面分析了金融发展对技术创新的影响，以技术创新作为金融发展影响经济增长的作用渠道，阐述了其重要性。但是关于金融发展对创新影响的实证研究相对比较匮乏（钟腾，2019）。

金融发展对创新的实证研究可以分为宏观和微观两个研究视角（Conti et al.，2013）。宏观层面，Beck 等（2000）、Bravo（2007）、Meierrieks（2014）、何安妮（2016）、Kapidani 和 Luci（2019）、俞成森（2019）等学者基于跨国样本，为金融发展和国家创新的相关关系提供了宏观经验证据；

张志强（2012）、陈东等（2014）、赵增耀等（2016）、Zhao（2016）、李晓龙等（2017）、姬广林（2017）和王世强等（2020）等学者对中国地区金融发展和地区创新之间的关系进行实证研究，并肯定了金融发展对区域创新的积极作用。正如关于更早开始的金融发展和经济增长的相关研究多集中于宏观视角，关于金融发展对技术创新的宏观层面实证研究也比较多。然而，Rajan 和 Zingales（1998）、Love（2003）指出，从微观层面探讨金融发展的作用机理，能更有效地研究金融发展对经济增长的影响机制，随着一些国内外学者转向微观视角，逐步展开金融发展对企业投融资的影响研究，近年来关于金融发展对企业创新影响的文献研究也逐渐增多。

2.2.4.2 金融发展对企业创新的影响研究

国内外学者分别将地区金融发展水平与行业创新或企业个体创新的微观数据相结合，展开了关于金融发展与企业创新的实证研究，其中表 2－2 对主要文献进行了归纳。

表 2－2 关于金融发展与企业创新实证研究的主要文献

作者	研究对象	创新的衡量	金融发展的衡量	主要结论
Beck 和 Levine（2002）	1980～1995 年 65 个国家不同行业的面板数据	研发密集型行业发展水平	各国金融机构私人信贷规模与股票市值之和/GDP	金融总体发展对研发密集型产业产生积极影响
Sharma（2007）	2003～2006 年 57 个国家世界银行企业调查数据	由企业调研中汇报的创新成果构建的指数	各国私人信贷规模/GDP	金融发展对小规模企业创新的积极作用更明显
Benfratello 等（2008）	20 世纪 90 年代意大利中小企业	产品创新频率；过程创新频率	各省银行分支机构/人口数量	银行发展对流程创新产生积极的影响
Brown 等（2012b）	1990～2007 年 32 个国家 5300 家企业	研发投资规模	股票市场：各国 IPO 市值/GDP； 信贷市场：各国私人信贷规模/GDP	股票市场发展促进企业 R&D 投资，但信贷市场发展对 R&D 投资没有影响

续表

作者	研究对象	创新的衡量	金融发展的衡量	主要结论
Amore 等（2013）	1976～1995 年美国制造业企业	专利申请数	20 世纪 80 年代和 20 世纪 90 年代州际银行业的放松管制	银行业的放松管制对创新活动的数量和质量具有显著的有利影响
Hsu 等（2014）	1976～2006 年 32 个国家制造业企业的行业层面数据	行业专利申请数、引用数专利质量和研发投入	信贷市场：银行业信贷规模/GDP；股票市场：股票市值/GDP	股票市场发展促进行业层面的创新，而信贷市场发展对行业层面的创新有一定抑制作用
Brown 等（2016）	1980～2005 年 38 个国家的行业层面数据	高科技产业增加值	信贷市场：银行信贷规模/GDP；股票市场：股票交易规模/GDP	股票市场显著促进高科技行业增长，股票市场对研发依赖度越高的行业促进作用越强
Maria 等（2017）	2006～2013 年 18 个发展中国家的企业	企业是否有新专利、新产品或新服务的二元变量	银行和其他金融机构私人信贷规模/GDP；银行私人信贷规模/GDP；股票总市值/GDP	金融发展对发展中国家企业创新没有促进作用，其中信贷市场发展抑制了企业创新可能性
Xu 等（2020）	2010～2018 年中国深交所上市 200 家战略性新兴产业公司	Ln（研发投资/营业收入）	省际金融机构贷款余额/GDP；省际发行 A 股融资规模/GDP	金融机构和股票市场发展均对战略新兴企业创新投入产生促进作用
解维敏等（2011）	2002～2006 年中国信息技术业和制造业 632 家上市公司	R&D 投入/总资产	樊纲（2010）的金融业市场化指数	金融发展促进企业研发投入，且对小企业和私有产权企业影响更大

续表

作者	研究对象	创新的衡量	金融发展的衡量	主要结论
黎欢等（2014）	2005～2007 年中国工业企业	研发投入/销售收入	樊纲（2010）的金融业市场化指数	金融发展促进企业研发投入，分组检验只对非国有企业影响显著
戴小勇等（2015）	2005～2007 年中国工业企业	研发投入/销售收入	樊纲（2010）的金融业市场化指数	金融发展通过缓解小企业、私营企业的融资约束，促进了企业的创新投入
张杰等（2017）	1999～2007 年中国工业企业的行业层面样本	行业研发投入 行业专利存量	樊纲（2011）金融业市场化指数；贷款余额/GDP；资产形成总额/金融机构存款余额	金融规模扩张对外部融资依赖行业创新有促进作用；金融发展效率作用不显著；金融市场化则产生抑制效果
钟腾等（2017）	1997～2013 年中国上市公司	专利申请量总量；发明专利申请数量；实用新型和外观设计型专利申请量	股票流通市值和/GDP 和上市公司数量；金融机构存贷款总和/GDP 和金融机构贷款余额/GDP；银行业市场化指数（樊纲指数）	股票市场对企业创新产出促进作用最有效，银行业规模促进企业创新，银行业市场化不产生影响
贾俊生等（2017）	2006～2010 年沪深两市制造业上市公司	专利申请总量	省际信贷规模/GDP；省际资本市场融资规模	各省区市信贷市场发展促进了企业创新产出，但资本市场的作用不显著
张倩肖等（2019）	2005～2015 年 A 股上市公司	专利申请总量	金融机构贷款余额/GDP；中小银行资产占比；股票交易额/GDP	银行业发展、银行业竞争性、股票市场发展都促进了企业专利总量产出

续表

作者	研究对象	创新的衡量	金融发展的衡量	主要结论
郭联邦等（2020）	2012 年中国 25 个城市的世界银行企业调查数据	是否有研发活动；是否有新产品或服务	城市年末金融机构贷款余额/GDP	金融发展促进了企业创新活动开展，尤其是对大型企业和出口企业的促进效果更显著

（1）国外研究方面，Beck 和 Levine（2002）从行业层面的视角，利用 65 个国家面板数据，实证研究发现金融发展对研发密集型产业发展产生积极影响。Sharma（2007）强调了金融发展对企业创新的作用效果与企业规模有关，他以对 57 国的世界银行企业调研数据为样本，得出金融发展（主要指信贷市场发展）对小规模企业积极影响更明显的结论。Benfratello 等（2008）利用意大利各省银行业数据和中小企业微观数据，实证研究发现省际银行业发展对企业流程创新产生积极影响，其中该影响在高技术行业尤为显著；而银行发展对产品创新的影响证据不足。Brown 等（2012b）通过跨国金融体系宏观数据和企业微观数据结合，研究发现保护股东的法律体系和更好的股票市场融资机会使导致 R&D 投资的长期增长率显著提高，在小型公司尤其明显，但股票市场发展对固定资本投资影响较小；信贷市场的发展对固定资产投资存在一定影响，但对 R&D 投资没有影响。Amore 等（2013）通过对美国洲际银行管制政策冲击对企业创新影响研究发现，银行业发展能促进企业创新绩效。Hsu 等（2014）以跨国（不包括中国）行业层面数据为样本，实证结果得出股票市场的发展促进了行业层面的企业创新，而信贷市场的发展对行业创新产生抑制作用。Brown 等（2016）通过跨国样本发现，股票市场发展（而不是信贷市场发展）促进了高科技产业增长，行业外部依赖度影响了信贷市场对行业增长的边际作用，行业研发依赖度影响了股票市场对行业增长的边际作用。Maria 等（2017）以 18 个发展中国家（不包括中国）企业为研究对象，研究发现金融发展对企业创新没有促进作用，其中信贷市场发展抑制了企业创新可能性。Xu

(2020) 以中国区域金融发展和战略新兴上市公司为研究对象，研究发现金融机构和股票市场的发展都促进了战略新兴企业创新投入。

(2) 国内文献方面，早期许多学者选择了金融市场化指数（樊纲指数）衡量金融发展，该指标反映的实际是银行业金融机构的市场化程度，其中解维敏等（2011）、黎欢和龚六堂（2014）、戴小勇等（2015）研究发现金融市场化促进了企业创新投入；张杰等（2017）则得出相反的结论，即金融市场化抑制了行业层面企业创新投入和产出。钟腾等（2017）研究发现金融市场化对企业创新产出没有显著影响。此外，石璋铭等（2015）和张璇等（2019）都研究发现了中国区域银行业竞争性对企业创新有促进作用。

由于我国金融体系以银行部门为主体，学者多以银行业的发展情况来衡量地区整体金融发展情况。关于银行业金融机构（信贷市场）发展和企业创新相关关系的研究，从企业创新投入角度来看，刘文琦等（2018）基于高技术上市公司样本，发现金融发展（主要表现信贷规模扩张）对高技术企业创新研发投入产生促进作用。从企业创新产出的角度来看，钟腾等（2017）、贾俊生等（2017）、张倩肖等（2019）研究发现银行部门发展显著促进企业专利申请总量增加，但钟腾等（2017）考虑了专利申请的种类，进一步发现银行部门发展对设计类专利产出的促进效果更大。此外，张杰等（2017）从行业层面的视角，实证研究发现，银行业信贷规模扩张显著促进了行业研发投入以及专利产出。郭联邦等（2020）实证研究发现金融发展（信贷市场扩张）显著促进了企业开展创新活动。

关于资本市场的与企业创新相关关系研究很少，已有国内文献基本从企业创新产出的角度来进行研究。由于国内资本市场发展对经济增长和企业发展的相关研究仍在起步探索阶段，已有文献关于股票市场发展的衡量指标也不统一。贾俊生等（2017）用资本市场融资规模衡量资本市场发展，研究发现，资本市场不完善限制了其作用效果，资本市场融资规模增长没有显著促进企业专利申请总量。而钟腾等（2017）得出了不同的结论，他用地区股票流通市值和上市公司数量衡量股票市场发展，实证研究表明股票市场发展显著促进了企业专利申请总量和发明专利申请。张倩肖等（2019）用地区股票市场交易额与 GDP 之比作为股票市场发展的代理变量，实证研究得出股票市场发展促进了企业专利申请总量的增加。

此外，王昱等（2017）利用 2005 ~ 2007 年的中国工业企业数据，通过门槛模型实证研究发现金融发展对企业创新投入有双门槛效应，即金融深化不足或过度扩张都不利于企业创新；金融业的全要素生产率对企业创新投入有单门槛效应。

（3）整体来看，金融发展和企业创新相关研究中考虑企业异质性的文献较少。考虑企业规模异质性，Sharma（2007）、解维敏等（2011）和 Xu 等（2020）研究发现金融发展对较小企业影响更大，而与之相反，郭联邦等（2020）研究发现金融发展对较大规模企业创新的促进作用更强。考虑企业所有制异质性，Xu 等（2020）研究发现金融发展对不同所有制战略性新兴产业企业没有明显差异，解维敏（2011）、黎欢（2014）发现金融发展对私营企业、非国有企业影响更大，与之相反，王昱等（2017）在规模适度扩张阶段金融发展对国企影响更大，私营企业的金融发展边界更高。

此外，解维敏等（2011）发现政府干预降低了金融发展对企业创新投入的促进效果。钟腾（2017）研究发现知识产权保护水平高有利于金融发展支持企业创新产出。

2.3 金融发展、融资约束和企业创新

2.3.1 金融发展对企业融资约束的缓解作用

理论研究方面，金融功能理论指出金融体系有汇集和配置资金、生产和传递信息、便利交易的功能（Morten & Bodie，1995；Levine，1997），金融发展能够汇集更多市场零散资金，扩大企业创新的资金来源，缓解企业信息不对称，并通过有效的资源配置，缓解企业融资约束，进而促进企业创新。具体来看，金融发展对企业融资约束的缓解作用实现可以从以下两个方面分析。

第一，金融发展往往表现出金融资产增加和金融机构扩张（Gurley et al.，1967），金融发展的规模效应有利于降低交易成本，增加交易便利性，拓宽企业融资渠道（沈红波，2010）。一方面，银行业金融机构和股票市场的发展创造了多元化金融工具，为家庭提供了分散风险的投资组合，更有效地动员储蓄、汇集市场上的闲散资金（Levine，1997；Acemoglu & Zilibotti，1997），进而实现了金融资产供给的增加，增加了企业融资来源；另一方面，Goldsmith（1969）指出金融体系通过有效地将储蓄转化为投资，实现了与实体经济部门的链接。金融机构产生的规模效应有利于贷款分散化，也进一步提升了储蓄—投资转化效率（韩元亮等，2020），进而有利于提高企业融资便利性和融资效率。

第二，金融发展还能缓解企业投融资过程当中的信息不对称。信息不对称是企业融资约束主要成因，特别是企业创新项目由于专业性、技术复杂度较高和企业对创新项目的战略性保密行为，外部投资者和企业管理者之间存在较高的信息不对称，以至于增加了企业创新项目获得资金支持的难度。一方面，从银行业金融机构的角度，Greenwood 和 Jovanovic（1990）指出，金融机构在汇集资金的同时也提高了信息收集能力，金融机构可以凭借其在信息收集处理方面的优势，引导资金流向高效率的企业。Diamond（1991）指出，金融机构可以通过对企业的监督降低道德风险问题，缓解投融资过程中的信息不对称。金融机构的信息生产具有规模经济效应，金融机构的扩张有利于进一步发挥其规模优势和资源优势，降低信息成本，提高资源配置效率。此外，银行可以与企业建立紧密联系，可以在保障企业无须向社会披露更多项目信息的前提下，通过收集专有信息来评估和筛选企业项目，并有利于为企业提供稳定的资金来源。另一方面，从股票市场角度，股票市场中的信息披露机制、价格机制的信号作用以及市场信息的高效汇集和扩散，也能缓解投资者和企业之间的信息不对称，并引导资金流向有发展前景的企业投资项目。活跃的金融市场，能汇集多样化的观点和投资决策信息，有利于促进市场挖掘有价值的新兴产业和创新项目，有利于提高资金配置效率（Allen & Gale，1999）。因此，金融发展带来了信息流的高速流通匹配，有利于金融机构和资本市场投资者更高效地收集信息，对企业投资项目进行甄别，降低外部投资者的信息成本，缓解信息不对称带来的道德风险和逆向选择的问题，进而降低企业融资成本，提高企业融资效率（Love，2003）。综上所述，金融机构和股票市场发展能改善企业融资环境，提升投融资需求匹配效率，扩大企业融资渠道，便于企业获得更低成本的稳定资金。

融资功能是金融体系的最基本功能，在实证研究方面以往学者多通过验证金融体系融资功能的发挥，来检验金融发展对经济增长的影响。Rajan和Zingales（1998）、Claessens和Laeven（2003）通过跨国样本数据实证验证了金融发展促进了外部融资依赖度高的行业发展，指出金融发展能够通过缓解企业融资约束、促进企业发展和经济增长。Rajan和Zingales（1998）指出金融发展拓宽了企业融资渠道。Claessen和Laeven（2003）指出金融发展提高了企业融资便利性，进而促进企业发展。Wurgler（2000）通过对65个国家样本数据进行分析，研究发现金融体系能够改善资源配置效率，具体来说，在65个国家中，相比金融业不发达（以信贷市场和股票市场规模与GDP比值衡量）的国家，金融业发达的国家增加了对新兴产业的投资，减少了对衰落产业的投资。国内学者李青原等（2013）在Wurgler（2000）研究方法基础上，以中国工业行业为研究对象，发现中国地区金融发展能够改善金融体系对实体经济的资源配置效率。

基于微观视角研究金融发展对企业融资约束影响的实证研究方面，Love（2003）基于跨国的企业数据，利用欧拉模型进行实证研究发现金融发展降低了企业投资的内部现金流的敏感性，并指出金融发展能通过缓解信息不对称来缓解企业融资约束。类似地，Khurana等（2006）基于1994～2002年35个国家的企业数据，实证研究发现，企业现金持有量的现金流敏感性随着金融发展程度升高而降低，指出在金融发展欠发达地区，企业因为高昂的外部融资成本而面临的融资约束问题更严重。国内学者李斌等（2006）利用2001～2003年中国沪深上市公司数据，通过实证研究得出金融发展能缓解企业融资约束，以及金融发展能促进依赖外部融资的企业成长。饶华春（2009）利用中国2003～2007年上市公司数据，基于企业投资视角，实证研究发现金融发展能够缓解企业融资约束且对民营企业缓解作用更强；相比于股票市场发展，金融中介发展对企业融资约束缓解作用更强。沈红波等（2010）指出，金融发展能够通过金融资源扩张和减少信息不对称来缓解融资约束，并基于中国制造业上市公司数据实证研究得出金融发展能缓解企业融资约束，且对民营企业影响更大。张凡（2015）利用2007～2012年中国上市公司数据，研究发现金融发展能缓解企业投资对于内部现金流的依赖度，以及企业融资约束程度与企业的银行短期借款融资负相关。总体来看，较多经验证据表明，金融发展能够促进资金融通，提高资源配置效率，缓解企业融资约束。

2.3.2 关于金融发展对企业创新影响机制的实证研究

在探讨金融发展对企业创新影响的文献中，多数文献只从理论层面探讨了金融发展对企业创新的作用机制，较少文献在实证研究对作用机制进行检验。已有文献主要从融资机制研究金融发展对企业创新的影响机制。实证研究方面，Rajan和Zingales（1998）采用跨国数据研究金融发展对经济增长的影响，开创性地考虑了行业外部融资依赖度，研究发现金融发展对外部融资依赖度高的行业增长促进作用更强，指出金融发展通过满足外部融资依赖行业融资需求推动了经济增长。该方法也被称为RZ研究方法，在解释了金融发展对经济增长的作用机制的同时也解决了内生性问题。Hsu等（2014）、Brown等（2016）、张杰等（2017）和钟腾（2017）沿用RZ框架通过研究发现，金融发展对高外部融资依赖性行业创新或增长的促进作用增强，侧面反映出金融发展通过提供外部资金支持促进了企业创新或产业发展。类似地，从企业层面融资约束的视角，戴小勇等（2015）利用2005～2007年的中国工业企业数据，在回归模型中引入金融发展和企业融资约束指标的交互项，发现金融发展通过缓解融资约束对企业创新的抑制效果，进而促进了企业创新。

另外，Love（2003）、饶华春（2009）等学者较早地在FHP用现金流敏感性衡量融资约束的基础上，在投资—现金流敏感性模型中加入了金融发展水平和企业内部现金流交互项，并指出若交互项系数估计值为负，则说明金融发展能够缓解企业融资约束。随后一些学者也沿用这种思路，探究金融发展水平对企业研发投资融资约束的影响。王山慧（2013）、王文华等（2013）和孙晓华等（2015）均以企业研发投资—现金流敏感性模型为基础，引入金融发展和内部现金流的交互项，实证得出中国地区金融发展降低了企业研发投资对内部现金流的依赖程度，指出金融发展能缓解企业研发投资的外部融资约束。

2.4　文献评述

早在1942年熊彼特（J. Schumpeter）就指出了金融系统对创新活动的支持作用，国外学者从20世纪90年代逐步开始了关于金融和融资对创新影响的深入探讨，至今已有丰富的研究成果，而国内的相关研究从21世纪10年代才逐渐深入展开。通过梳理国内外文献，可以总结出已有研究成果和不足之处如下。

（1）关于融资约束对企业创新影响的相关研究。理论研究方面，多数学者认为企业融资约束能对企业创新产生负面影响。实证研究方面，大量国外文献借鉴FHP方法，用企业研发投资现金流敏感性来验证融资约束是否对企业研发投资产生影响，国内相关研究也多数采用了这一方法。而由于FHP研究方法的局限性和争议性，近几年来学者们开始采用单指标法、复合指数法、直接评估法等方法构建融资约束衡量指标进行实证研究。在国内外的相关实证研究中，一些学者采用了不同的融资约束指标，不同指标的侧重点也有所区别。关于融资约束与企业创新关系的实证研究结论往往与企业结构性特征和融资策略有密切的关系，且基于不同时间或地理环境样本的研究结论也存在差异（Hall et al.，2016）。

现有关于融资约束对企业创新影响文献研究的不足之处如下：第一，理论研究中大多从企业创新活动特点的角度来分析融资约束的成因，而对融资约束影响企业创新内在机理的深入探讨较少。第二，相关文献实证研究对象集中于企业的创新投入和创新决策，而忽视了企业创新绩效这一视角。创新活动风险大、周期长，创新投入不一定能有效转化为创新产出，且往往进行了长时间的持续投入才能产生收益。创新成果的产出也反映了创新投入达到足够规模且具有持续性和稳定性。从已有文献中可以发现，一些企业创新影响因素对企业创新投入和创新产出影响不一致。例如，李香菊等（2019）实证结果表明，政府补助促进企业研发投入，但对专利数量影响却不显著。因此要深入研究融资约束和企业创新的关系，从企业创新绩效的视角进行考察是有必要的。第三，基于研发投资现金流敏感性模型研究企业创新投资的融资约束问题的文献较多，但是此类研究方法无法细致深入地探究融资约束对企业创新的影响。通过构建融资约束指标进行相关方面研究的文献较少，而其中大多文献在研究中只采取了一种指标来衡量企业融资约束，单个指标衡量融资约束可能具有一定片面性或局限性（例如，被较多学者采用的调研结果直接评估法可能由于依赖于管理者的主观性而存在衡量偏差），在实证研究中融资约束指标选择上有待进一步丰富。第四，在国内研究的样本选择中，一些学者选取了数据容量较大的中国工业企业数据库和世界银行对中国企业调研数据为研究样本，但此类研究样本数据有时间跨度较短和时效性不足的局限性，而现有以中国 A 股上市公司为研究对象的文献，多将研究视角集中于高技术行业等某些特定行业的企业样本，国内相关研究的样本选择有待进一步丰富。

本书第 4 章在对融资约束对企业创新的影响机制进行理论分析的基础上进行了实证研究，以 2007 ~ 2018 年中国 A 股非金融行业上市公司为研究对象展开实证研究，样本覆盖面广，研究时间区间跨度大。与多数文献采取单一指标衡量融资约束不同，本书将选择被广泛接受的三个复合指数 SA 指数、KZ 指数和 WW 指数来构建企业融资约束指标，研究融资约束对企业创新投入的影响，并在异质性检验中给出来自本书研究视角的经验证据。此外，本书实证中还进一步以更全面的视角，从数量和质量两个维度考虑了企业创新绩效。本书的研究在研究方法、研究角度和经验证据方面，对关于融资约束和企业创新关系的相关研究予以很好的补充。

（2）关于金融发展对企业创新影响的研究。金融发展与技术创新的关系是近年来学者们十分关注的课题，相关文献主要从银行业金融机构和资本市场两个角度展开。理论研究方面，从金融功能观的角度，金融体系通过金融功能的实现促进企业创新的理论研究已比较丰富；从金融结构观的角度，已有文献关于银行业金融机构对企业创新的作用效果仍存在一定争议，关于资本市场对企业创新的积极作用予以较多的肯定。实证研究方面，国外多数文献研究也从银行业信贷市场和股票市场两个角度展开研究，关于金融发展对企业创新作用效果的经验证据尚无定论。国内研究方面，由于中国以间接金融市场为主，实证研究多从以银行业视角展开，银行部门对企业创新的促进作用得到较多的实证研究支持，而鲜少有文献考虑到股票市场发展，关于中国股票市场对企业创新的影响也没有得到一致的经验结论。

现有关于金融发展对企业创新影响文献研究的不足之处如下：第一，关于金融发展对创新的实证研究，相比于采用企业微观层面视角，以金融发展对国家创新和区域创新的宏观层面研究居多。第二，涉及金融发展对企业创新影响的实证研究中，相关文献对地区宏观因素考虑较多，而考虑企业个体因素的差异性检验较少。一些文献的研究框架是将企业创新作为中介因素，来探究金融发展对经济增长的影响机制，所以在对金融发展对企业创新影响的研究部分不够深入和全面，还有一些学者实证研究中选取的是区域和行业层面的企业创新研发数据。第三，国内研究方面，我国金融发展相关研究普遍考虑以银行业为主的金融机构发展衡量地区金融发展水平。相比于考虑银行业金融机构，国内关于中国资本市场发展对经济、产业、企业等方面影响的相关研究很少，涉及企业创新层面的实证研究更是如此，且现有研究关于资本市场和股票市场发展衡量的指标不统一、研究结论也不一致。随着我国资本市场逐渐完善，直接金融占比逐渐增加，有必要在相关研究中更多地考虑以股票市场为主的直接金融市场的作用。第四，虽然国内已有一些的文献研究了金融发展对企业创新的影响，但是其中以 21 世纪初的企业为研究对象的文献较多，国内相关研究的样本选择有待进一步丰富。

本书在第 4 章实证部分将以 2007 ~ 2018 年中国 30 个省区市的 A 股非金融业上市公司为研究对象，我国银行部门和股票市场渐进式的改革发展过程为本书研究提供了时间维度的变化，地区金融发展不平衡特征为本书研究提供了横截面维度的变化，样本选择较充分地涵盖了中国地区金融发展横截面层面和时间维度变化的特征。本书将从金融机构发展和股票市场发展两个角度来研究金融对企业创新投入的影响，并在考虑企业异质性因素的差异性检验中给出来自本书视角的实验证据，同时，也进行分位数回归全面对比了解银行业金融机构发展和股票市场发展对企业创新投入不同分位点的边际影响。此外，本书还进一步从数量和质量两个维度考虑了企业创新绩效，本书的研究在研究方法、研究视角和经验证据方面，对关于中国地区金融发展与企业创新关系的实证研究课题予以补充。

（3）关于金融发展对企业创新影响机制的相关研究。诸多探讨金融发展对企业创新影响的文献中，多数文献只从理论层面探讨了金融发展对企业创新的影响机制，较少文献在实证研究对影响机制进行检验，实证研究缺乏关于金融发展对企业创新影响机制的深入探讨。此外，较少文献在企业创新影响因素的实证研究中，同时考虑企业微观融资和宏观金融发展两个视角。现有探究金融发展对企业创新影响机制的文献具体主要从以下两个方面进行实证检验：一方面，以企业研发投资现金流敏感性模型为基础，引入金融发展和内部现金流的交互项，若回归结果中交互项系数为负，则实证得出金融发展缓解了企业研发投资对内部现金流的依赖，金融发展缓解了企业研发投资的融资约束。另一方面，在回归模型中引入金融发展和融资约束指标的交互项，检验金融发展对不同融资约束水平企业的影响差异，或者说融资约束对于金融发展影响企业创新的调节效应。本书则将进一步采用中介效应检验法，实证检验金融发展对企业创新影响机制当中是否存在以融资约束为中介变量的显著中介效应，深入探讨金融发展对企业创新投入的影响机制，对现有研究提供了重要补充。

此外，已有文献普遍从金融体系融资功能视角，探究金融发展对企业创新影响机制。本书在实证研究中创新地考虑金融体系信息传递处理功能，构建信息不对称衡量指标，从信息不对称视角探究金融发展对企业创新的影响机制。

第 3 章

中国创新和金融发展的现状分析

中国改革开放已有 40 多年，从最初“摸着石头过河”到逐渐走向正轨，再到如今已步入改革“深水区”，我国领导人逐渐意识到我国与发达国家之间技术上的巨大差距以及创新对于一国发展的关键作用，推出了一系列的相关政策，不断优化科技创新战略规划，大力推动创新发展。与此同时，中国也积极推进金融发展和改革的不断深化和升级，强化金融对实体经济的支持作用。从改革开放发展至今，无论是技术创新还是金融发展，中国都取得了突出的成绩，同时也存在需要克服的问题。本章将对中国创新和金融发展的背景和现状进行梳理。

3.1 中国创新研发的政策背景与现状分析

本节将对中国科技创新政策演进发展历程和中国总体、企业和区域层面创新研发的现状进行梳理和总结。

3.1.1 中国科技创新战略和关于企业定位的主要政策演进

随着时代变化和科学技术的不断突破发展，中国科技创新政策和战略规划立足中国特色的科技创新实践，逐渐形成具有阶段性和时代性的发展演进历程（见图3-1）。纵观科技创新战略规划的演进历程，科技创新政策内容逐渐丰富，科技创新战略体系逐渐形成，市场机制作用不断凸显，创新和经济发展相互推动，创新在中国经济社会建设全局中的地位愈发凸显。自1978年改革开放以来，我国科技创新战略规划经历了科技体制的重建和创新战略体系的全面市场化改革，到2006年我国提出了自主创新战略并开启了全面国家创新体系的构建，2012年的“创新驱动发展战略”提出标志着创新战略上升为国家核心战略，再到2016年提出建设世界科技创新强国的目标，当前我国科技创新战略已经进入新的历史阶段。

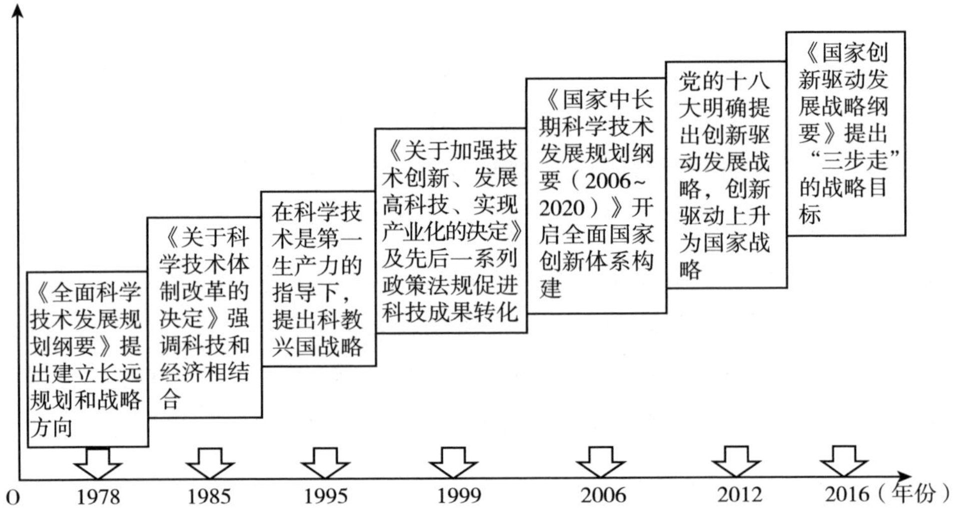

图3-1　中国科技创新主要政策演进历程

与此同时，随着科技创新战略规划和相关政策推出，企业在创新战略的地位和作用也不断提高。图3-2显示了改革开放以来，中国科技创新规划中关于企业定位的演进过程。在20世纪50年代我国科技规划的重心还是科学研究，随后为了适应经济社会发展的需求，改革开放初期，我国的科技发展规划的重点逐渐转向科研成果的应用转化以及科技和经济的相互结合。20世纪90年代企业的创新主体地位逐渐明确。步入21世纪以来，企业的创新主体地位被反复强调，多项经济政策围绕企业创新展开，现阶段企业是我国创新驱动发展战略中不可忽视的中坚力量。

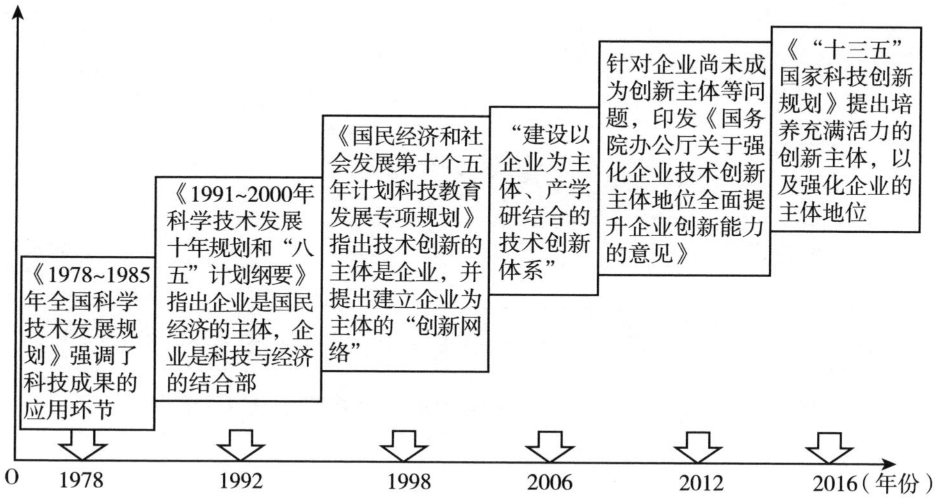

图 3-2　中国科技创新规划中的企业定位演进过程

3.1.2　中国总体创新研发情况

（1）全国创新研发水平的纵向发展。

21 世纪以来，我国创新水平不断提高，实现了较大跨越，科技贡献率从 2002～2007 年的 46.0% 上升到 2014～2019 年的 59.5%。2019 年，根据世界知识产权组织公布数据，在 PCT（专利合作条约）下的中国国际专利申请数已超过了美国，并首次位居榜首。我国科技创新水平已取得了巨大进展。

研发投入是一国创新研发能力的重要体现。我国研发经费支出逐年增加，创新驱动发展战略提出的 2012 年，研发经费内部支出为 10298 亿元，到 2019 年研发投入已经超过 2012 年的两倍，达到 22143 亿元。中国研发投入强度（研发经费支出与 GDP 之比）也基本呈不断上升趋势，中国研发投入强度 2013 年首次突破了 2%，至 2018 年研发投入强度达到 2.14%（见图 3-3）。

科研成果方面，我国也取得了不错的成绩，图 3-4 显示了 2006～2019 年中国专利申请情况，2019 年国内外专利申请数量合计达到了 438 万件，达到了 2012 年的 2.14 倍。从 2009 年开始，中国国内外专利申请总量和发明专利申请量的增长率显著提高，作为真正能体现创新水平且更具经济价

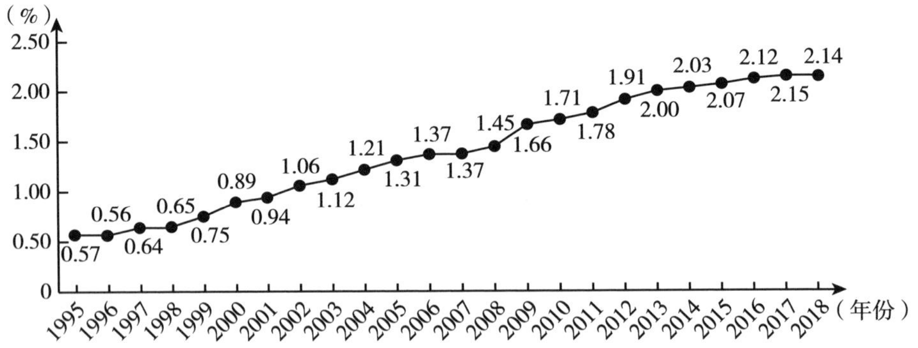

图 3-3　1995～2018 年中国 R&D 经费支出占 GDP 比重

数据来源:《中国科技统计年鉴》。

值的专利成果，2009～2015 年发明专利申请数量的逐年增长率的平均值有 23.14%。但是，2016 年后我国发明专利申请数量出现增速放缓的现象，增长率也低于实用新型专利。在重大科研成果方面，2019 年中国重大科研成果共计 68562 项，比 2012 年增长了 32.6%。

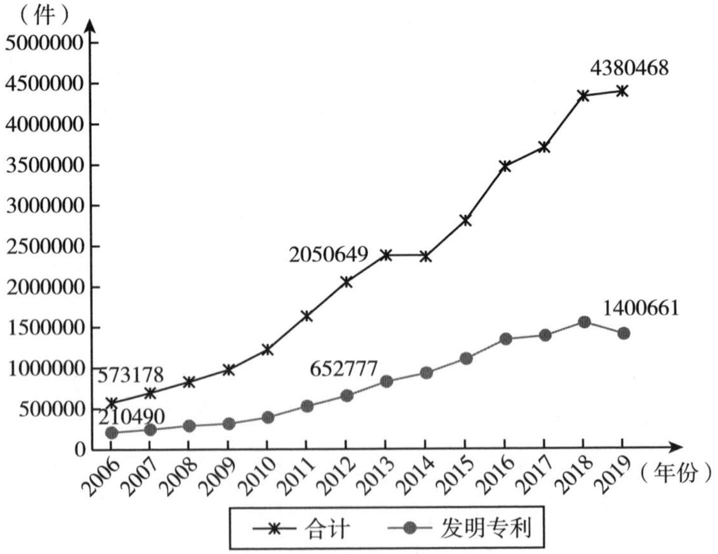

图 3-4　2006～2019 年中国国内外专利申请数

数据来源:《中国科技统计年鉴》。

（2）中国创新研发与国际间的横向对比。

自2006年我国提出了建设创新型国家的战略，与世界排名前列的创新型国家之间差距逐渐减小。根据近几年世界知识产权组织公布数据，我国国际专利申请数量在全球排名中名列前茅，但这也与中国的规模优势不无关系。在2019年世界知识产权组织发布的全球创新指数排名中，中国创新指数排名上升至第14名，创新产出排名全球第5位，创新投入排名仅为第26位，因而中国在创新投入方面仍需加强，以进一步缩小整体创新研发水平与世界创新强国之间的差距。

图3－5显示了2000～2018年中国研发投入强度的国际间比较趋势，结合《中国科技统计年鉴》公布统计数据来看，中国研发投入方面持续呈追赶态势，与多数创新型国家之间的研发投入强度差距在逐年减小。但是截至2018年，中国和世界排名较前的创新型国家仍然有较大差距，2018年中国研发投入强度为2.14%，而韩日德美分别为4.53%、3.28%、3.13%和2.83%，特别是研发强度2000年就已超过中国两倍的韩国，在近二十年间实现研发投入的飞跃，与其他国家拉开了差距。根据世界银行公布的统计结果，2018年作为世界第二大经济体的中国研发投入排名未跻身世界前十五，因此，我国在创新研发方面仍需持续追赶才能跻身世界前列，实现创新强国的梦想。

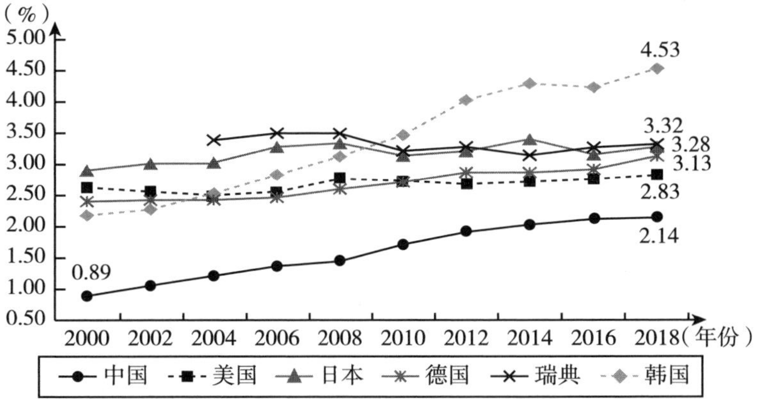

图3－5　2000～2018年中国和其他国家R&D支出/GDP

数据来源：《中国科技统计年鉴2020》。

3.1.3 中国企业创新研发情况

（1）企业创新的主体地位。

我国科技创新战略规划和相关政策中多次强调了企业的创新主体地位，当前创新发展战略要求不断增强企业创新的主导作用。根据《中国统计年鉴》公布的数据，自 2006 ~ 2018 年中国 R&D 经费支出中的企业资金从约 2073.7 亿元增加到约 15079.3 亿元，增加了约 6.3 倍，企业资金在中国 R&D 经费支出占比从约 69.1% 增加到约 76.6%，而政府资金占比从约 24.7% 逐渐降低为约 20.2%。

如图 3 - 6 所示，中国整体研发投入以企业研发支出为主，企业在中国创新中有占据明显的主体地位，从 2006 ~ 2018 年企业资金在中国研发投入中占比有逐渐增加的趋势，说明企业在中国科技创新中的主体地位日渐凸显，企业在中国技术创新中的主导作用逐步增强，政府在国家创新战略规划中的角色作用逐渐转向引导和规划。我国要提升整体创新能力和创新水平，尤其要注重提高企业的创新能力。

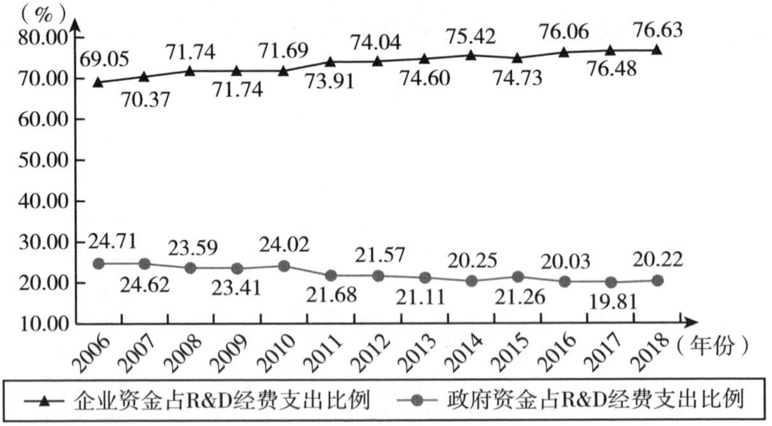

图 3 - 6　2006 ~ 2018 年中国 R&D 经费资金来源

（2）企业创新研发现状。

改革开放以来，中国企业创新研发水平持续提升，已取得了卓越的成绩。2019年，根据世界知识产权组织公布数据，在PCT（专利合作条约）下的国际专利前十大申请人中，有四家是中国企业，其中华为技术有限公司PCT申请量连续三年居于世界榜首。企业创新投入和产出规模持续增长，从提出创新驱动发展战略的2012～2019年，我国规模以上工业企业研发经费内部支出由约7200.6亿元增至约13971.1亿元，研发人员全时当量由约224.6万人年增至约315.2万人年；创新产出方面，专利申请数从约49万件增至约106万件，新产品销售收入由约11.1万亿元增至约21.2万亿元，创新产出增加了一倍左右。截至2019年，中国规模以上企业中有超过36万家开展了创新活动，占总企业数的约45.2%，其中有约73.3%的大型企业、约51.1%的中型企业以及约47.0%的小型企业都开展了创新活动。

表3－1为2019年中国规模以上工业企业创新费用支出情况，我国企业创新费用支出以内部研发和获取机器设备和软件费用为主，大中小型工业企业创新费用支出分别约占企业创新支出总和的54.8%、20.7%和23.7%，大型企业为我国企业创新的主力军，而中小企业的表现也毫不逊色。要提升我国企业整体创新水平，不仅要注重大型企业的创新能力增长，也要注重促进中小企业创新。

表3－1　2019年中国规模以上工业企业创新费用支出情况　单位：亿元

按规模划分的企业类型	创新费用支出总计	内部研发支出	外部研发支出	机器设备和软件支出	外部获取相关技术支出
总计	23184.6	13971.1	893.0	7306.4	1014.1
大型企业	12701.3	6737.9	616.6	4454.8	892.0
中型企业	4789.6	3259.1	152.9	1298.2	79.4
小型企业	5495.2	3867.6	115.0	1477.2	35.4
微型企业	198.3	106.6	8.4	76.0	7.3

数据来源：《中国科技统计年鉴2020》。

此外，企业的自主创新能力也不断增强，根据中国统计年鉴公布的数据，2009年，中国规模以上工业企业从外部引进和购买技术经费支出为625.6亿元，与企业研发经费内部支出比值为16.6%，至2019年外部引进和购买技术经费支出为1014.1亿元，与研发经费内部支出比值仅为7.3%，说明企业从外部引进技术的意愿降低，创新投入更多用于内部研发支出，企业自主创新意愿增强。

总体来看，我国企业创新研发水平持续增加，但是，中国企业的自主创新能力仍然不能满足经济发展的现实需求，我国在芯片制造、新能源等大量关键领域的关键技术上，还没有实现国际领先。据《2019 年中国企业 500 强发展报告》，中国 500 强企业 2019 年平均研发强度只有 1.60%，低于国际公认企业生存线 2.0%。我国企业整体研发投入仍处于较低水平。

（3）上市公司创新研发情况①。

上市公司正成为推动我国创新和经济发展的重要力量。2018 年和 2019 年都有超过 80% 的上市公司披露了研发支出，沪深两市上市公司研发投入总规模分别达到约 7343.9 亿元和 8402.4 亿元。图 3－7 显示了 2015～2019 年沪深两市研发投入规模和全国 R&D 经费支出中企业资金规模，上市公司研发投入规模增长迅猛，2015～2019 年全国 R&D 经费中企业资金增加了 59.5%，而沪深两市研发投入规模增加 132.5%。2006～2019 年，上市公司总数由 1434 家增长到 3777 家，上市公司日益成为国民经济的中坚力量。以上市公司创新研发数据为样本进行实证研究，有利于为推动我国企业创新提供有利的经验证据。

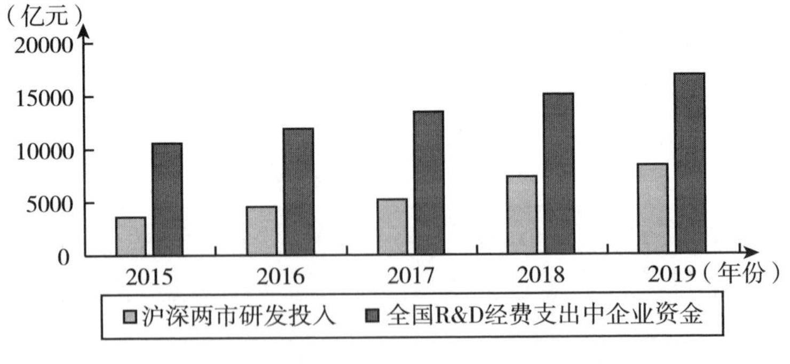

图 3－7　2015～2019 年沪深两市上市公司研发投入规模

① 该小节数据来源于《深交所多层次资本市场上市公司实证分析报告》《沪市上市公司年报整体分析报告》和 Wind 数据库。

此外，沪深两市龙头企业的创新引领效应明显。2019 年，沪深两市共有 360 余家上市公司研发投入强度超过了 10%，约占上市公司总数 9.6%。2019 年，沪市有超过 480 家企业研发支出达到上亿元，深市有 60 家企业的研发投入超过 10 亿元。深市企业平均研发投入强度高达 3.0%，高于全社会平均研发水平，其中创业板自板块成立以来的研发投入强度更是始终保持在 5% 左右。

3.1.4　中国区域创新研发情况

中国幅员辽阔，区域差距显著，地区之间创新研发水平不平衡是我国创新发展中长期存在的一大问题。利用《中国科技统计年鉴》2019 年地区 R&D 经费内部支出占 GDP 比值数据计算中国区域研发投入强度，可以发现中国区域研发水平表现出明显的空间聚集特征，并且整体呈“东—中—西”递减的趋势和由南至北的递减趋势，这一特征与中国区域经济发展空间特征相呼应。2019 年排名第一的北京研发投入强度高达 6.31%，其他排名靠前的上海、天津、广东、江苏皆为沿海城市，研发强度分别为 4.00%、3.28%、2.88%、2.79%，而全国平均研发强度仅为 2.23%，有七个省级行政区研发投入强度未达到 1%，中国创新研发水平表现出明显的区域不平衡特征。

图 3-8 显示了 2009~2019 年中国东、中、西、东北四个区域研发投入情况。2009 年，东部平均研发投入强度超过全国平均水平 17%，2019 年这一数值达到 25%，这十年间东部地区与其他地区创新研发水平差距增加了。2009~2019 年，东部地区研发投入强度增长了 40.9%，中部地区增长了 42.8%，西部地区增长了 26.0%，而东北地区由于后五年间研发投入强度反而出现下降的情况，十年间研发投入强度仅仅平均增长了 11.8%，西部和东北地区由于研发水平增长缓慢，因此与东部和中部地区拉开了距离。

区域创新研发水平不平衡，是我国全面推进创新驱动发展战略需要解决的一个问题。提高区域创新研发水平，除了增加研发投入外，还应考虑创新效率。本书进一步用超效率 DEA（数据包络分析）方法计算出地区创

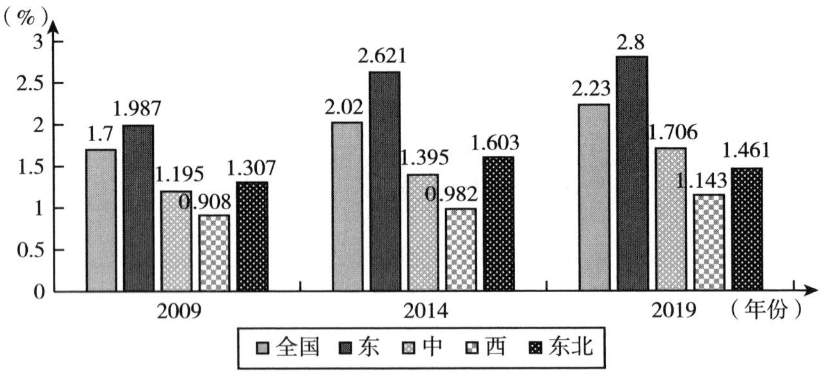

图 3-8　2009 年、2014 年、2019 年中国四大区域研发投入强度

数据来源：《中国科技统计年鉴》。

新效率。DEA 也称为数据包络分析，是评价同类决策单元相对有效性的一种方法。具体来说，DEA 通过数学规划建立评价模型，根据决策单元（DMU）的投入产出数据，做出一个数据包络，确定生产前沿面（包络面），效率反映的就是 DMU 达到生产前沿面的能力。如果 DMU 达到了生产前沿面上，则说明它是技术有效的，反之则为技术无效。传统的 DEA 模型（CCR 模型和 BCC 模型）可以将 DMU 分为两类：有效和无效，但是却无法再进一步区分出有效 DMU 的投入产出效率。超效率 DEA 模型可以弥补经典 DEA 的局限性，这种方法可以将有效 DMU 排除在生产可能集之外，允许综合技术效率的值大于 1。本书选取的投入指标分别为地区规模以上工业企业研发人员投入和研发经费支出，产出指标分别为地区规上工业企业专利申请数和新产品销售收入①，由计算结果可以得出东部地区整体创新效率仍然较高，中部地区整体创新效率较低，许多地区处于创新效率低的状态，其中 DEA 效率值低于 0.6 的由低到高分别为内蒙古、河南、山西、甘肃、湖北、陕西、河北、青海、宁夏、湖南、辽宁、山东、重庆、福建和云南。

---

① 数据来源：《中国科技统计年鉴》。

3.2 中国金融发展进程和现状分析

3.2.1 银行业发展进程和现状分析

作为金融体系以银行为主的国家，银行体系发展对中国企业创新的重要性不言而喻。自改革开放以来，中国银行业经历了一系列市场化改革，从最初银行体系的建立到1993年金融秩序整顿，再到1999年不良资产剥离以及2001年的银行业对外开放，从2004年的公司治理改革到其后的金融创新再到2016年之后的金融体系"去杠杆"，40多年来中国的银行业改革在实践中不断探索创新，与中国国情紧密结合，形成了目前以国有大型商业银行为主体，以多家股份制商业银行和政策性银行为侧翼，城商行、农村信用社等各类存款性金融机构并存的，功能齐全的银行体系。

表3－2显示2009年、2014年和2019年中国银行业结构和资产规模。中国银行业金融机构在十年间实现了大规模的扩张，2019年银行业金融机构总资产达到了2009年的3.59倍。与此同时，银行间竞争逐渐加剧，中小型金融机构的快速发展使得银行业竞争更加激烈。例如，股份制商业银行2009～2019年总资产在银行业占比从15.0%上升到18.0%，城市商业银行总资产在银行业占比从7.2%逐渐上升至13.2%。中国银行业竞争也从原来国有大型商业银行之间的竞争，逐渐转向了不同所有制、不同业务主体之间的多元化竞争态势。

表3－2　中国银行业总资产情况　单位：亿元，%

机构	2009年		2014年		2019年	
	总资产	比例	总资产	比例	总资产	比例
银行业金融机构	787690	100.0	1681611	100.0	2825146	100.0
大型商业银行	400890	50.9	673051	40.0	1105731	39.1
股份制商业银行	117849	15.0	310897	18.5	508351	18.0

续表

机构	2009 年		2014 年		2019 年	
	总资产	比例	总资产	比例	总资产	比例
城市商业银行	56800	7.2	180842	10.8	372750	13.2
农村金融机构	—	—	221243	13.2	372157	13.2
其他类金融机构	212150	26.9	295577	17.6	466157	16.5

数据来源：中国银行保险监督委员会官网。

注：2009 年农村金融机构归类于其他类金融机构。

尽管近十年来银行业发展格局已有较大的变化，但是中国银行业集中较高的特点仍然存在。2009～2014 年大型银行总资产占比从 50.9% 降至 40.0%，但 2014～2019 年大型银行总资产占比变化不明显，仍然接近 40%，国有大型银行主体地位没有改变，中国银行体系仍然是以国有大型银行为主导的。

从 1984 年开始，中国银行业在政策指导下发放科技信贷，2000 年银行贷款对科技研发支持已达到 194.9 亿元①，2008 年在国务院为实施《国家中长期科学和技术发展规划纲要（2006～2020 年）》印发的若干配套政策中，金融支持创新相关政策占据了重要的地位，在这之后，推动金融支持创新的科技金融相关政策和实践进入了快速发展阶段，一系列政策出台，要求金融机构不断丰富和增强金融服务水平，对高科技行业和企业创新活动提供资金支持。

近年来，银行体系信贷规模持续扩张，商业银行对中国企业创新支持作用逐渐增强，银行贷款日益成为企业重要的融资来源。如图 3－9 所示，2000～2019 年金融机构人民贷款余额由约 9.9 万亿元扩张到约 153.1 万亿元，金融机构贷款余额与 GDP 比值在 2011 年之后整体呈上升趋势，于 2019 年达到了历史最高值约 155%。银行业快速发展带来了金融机构扩张、金融资产增加和金融服务水平的不断提升，有利于降低企业外部融资成本，缓解企业融资约束，银行业结构的改善也有利于缓解中小企业和民营企业

① 资料来源：《中国科技统计年鉴》。

的融资困境，使得企业拥有更多资金进行创新研发。在创新发展战略政策指导下，银行业金融机构纷纷针对科技型企业推出各类金融创新产品，服务企业创新活动，提升企业的创新能力。

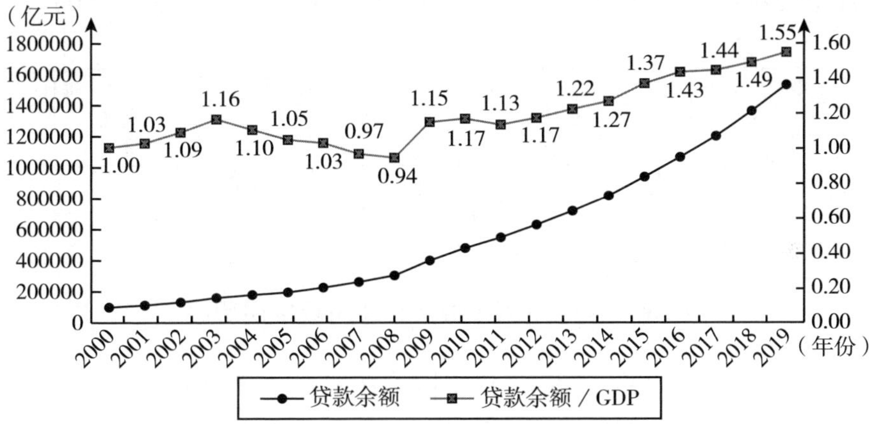

图3－9　2000～2019年金融机构信贷规模发展情况

数据来源：《中国统计摘要》。

3.2.2　资本市场发展进程和现状分析

伴随着中国资本市场的快速发展，资本市场对企业创新的重要性与日俱增。1990年12月和次年4月上海和深圳证券交易所相继成立，中国证券市场开始了其发展历程。1999年风险投资机制建立的有关政策推出，中国风险投资市场逐渐发展起来，推动高新技术成果的市场化，促进企业创新进展。2004年深交所中小企业板的推出，促进了盈利能力强、发展稳定的中小企业和民营企业发展。2005年开启的“股权分置”改革，完善了市场基础运行机制。2006年，为补充场内交易市场，新的代办股份转让系统在中关村科技园开始试点，“新三板”成立，科技型中小企业股份交易被纳入“三板”系统。2009年，创业板在深交所设立，为高成长性和高科技含量的创新或创业型企业搭建了广阔的资本平台，标志着多层次资本市场基本成立。2013年，全国中小企业股份转让系统正式启动，新三板扩容至全国范围；到2016年新三板分层制度实施，更好地满足不同类型、不同阶段企业的需求，多层次资本市场进一步完善。2016年3月，注册制改革正式获得授权实施，为资本市场全面提升市场功能奠定基础。2019年6月，科创板在上交所设立，推动了创新驱动发展战略的落实（见图3－10）。

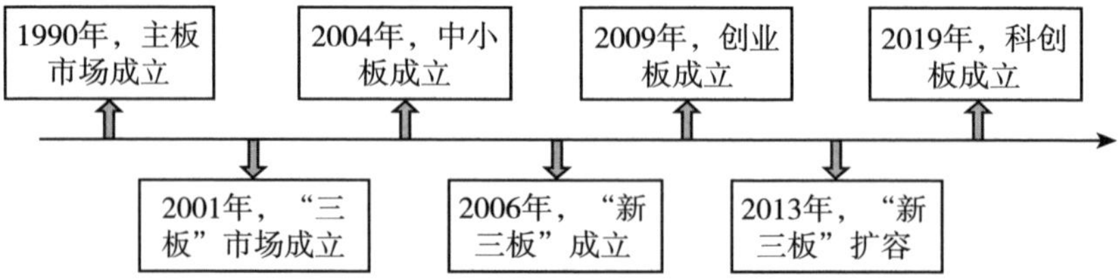

图3－10　中国多层次资本市场发展历程

表3－3显示了2005～2019年中国沪深股票市场发展情况，十多年来中国上市公司数量持续增加，中小板和创业板块成为科技型和创新型企业的聚集地，帮助越来越多企业实现跨越式发展，沪深两市股票总市值和股票市场筹资规模也呈波动上升趋势。

表3－3　中国沪深股票市场发展情况（2005～2019年）

年份	境内股票筹资规模（亿元）	股票市价总值（亿元）	上市公司数量（家）	中小板上市公司数量（家）	创业板上市公司数量（家）
2005	339	32430	1381	50	—
2006	2374	89404	1434	102	—
2007	7815	327141	1550	202	—
2008	3312	121366	1625	273	—
2009	4834	243939	1718	327	36
2010	9800	265423	2063	531	153
2011	7154	214758	2342	646	281
2012	4542	230358	2494	701	355
2013	4131	239077	2489	701	355
2014	8498	372547	2613	731	406

续表

年份	境内股票筹资规模（亿元）	股票市价总值（亿元）	上市公司数量（家）	中小板上市公司数量（家）	创业板上市公司数量（家）
2015	16362	531463	2827	776	492
2016	20297	507686	3052	822	570
2017	15535	567086	3485	903	701
2018	11378	434924	3584	922	739
2019	12539	592935	3777	943	791

数据来源：《深圳证券交易所市场统计年鉴》和《中国统计年鉴》。

如表3－3所示，截至2019年底，沪深两市上市公司共计3777家，总市值约59.29万亿元；中小板上市公司达到943家，总市值约9.87万亿元；创业板上市公司达到791家，总市值约6.23万亿元。此外，“新三板”挂牌公司达到8953家，总市值约2.94万亿元①。多层次的资本市场体系拓宽了企业融资渠道，越来越多上市公司通过增发、配股等股权融资方式为创新活动筹集资金，同时中小企业、民营企业和创新型企业的融资困境也得到缓解。

债券市场也是资本市场的重要组成部分，债务资本市场具有灵活的融资机制和丰富的产品种类，可以满足企业多元化的融资需求，信用类公司债券能缓解缺乏实物担保的创新型企业的债务融资困境。我国企业债也实现了快速增长，2010年我国信用类公司债券发行规模约为1.6万亿元，到2019年达到了历史最高值约9.7万亿元②，年平均增长率高达约90%，债券市场发展有利于拓宽企业融资渠道。

除了股票市场和债券市场外，风险投资在推动企业创新创业方面起到了不可忽视的作用。早在1999年，中国政府就在推动高科技产业化一系列政策文件中提出要发展支持高科技产业发展的资本市场，并建立起风险投资机制。近年来，中国创业风险投资迅速发展，风险投资对高新技术企业

① 资料来源：全国中小企业股份转让系统年市场统计快报。
② 资料来源：中国人民银行官网发布的金融运行报告。

提供了规模可观的资金支持，根据《中国科技统计年鉴》，截至 2019 年，中国创业风险投资累计项目数达到 25411 项，其中约 40. 1% 的风险投资项目投入于高新技术企业和项目，中国创业风险投资累计投资金额达到 5635. 8 亿元，其中约 34. 5% 投入于高新技术企业。

3.2.3 中国社会融资情况

企业创新资金来自企业内部现金流和外部资金两部分，外部资金又分为政府资助和来自金融体系的资金支持。由于企业创新活动资金需求量大、内部资金和政府资助有限，因而来自金融体系的资金支持对企业创新至关重要。

近年来社会融资规模增量呈上升趋势，2019 年社会融资规模增量达到 25. 7 万亿元，其中人民币贷款增量 16. 7 万亿元，我国实体经济融资仍然主要依靠银行贷款，新增的人民币贷款融资规模也在持续增加，银行业金融机构仍是企业的主要资金供给方。此外，企业境内股票融资和企业债券也日益成为企业重要融资来源。

图 3 – 11 显示了 2002 ~ 2019 年社会融资规模中金融机构贷款占比和直接融资占比的变化情况，其中直接融资规模为每年新增非金融企业境内股票融资和企业债券融资规模总和。可以看出，进入 21 世纪以来，社会融资增量中金融机构贷款占比逐渐降低，最近十年在 60% 附近水平波动，总体来看，金融机构贷款仍是实体经济最重要资金来源。直接融资增量占比经历一段时间增长之后，于 2015 年和 2016 年达到 20% 以上，2017 年之后有所回落，直接融资市场发展至今已逐渐成熟且越来越重要，但直接融资规模特别是股票融资仍处于较低水平。

3.2.4 中国区域金融发展情况

尽管我国金融体系整体在不断的改革中取得了重大发展，但是在发展过程中也呈现出了明显的区域发展不平衡的情况，金融活动呈向发达地区

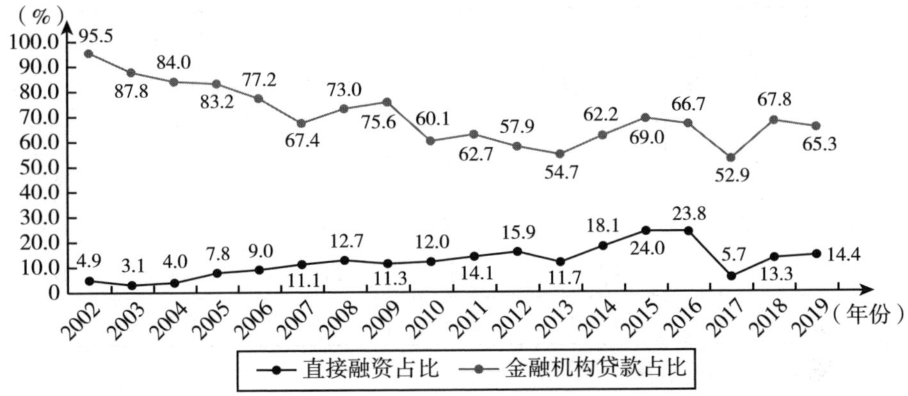

图3-11 中国社会融资增量结构变化(2002~2019年)

资料来源:根据《中国统计年鉴》数据计算得出。

和中心城市聚集的趋势。

作为我国金融体系的核心环节,银行业发展对企业创新起到了举足轻重的作用。表3-4显示了我国区域银行业机构的概况,从中可以看出,东、中、西和东北区域之间银行业金融机构发展情况占比有很大差异,且2008年和2018年的分布特征没有明显变化。2018年东部地区的金融机构资产总量约为132万亿元,占全国的58.5%左右,远高于2018年东部地区的生产总值占比52.6%和经济增长贡献率占比50.7%,体现出金融资源向发达的东部地区聚集的特点。中西部地区金融机构要素占比相似,2018年资产总量分别约37万亿元和42万亿元;东北部地区的金融机构要素占比最低,2018年资产总量达15万亿元。东部地区的银行业金融机构平均资产也远高于其他地区,2018年东部地区的银行业金融机构平均资产约14.5亿元,中、西、东北区域分别约为6.9亿元、6.8亿元和7.1亿元,说明东部地区银行业金融机构平均发展规模远高于其他区域。此外,相对于地区生产总值占比52.6%、21.1%、20.1%和6.2%,2018年东、中、西、东北地区的各项贷款余额占比分别为55.3%、17.2%、21.1%和6.4%,可以看出东部地区的金融深化程度要高于其他地区。

表 3 –4　　银行业金融机构区域分布情况

区域	2008 年			2018 年		
	机构个数占比	从业人数占比	资产总量占比	机构个数占比	从业人数占比	资产总量占比
东部	39%	44%	61%	40%	44%	59%
中部	25%	22%	15%	24%	21%	16%
西部	26%	22%	16%	27%	25%	18%
东北部	10%	12%	8%	9%	10%	7%

数据来源：《中国区域金融运行报告》。

相比于银行业金融机构区域发展情况，股票市场区域发展的不平衡程度更严重，如表 3 –5 所示，2016 年中国有 2472 家境内外上市公司集中在东部地区，占全国总数 68. 7%，而这一数值在 2018 年达到 69. 8%①，远高于 2008 年的 58. 6%。此外，东部地区的 A 股筹资规模达到 1. 2 万亿元，约占全国的 70%，可以看出股票市场发展的区域不平衡性要高于银行部门。而对比表 3 –5 中 2008 年和 2016 年的数据，债券市场发展的区域不平衡性有所降低，中西部地区的债券市场融资规模比例上升，而东北部地区的债券融资规模占比没有较大变化，2016 年，东、中、西和东北的股权债权融资规模之和分别约为 4. 1 万亿元、1. 5 万亿元、1. 3 万亿元和 0. 3 万亿元。

表 3 –5　　证券业区域分布情况

区域	2008 年				2016 年			
	东部	中部	西部	东北	东部	中部	西部	东北
总部在辖内的证券公司数	66. 4%	11. 2%	16. 8%	5. 6%	70. 0%	10. 0%	15. 0%	5. 0%
辖内上市公司总数	58. 6%	15. 9%	18. 3%	7. 2%	68. 4%	13. 8%	12. 8%	5. 0%
A 股筹资规模	71. 1%	11. 5%	14. 9%	2. 5%	69. 7%	12. 3%	13. 3%	4. 7%
国内债券融资规模	83. 7%	6. 7%	6. 4%	2. 2%	53. 0%	23. 8%	19. 6%	3. 6%

数据来源：《中国区域金融运行报告》。

① 根据《中国金融年鉴 2019》的数据整理计算得出。

第 4 章

融资约束影响企业创新的实证检验

4.1 引　言

党的十九大报告提出，中国经济已由高速增长阶段转向高质量发展阶段。创新已成为我国经济长期增长的“新引擎”，作为创新的主体，企业创新能力和创新水平是决定我国宏观经济高质量发展的微观基础。企业创新离不开资金支持，创新活动需要持续稳定的大额资金投入来维持和推动项目运行，企业通常无法仅仅依赖自身现金流支持必要规模的创新活动，外源融资的重要性可以得见。

大量文献表明，融资约束是现代企业面临的普遍问题，融资约束妨碍了企业发展，并且这种抑制作用在金融体系发展不完善的发展中国家更加突出（Beck et al.，2005；Khurana et al.，2006；Poncet et al.，2010；Campello et al.，2010；李洁等，2016）。目前我国金融服务体系不够健全，金融市场比较落后，融资约束是制约我国经济转型升级的“瓶颈”之一。2015 年的中央经济工作会议提出的结构性改革五大任务之中就有一个是“降成本”任务，2019 年的中央经济工作会议又明确提出要降低社会融资成本，缓解民营和中小微企业的融资困境，可见企业融资问题仍是中国经济发展中亟待解决的重要问题。不同于一般投资，创新投资活动通常具有外部融资依赖、信息不对称性高、风险高、缺少抵押物的特点，其受到融资约束影响往往更为严重（Hall et al.，2012）。那么，我国企业融资约束对创新活动会产生怎样的影响？进而，这种影响对于不同所有制和不同规模的企业是否具有差异？本章将围绕这些问题进行分析。

本章具体内容安排如下：4.1 节为引言；4.2 节进行理论分析并提出研究假设；4.3 节介绍实证模型和研究设计；4.4 节实证分析融资约束和企业创新投入关系，包括全样本回归结果和基于企业异质性的分组回归结果，检验了所有制和企业规模差异下融资约束对企业创新投入的影响；4.5 节对以上实证研究进行了稳健性检验；4.6 节进一步检验了融资约束对企业创新绩效的影响；4.7 节为本章小结。

4.2 理论分析和研究假设

4.2.1 融资约束对企业创新的影响机制分析

由于周期长、调整成本高等特点，企业创新活动需要大量长期稳定的资金支持以保证项目顺利进行，仅仅依靠企业自身内部资金往往难以维持，外源融资成为企业创新投资的重要资金来源（Hall，2002；解维敏和方红星，2011；张杰等，2012；王昱，2015），这意味着企业创新活动的顺利开展和进行对企业的外部融资能力要求很高。融资约束对企业创新的影响机理具体可以从以下三个方面分析。

第一，融资约束限制了企业可用资金规模。企业受到的融资约束程度反映了相对于潜在投资机会，企业获得资金的难易程度，企业受到融资约束越严重，则从外部获取融资难度越大，进而限制了企业的投资规模。一方面，可用资金规模受限降低了企业开展创新活动的意愿，减少了企业创新投入。在可用资金受限时，企业会倾向于摒弃部分对资金需求量大、调整成本高的创新投资项目。Harhoff（1998）指出，一系列短期投资项目的调整成本可能比一个长期项目调整成本低，如果可以预见到投资项目进程中的资金限制，管理者更倾向于选择短期的投资项目，而不是最终盈利更高的长期研发投资项目。另一方面，可用资金受限降低了企业创新的成功率。企业创新活动周期长，资金限制出现在企业创新的任何一个阶段都会影响技术创新的实现。由于企业创新投资调整成本高，一旦项目进程中资金供应不足导致项目中断，后续推进项目运行可能需要更大量资金投入，如果无法筹集足够资金可能会导致项目失败。当资金限制发生在创新活动初始阶段时，则可能会导致企业放弃创新活动。当资金限制发生在创新项目进行过程中时，则会导致项目投入不足的问题，影响企业创新活动的持续性，进而降低创新成功率，影响创新成果产出，甚至可能直接导致项目中断或终止（Canepa & Stoneman，2008）。

第二，融资约束会增加企业创新投资成本。当企业面临融资约束时，企业的外部融资成本会高于内部融资成本，融资约束会增加企业融资成本。外源融资对企业创新活动顺利进行至关重要，而高昂的外部融资成本会使企业创新投资项目的成本增加。根据净现值理论，当投资成本增加到高于投资项目预期的现金流净值时，企业会放弃投资。因此，融资约束会抑制企业创新投资。

第三，融资约束会增加企业财务风险，进一步会增加企业管理者的风险规避倾向，降低企业开展创新活动的积极性。Whited 和 Wu（2006）直接将融资约束带来的企业经营风险增加称为“融资约束风险”（Financial constraints risk）。受到较高融资约束风险的企业管理者出于企业平稳运营和控制风险的考虑，会减少企业对高风险、高不确定性的创新项目投资。创新项目具有收益滞后效应，在资金有限前提下，管理者为了保证其在经理人市场的竞争力，可能会选择优先将有限的资金投入收益较稳定的投资项目，以保证短期业绩。

4.2.2 研究假设的提出

根据 4.2.1 的理论分析，融资约束会限制企业投资的可用资金规模、增加企业创新投资的成本、增加企业财务风险，进而限制了企业创新投资规模、降低了企业创新投资意愿，降低企业创新活动的持续性和成功率，因此可以推论出融资约束会抑制企业创新。结合以上分析可提出假设：

假设 H4 - 1：融资约束会抑制企业创新投入。

进一步地，考虑不同所有制背景下，融资约束对企业创新投入影响也会存在差异，具体可以从以下三个方面分析：第一，许多学者指出我国信贷市场存在所有制歧视，即在政府隐性担保和政府信贷倾斜的背景下，国有企业更易从金融机构融入资金（Allen et al.，2005；刘津宇等，2014；李玉山和陆远权，2020）；当国有企业面临财务困境时，国有企业可利用预算软约束，减少其外部融资成本（祝继高等，2015；蒋灵多和陆毅，2018）。李广子和刘力（2009）以上市公司为样本，从债务融资角度实证研究信贷所有制歧视现象，发现民营企业承担了更高的债务融资成本。余子良和佟家栋（2016）用我国工业企业数据库样本实证研究发现，民营企业融资约束高于国有企业。第二，国有企业往往承担政策性任务，其经营策略更容易受到政府干预，而政府扩大就业、稳定增长等政策目标可能与企业利润最大化是相悖的（余明桂等，2019），国有企业也往往会为了获取政策性机会而忽视高风险的创新活动（解维敏，2019）。相比之下，非国有企业通常不受组织冗余、政策性负担等问题的困扰（Lin & Tan，1999），因此，相比于国有企业，非国有企业在开展创新和进行相关决策时更具自主灵活性，创新决策对融资环境等影响因素变化也更敏感。第三，国有企业具有丰富资源且受到政府大量援助补助（杨洋等，2015），其研发积极性受外部融资环境影响较小，岳怡廷和张西征（2017）对我国上市公司样本实证研究发现，国有企业创新投入资金主要来自政府补助，而民营企业研发投入主要依靠企业内部资金。综上可推论非国有企业的研发投资决策更容易受到外部资金可得性的影响，因此本章提出如下假设：

假设 H4 - 2：融资约束对非国有企业创新投入的抑制作用大于国有企业。

我国金融服务体系发展不完善，不仅存在所有制歧视的情况，中小企业相较于大规模企业也难以获得金融机构的信贷支持（林毅夫和李永军，2001；姚耀军和董钢峰，2015）。由于信息不对称的存在，外部投资者难以判断企业真实情况，小企业可抵押担保的资产较小，违约风险过高，外部投资者更愿意将资金投入大型企业（Palangkaraya，2012），或要求小企业为获取的资金支付更高的溢价，小企业可能会为了获取资金进行信贷寻租活动，会进一步增加创新的融资成本（张璇等，2017），这说明较小规模企业会受到更严重的研发融资约束，这一判断也被 Himmelberg 和 Petersen（1994）、Harhoff（1998）、Sasidharan（2015）、卢馨（2013）、过新伟和王曦（2014）等学者相继验证。进一步地，Czarnitzki 和 Hottenrott（2011）研究发现，德国制造业企业融资约束抑制了企业研发投资，且抑制程度随着企业规模增加而单调降低。Harhoff（1998）指出，与大型企业相比，小型公司可以采用更灵活的研发和投资机制，因此对流动性影响的响应也应更迅速。此外，小企业自身积累有限，内部资金往往不如大企业充足，其研发投资更需要依赖外部资金支持，对融资约束更加敏感。同时，规模较小的企业对风险承受能力较低，当企业受到融资约束增加时，相对于风险承受力更强的大型企业，小型企业更容易放弃风险较高的创新项目。综上所述，本章提出如下假设：

假设 H4－3：融资约束对小规模企业创新投入的抑制作用大于大规模企业。

4.3　研究设计

4.3.1　实证模型设定

本章建立多元线性回归模型为：

$$RD_{it} = \alpha + \beta FC_{it} + \delta Control_{it} + Ind_j + Year_t + Reg_v + \varepsilon_{it} \tag{4-1}$$

其中，RD_{it}为被解释变量为 i 企业在 t 年份的创新投入，本章采用研发强度和研发密度两个指标衡量，FC_{it}为核心解释变量企业融资约束，$Control_{it}$表示控制变量综合，ε_{it}为随机误差项。本章涉及的控制变量包括资产报酬率（ROA）、营业收入增长率（growth）、托宾 Q 值（Q）、内部现金流（CF）、是否两职合一（dual）、资产负债率（lev）、股权集中度（Fshare）、企业规模（Size）、是否出口（export）、是否为国有企业（SOE）、行业集中度（HHI），本章引入了行业、年份、地区的虚拟变量 Ind_j、$Year_t$、Reg_v，控制了行业固定效应、年份固定效应和地区固定效应。本章在回归中采用了 Huber – White 异方差稳健下的估计方法。

4.3.2 样本选取和数据来源

本章以全体沪深两市 A 股上市公司为初始研究样本，由于财政部于 2006 年出台了会计准则调整文件，上市公司自 2006 年之后开始规范披露研发费用，本章选取 2007 ~ 2018 年连续 12 年为样本区间。在样本筛选过程中，剔除了金融行业上市公司、当年 ST 或 PT、当年 IPO、资产负债率大于 1 和数据缺失样本最终得到 3056 家企业，共 17310 个企业—年份观测的非平衡面板数据。

本章所有数据来源于 Wind 和 CSMAR 数据库，其中研发费用数据以 Wind 数据库来源为主，结合 CSMAR 数据库比对整合，两个数据库数据不一致的参照上市公司年报核对，提高了样本数据采集的精确度和完整度，企业出口信息来自 Wind 数据库，其余上市公司财务数据来自 CSMAR 数据库。为消除极端值对回归结果的影响，本章对所有企业层面连续变量在 1% 和 99% 水平上进行缩尾处理。

4.3.3 变量定义

4.3.3.1 被解释变量——创新投入的度量

创新投入是现有文献中最常用的企业创新的度量方法，该指标能反映出企业创新行为的主观积极性。根据以往研究，衡量企业创新投入最常用指标为：研发强度（研发费用占总资产的比重）、研发密度（研发费用占销售收入的比重）。本章参考周铭山等（2016）和朱琳等（2020），采用研发密度衡量企业创新投入，该指标消除了不同的资产规模差异的影响，而且由于企业的资产规模一般较稳定，不会大幅变动，因此该指标更加具有可比性。本章用研发强度作为替代变量进行稳健性检验，以确保实证结论的稳健性。研发费用为董事会报告中披露的企业研发资本化支出和费用化支出两部分的合计。与夏清华和何丹（2020）等学者的研究一样，在实证研究中，为了便于报告和观测显示结果，本章将研发密度和研发强度都乘以 100 得到指标 RDTA 和 RDIN，不会影响结论显著性。

4.3.3.2 解释变量——融资约束的度量

吴秋生和黄贤环（2017）将现有文献对企业融资约束的测度概括为四种：通过回归模型的现金流敏感系数来衡量融资约束、采用代表公司特征的单个指标、构建复合指数（KZ 指数、WW 指数、SA 指数）以及采用调研获取的企业信贷融资信息或管理者自我感知信息进行判别。

本章采用被大量文献研究广泛接受的三个代表性复合指数 SA 指数、KZ 指数和 WW 指数（鞠晓生等，2013；Mark &Hinh，2018）来构建企业融资约束代理变量。此外，稳健性检验中还选取了单一指标流动比率进行检验。

三个融资约束度量指标构建如下：

（1）FC 指标。FC 指标的构建采用 SA 指数。Hadlock 和 Pierce（2010）按照 KZ 方法，依据企业财务报告划分企业融资约束类型，然后仅使用企业规模和年龄两个变量构建了 SA 指数，计算公式为：$-0.737 \times Size + 0.043 \times Size^2 - 0.04 \times Age$，相较于其他融资约束综合指数，SA 指数包含较少的内生变量。鞠晓生等（2013）和卢盛峰等（2017）指出，这一指数对于度量我国企业融资约束程度具有良好的特性。其中 Size = ln（企业资产总额/1000000），Age 为企业年龄，由此计算出 SA 指数绝对值越大表示企业面临的融资约束越大（鞠晓生等，2013；马述忠等，2017a，2017b；卢盛峰等，2017；吴秋生等，2017；张璇等，2019；孙雪娇等，2019；丰若旸等，2019），因此，本章参照马述忠等（2017a，2017b）、卢盛峰等（2017）和杜勇等（2019）等文献的做法对原始值的绝对值取自然对数，得到融资约束指标 FC，FC 越大说明企业融资约束程度越高。

（2）KZ 指标。KZ 是由中国上市公司数据测算的 KZ 指数。KZ 指数最初由 Kaplan 和 Zingales（1997）创建，得到基于美国上市公司样本的融资约束指标，本章参照魏志华等（2014）基于中国上市公司样本数据构建 KZ 指数，具体步骤如下：

第一步，在全样本数据中，将 KZ 指数的五个衡量指标：企业内部现金流 CF（经营性净现金流/总资产）、现金股利 Div（税前现金股利/总资产）、现金持有 C（货币资金和交易性金融资产之和/总资产）、资产负债率（lev）和托宾 Q 值（Q）按照中位数分组。其中，当 CF、Div、C 三个指标低于中位数时取值 1，而高于中位数时取 0，由此分别得到了 kz1、kz2、kz3；同时，将 lev 和 Q 按照高于中位数时取值 1，低于中位数时取 0，相应得到 kz4 和 kz5。

第二步，计算 KZ 指数，令 KZ = kz1 + kz2 + kz3 + kz4 + kz5。

第三步，将 KZ 指数作为因变量，CF、Div、C、lev 和 Q 作为自变量，采用面板排序逻辑回归（ologit）估计出各变量的回归系数，结果如表 4 - 1 所示，由此得到 KZ 的表达式。

表 4 - 1　　中国上市公司融资约束 KZ 估计模型的回归结果

	CF	Div	C	lev	Q	N	pseudo R^2	chi^2
KZ	-10.755*** (-51.088)	-32.100*** (-36.400)	-5.027*** (-48.081)	5.055*** (-57.028)	0.523*** (-39.868)	17310	0.268	14965.564

注：*** 表示显著性水平为 1%。

第四步，根据得到 KZ 指数表达式，代入 CF、Div、C、lev 和 Q 的实际值，即可估算出每个企业的融资约束程度 KZ。与理论预期一致，表 4 - 1 显示，在中国低经营性净现金流、低现金持有、低派现、高负债以及拥有较多投资机会的上市公司通常面临着较为严峻的融资约束。该实证结果与 Kaplan 和 Zingales（1997）、魏志华（2014）的结论很相似。KZ 值越大，表示上市公司融资约束越大。

（3）WW 指数。本章在稳健性检验中采用了 WW 指数，参照石璋铭等（2015）的做法，用 White 和 Wu（2006）给出的 WW 指数来测算企业融资约束，WW 指数计算如下：

$$WW = -0.0091 \times CF - 0.062 \times DIVPOS + 0.021 \times TLTD - 0.044 \times Size + 0.102 \times ISG - 0.035 \times SG$$

其中，CF 为企业内部现金流（经营产生现金流净额/总资产），DIVPOS 表示企业现金股利支付情况的虚拟变量，TLTD 是长期负债占总资产之比，Size 为企业资产总额取自然对数，SG 和 ISG 分别表示企业和所处行业的销售增长率（其中制造业选取二级行业分类，其他行业采用一级行业分类）。相比于其他指标，WW 指数还考虑了企业的行业因素，WW 指数值越大，说明企业融资约束程度越高。

除以上三个常用的综合融资约束指标之外，本章还参考马述忠等（2017a）选用流动比率来代表企业融资能力，进一步进行稳健性检验。

4.3.3.3 其他控制变量

通过梳理以往相关文献研究发现，企业的盈利能力、发展能力、公司治理、产品市场竞争性、企业结构性特征等因素都会影响企业创新投入，因此，本章充分参考借鉴卢馨（2013）、胡永平和王蕾（2019）、郭玥（2019）等诸多以企业创新为实证研究解释变量的相关文献，从多个角度选取以下控制变量放入回归模型中以控制相应影响因素。

资本结构（lev），借鉴曹平和王桂军（2018）以企业资产负债率为指标加以量化；企业的成长性（growth），借鉴逯东等（2020）的做法，采用企业的营业收入增长率来衡量；盈利能力，借鉴甄丽明和杨群华（2014）和朱冰等（2018）的做法，用企业资产报酬率衡量；企业内部现金流充裕程度，借鉴李骏和万君宝（2019）用经营产生的现金流量净额除以总资产来表示，内部现金流不足的企业往往表现出投资不足（肖珉，2010）；企业投资机会，借鉴胡永平和王蕾（2019）用托宾 Q 值来衡量，托宾 Q 值越大说明企业具有更大的投资机会；两职合一（dual），参考黄庆华等（2017）的做法，以 CEO 是否兼任董事长情况构建指标，若该年存在兼任情况则取值为 1，否则取值 0；股权集中度（Fshare），借鉴刘飞等（2020）的做法，以上市公司第一大股东持股比例为指标方式衡量；企业规模（Size），通过上市公司期末资产总额取自然对数的方式进行衡量，小企业在技术创新方面更具灵活性优势，而大企业在创新方面更具资源优势和规模优势（解维敏等，2011）；企业是否出口虚拟变量，借鉴张璇等（2017）的做法，根据 Wind 数据库中企业海外销售额判断，当企业海外销售额大于 0 时取值 1，否则取值 0；企业所有制虚拟变量，当企业为国有企业时取值 1，否则取值 0；企业产品市场竞争性，参照谭雪（2017）采用行业集中度赫芬达尔—赫希曼指数（HHI）来衡量。$HHI = \sum_{i=1}^{N}(X_i/X)^2$，$X = \sum X_i$，其中，$X_i$ 为行业内第 i 个企业资产规模，赫芬达尔指数是行业内所有企业所占市场份额百分比的平方和，HHI 越大，市场竞争程度越低，HHI 越小，市场竞争程度越高。

此外，在回归模型中加入年份、行业和地区虚拟变量以控制所处年份、行业和地区异质性对企业创新投入的影响。最终本章主要变量说明见表 4－2。

表 4－2　主要变量定义

变量	定义	计算
被解释变量：企业创新投入		
RDTA	研发投入密度	rdta（研发费用/总资产）×100；为结果汇报简便，乘以 100，不影响实证结论
RDIN	研发投入强度	rdin（研发费用/营业收入）×100
解释变量：融资约束		
FC	融资约束指标	参照马述忠等（2017a，2017b）、卢盛峰等（2017）等文献的做法，FC 为 SA 指数绝对值取对数
KZ	融资约束 KZ 指数	参照魏志华等（2014）基于本书中国上市公司样本数据构建 KZ 指数，并以此计算出的上市公司融资约束程度
WW	融资约束 WW 指数	参照石璋铭等（2015）的做法，用 White 和 Wu（2006）构造 WW 指数的模型计算出企业融资约束
控制变量		
ROA	资产报酬率	息税前利润/平均资产总额
growth	营业收入增长率	本期与上期营业收入之差/上期营业收入

续表

变量	定义	计算
Q	托宾 Q 值	权益市场价值与负债账面价值之和/总资产账面价值
CF	内部现金流	经营活动产生的现金流量净额/总资产
dual	两职合一	存在董事长和总经理为同一的人情况取值 1，否则为 0
lev	资产负债率	总负债和总资产之比
Fshare	股权集中度	第一大股东持股比例
Size	企业规模	Ln（总资产）
HHI	行业集中度	HHI 指数越小，说明行业的产品市场竞争越强
export	是否出口	出口 1，不出口 0
soe	是否国企	国企 1，非国企 0
Year	年度虚拟变量	对应 2007 ~2018 年，12 个年份
Ind	行业虚拟变量	制造业取二级行业分类，其余取一级行业分类；共 46 个行业
Reg	地区虚拟变量	按国家统计局分类标准分为东、中、西、东北四个区域

4.3.4　变量描述性统计

表4－3为本章主要变量描述统计结果，可以看到样本企业研发投入占总资产比例的平均值为1.63%，研发投入占营业收入比例的平均值3.16%，而相应的最大值分别为9.35%和24.79%，说明样本上市公司之间研发投入水平差距很大，两个创新投入指标的中位数都低于平均值且远低于最大值，说明创新投入处于低水平的上市公司数量较多。研发密度RDTA变量统计结果与郭玥（2018）和李骏等（2019）较一致，研发强度RDIN变量统计结果与郭玥（2018）和王洪盾等（2020）较一致，FC指数的均值和标准误与张洪胜（2017）、程玲等（2019）和张明祥（2019）基本一致，均值与卢盛峰等（2017）也比较接近，其他变量取值也均在合理范围之内。

表 4-3　　变量描述统计

变量	Min	Median	Max	Mean	SD	Obs
RDTA	0.01	1.63	9.35	1.96	1.77	17310
RDIN	0.01	3.16	24.79	3.89	4.14	17310
FC	0.77	1.33	1.74	1.33	0.07	17310
KZ	-12.27	1.28	11.10	0.99	2.29	17310
WW	-1.35	-1.00	-0.79	-1.01	0.07	17310
ROA	-0.17	0.06	0.25	0.06	0.06	17310
Size	19.87	21.87	26.02	22.06	1.24	17310
growth	-0.48	0.13	2.48	0.19	0.39	17310
CF	-0.15	0.04	0.23	0.04	0.07	17310
dual	0.00	0.00	1.00	0.27	0.44	17310
Q	0.90	1.69	8.14	2.10	1.26	17310
lev	0.05	0.41	0.87	0.42	0.20	17310
Fshare	0.09	0.33	0.74	0.35	0.14	17310
export	0	1	1	0.67	0.47	17310
SOE	0	0	1	0.36	0.48	17310
HHI	0.01	0.06	0.59	0.09	0.09	17310

为了初步探索融资约束与企业创新投入之间的关系，参考鞠晓生等（2013）按照融资约束 FC 指数的 1/3、2/3 分位数，将样本企业划分三个融资约束程度等级，1/3 分位以下为低融资约束组，2/3 以上为高融资约束组。表 4-4 描述了三类不同融资约束程度的企业之间的差异。第一行统计显示各组企业 FC 融资约束指数的数值依次上升，（2）组企业组内融资约束差别较小，而处于两端的（1）组、（3）组内企业所受融资约束程度差异大，该样本统计特征与鞠晓生等（2013）的统计描述结果相似。第二、第三行统计了不同融资约束组企业创新投入水平的差异，从分组描述结果可以看出，融资约束程度越高的企业分组中平均创新投入水平越低。第四行可以看出，融资约束最低组中企业内部现金流 CF 中位数和平均值最高，其中低融资约束组内部现金流中位数远高于其余两组，说明低融资约束组

企业整体平均内部现金流水平较高，且内部现金流较充裕的企业数量更多，这与 Carpenter 等（1994）的研究结论相符，即，企业的内部现金流充裕度明显影响着企业的融资约束，内部现金流越充裕的企业的外部融资成本越低。第五行统计描述了企业融资约束程度越高，资产负债率 lev 越高，这与 Hadlock 和 Pierce（2010）、鞠晓生等（2013）的分类描述结果一致，高财务杠杆率的企业再融资成本会更高。此外，统计显示，融资约束越低的企业，拥有越高的流动比率 liq 和营业收入增长率 growth，这与经验判断相符——偿债能力强和成长性较好意味着企业更容易获得外部融资。

表 4－4　　按融资约束程度划分的企业分组变量描述统计

变量	（1）低融资约束			（2）中度融资约束			（3）高融资约束		
	p50	mean	sd	p50	mean	sd	p50	mean	sd
FC	1.2746	1.2617	0.053	1.3323	1.3319	0.014	1.3904	1.4001	0.041
RDTA	1.6828	2.0110	1.788	1.6596	2.0043	1.788	1.5388	1.8642	1.734
RDIN	3.2330	4.1344	4.507	3.1781	3.8996	4.014	3.0909	3.6407	3.871
CF	0.0431	0.0438	0.068	0.0405	0.0425	0.066	0.0406	0.0436	0.067
lev	0.3737	0.3889	0.209	0.4236	0.4275	0.193	0.4292	0.4339	0.198
liq	1.8306	3.0321	3.258	1.6188	2.2675	2.207	1.6013	2.1853	2.036
growth	0.1464	0.2032	0.363	0.1272	0.1953	0.400	0.1113	0.1833	0.418

为了进一步检验企业的创新投入在不同融资约束程度分组之间的差异性，对以上三组企业的创新投入变量两两做双边 t 检验，结果如表 4－5 所示，差异性检验报告了相应分组数据的均值差和 t 值、P 值。差异性检验结果显示，融资约束程度不同的企业总体之间研发强度存在很大差异，（1）组、（3）组和（2）组、（3）组企业研发密度存在总体性显著差异，整体来看，企业创新投入水平与融资约束程度密切相关，强融资约束组和中度融资约束组之间企业创新投入差异比中度融资约束组和弱融资约束组之间差异更显著，说明融资约束对企业创新投入水平的影响可能随着企业融资约束程度增加而变大。

表 4-5　　不同融资约束程度组企业间研发投入差异性检验

检验分组	研发密度 RDTA			研发强度 RDIN		
	Mean diff	t 值	P 值	Mean diff	t 值	P 值
(1) 组和 (2) 组之间	0.007	0.200	0.842	0.235	2.955	0.003
(2) 组和 (3) 组之间	0.140	4.271	0.000	0.259	3.527	0.000
(1) 组和 (3) 组之间	0.147	4.475	0.000	0.494	6.312	0.000

表 4-6 为主要变量 person 相关系数矩阵结果，融资约束 FC 和 KZ 与企业研发密度 RDTA 的相关系数显著负相关，符合预期，其他控制变量与被解释变量相关系数都显著，说明了控制变量选择的合理性。相关系数检验主要作为初步判断，变量之间实际相关关系还是要经过模型回归检验才具有实际意义。

表 4-6　　相关系数矩阵

变量	RDTA	FC	KZ	CF	ROA	Q	dual
RDTA	1.000						
FC	-0.017**	1.000					
KZ	-0.179***	0.068***	1.000				
CF	0.081***	-0.008	-0.567***	1.000			
ROA	0.089***	0.025***	-0.473***	0.394***	1.000		
Q	0.204***	-0.010	0.023***	0.115***	0.146***	1.000	
dual	0.121***	-0.037***	-0.103***	-0.021***	0.026***	0.051***	1.000
Size	-0.212***	-0.004	0.159***	0.057***	0.047***	-0.389***	-0.172***
growth	0.028***	-0.006	-0.159***	0.006	0.247***	0.021***	0.035***
lev	-0.244***	0.049***	0.648***	-0.148***	-0.235***	-0.275***	-0.156***
Fshare	-0.096***	-0.203***	-0.075***	0.095***	0.097***	-0.106***	-0.045***
export	0.118***	-0.020***	0.004	-0.011	-0.032***	-0.066***	0.054***
SOE	-0.192***	-0.001	0.212***	0.008	-0.073***	-0.125***	-0.298***
HHI	0.046***	-0.158	-0.064***	0.017**	-0.002	0.018**	-0.020***

续表

变量	Size	growth	lev	Fshare	export	SOE	HHI
Size	1.000						
growth	0.045***	1.000					
lev	0.506***	0.026***	1.000				
Fshare	0.216***	-0.008	0.079***	1.000			
export	0.024***	0.011	0.009	-0.026***	1.000		
SOE	0.352***	-0.086***	0.341***	0.218***	-0.071***	1.000	
HHI	-0.024***	0.002	-0.021***	0.025***	-0.095***	0.031***	1.000

注：***、**、*分别表示 person 相关系数在1%、5%和10%的水平下显著。

表4-7和表4-8为主要变量相关系数矩阵和基准模型方差膨胀因子检验结果，方差膨胀因子远小于10，回归模型中不存在较重的多重共线性问题（何晓群，2007；陈强，2014）。

表4-7　基准回归模型自变量方差膨胀因子检验

变量	Size	lev	ROA	SOE	Q	CF	Fshare	dual	growth	FC	HHI	export
VIF	1.71	1.58	1.39	1.33	1.24	1.22	1.15	1.11	1.1	1.08	1.04	1.02

表4-8　基准回归模型自变量方差膨胀因子检验（KZ指数替代FC）

变量	KZ	lev	CF	Size	Q	ROA	SOE	growth	dual	Fshare	export	HHI
VIF	4.23	3.24	2.04	1.71	1.53	1.48	1.33	1.18	1.11	1.1	1.02	1.02

4.4　融资约束对企业创新投入影响的实证分析

4.4.1　基准回归结果

表4-9为融资约束对企业创新投入影响的回归结果，基准回归中用研

发投入密度 RDTA 来衡量企业创新投入水平。表 4 - 9 中列（1）至列（3）解释变量为融资约束 FC 指标，列（1）中控制了年份、行业和地区固定效应，仅包括 FC 一个解释变量，从回归系数可知，融资约束对企业创新投入存在显著负向影响。仅仅考虑一个自变量的回归结果并不严谨，于是在列（1）的基础上加入了企业资产报酬率、企业规模、营业收入增长率、内部现金流、是否两职合一、托宾 Q 值、资产负债率、股权集中度、行业市场竞争度和企业出口、所有制虚拟变量等控制变量，结果如列（3）所示，FC 的回归系数为 -1.153 且在 1% 的水平上显著，验证了假设 H4 - 1。

表 4 - 9　融资约束对企业创新投入的影响检验

变量	(1)	(2)	(3)	(4)	(5)	(6)
	RDTA	RDTA	RDTA	RDTA	RDTA	RDTA
FC	-1.377*** (-8.08)	-1.202*** (-7.24)	-1.153*** (-6.96)			
KZ				-0.094*** (-16.37)	-0.048*** (-4.26)	-0.049*** (-4.34)
ROA		1.952*** (6.85)	1.861*** (6.60)		1.675*** (5.83)	1.584*** (5.58)
Size		-0.115*** (-7.98)	-0.122*** (-8.51)		-0.113*** (-7.84)	-0.120*** (-8.40)
growth		-0.003 (-0.11)	0.003 (0.10)		-0.040 (-1.29)	-0.034 (-1.11)
CF		2.039*** (9.76)	1.945*** (9.39)		1.277*** (4.89)	1.176*** (4.54)
dual		0.083*** (3.03)	0.072*** (2.64)		0.088*** (3.22)	0.077*** (2.82)
Q		0.151*** (9.48)	0.149*** (9.43)		0.179*** (10.67)	0.177*** (10.64)
lev		-0.391*** (-5.18)	-0.343*** (-4.57)		-0.095 (-0.89)	-0.042 (-0.39)

续表

变量	(1)	(2)	(3)	(4)	(5)	(6)
	RDTA	RDTA	RDTA	RDTA	RDTA	RDTA
Fshare		-0.081 (-1.00)	-0.095 (-1.18)		-0.020 (-0.25)	-0.037 (-0.47)
export		0.251*** (9.28)	0.213*** (7.81)		0.257*** (9.51)	0.219*** (8.04)
SOE		-0.014 (-0.50)	0.036 (1.28)		-0.024 (-0.82)	0.028 (0.97)
HHI		-0.456 (-1.13)	-0.460 (-1.14)		-0.486 (-1.21)	-0.491 (-1.22)
_cons	3.793*** (16.68)	5.631*** (13.49)	5.726*** (13.77)	2.053*** (160.41)	3.872*** (12.36)	4.041*** (12.98)
Year	Yes	Yes	Yes	Yes	Yes	Yes
Ind	Yes	Yes	Yes	Yes	Yes	Yes
Reg	Yes	No	Yes	Yes	No	Yes
N	17310	17310	17310	17310	17310	17310
R^2	0.295	0.328	0.339	0.305	0.327	0.338

注：*、**、***分别表示在10%、5%、1%水平显著，括号内为异方差稳健性修正后t值。Year、Ind和Reg的Yes分别代表对年份、行业和地区固定效应的控制，_cons为常数项，N为观测数。

由于许多企业创新方面相关文献实证研究模型都只控制了年份和行业固定效应，因此本章也给出了控制年份和行业固定效应的回归结果表4-9中列（2），回归结果仍然验证假设H4-1，并且可以看出加入了地区固定效应的列（3）的R^2值大于列（2），说明加入地区固定效应后模型的拟合优度增加了。

表4-9中列（4）至列（6）的融资约束采用替代变量KZ指数衡量的稳健性检验，结果表明KZ指数和企业研发投入密度呈负相关，回归系数在1%水平上显著，KZ指数与FC指标同样被多位学者用于衡量企业融资

约束，两个指标测算角度不同、相关系数很小，但回归结果一致，进一步验证了假设 H4 - 1。

控制变量方面，本章基准回归结果表 4 - 9 中列（3）显示：(1）企业内部现金流 CF 与研发投入密度显著正相关。自 Fazzari 等（1988）提出 FHP 方法，用投资现金流敏感性来衡量融资约束以来，诸多学者在企业投资相关的实证研究都引入了企业内部现金流变量，大多发现两者之间呈正相关关系。根据卢馨等（2013）和孙晓华等（2015）的研究，本章实证结果也说明了企业研发投资具有很强的现金流敏感性，验证了上市公司创新投入存在融资约束。(2）企业规模 Size 显著抑制了企业研发投入密度，这与邓伟等（2019)、夏清华等（2020）的实证结果一致，表明企业规模显著促进了企业创新产出，说明企业在进行创新活动时具有规模优势，其资源优势也有利于创新成果的产出，但随着企业资产规模扩大，研发投入占资产规模比值会减小，企业规模扩张可能削弱了其创新投入动机，相比之下，小规模企业创新活动更具积极性和灵活性。(3）资产报酬率 ROA 与企业研发投入密度显著正相关，企业经营绩效越好则越有意愿和能力进行创新投入，与夏清华等（2020）实证结果一致。(4）资产负债率 lev 与企业研发投入密度显著负相关，O'Brien（2003）认为，创新型企业会优先采取低杠杆率的策略，因为低杠杆企业更易于为创新活动获得足够资金，有利于保持创新投入的持续性。而高杠杆率会增加研发型企业的资本成本（钟田丽等，2014)，进而会抑制企业创新投入。(5）托宾 Q 值与研发投入密度显著正相关，托宾 Q 值是公司市场价值和重置成本的比值，很好地反映了企业投资机会和长期绩效，托宾 Q 值与企业创新投入正相关的结果与解维敏等（2011）和王春丽等（2017）实证回归结果一致。(6)“两职合一” dual 显著促进了企业研发投入密度的增加。“两职合一”有利于企业降低公司治理的沟通成本，拥有更多权力的企业管理者在创新活动当中的决策效率也会相应提升，同时总经理的风险承担能力也相应增加，有利于促进企业创新投入增加（黄庆华等，2017)。(7）企业出口 export 的系数显著为正，与张璇等（2017）实证结果显示一致，说明出口企业更倾向于进行创新投入。出口企业容易受到国外先进技术的影响，有利于进行技术模仿和创新（Palangkaraya，2012）。此外，出口企业往往面临更激烈的竞争，也促进了企业通过创新提升竞争力。

4.4.2 融资约束对不同所有制企业创新投入的影响

企业所有制类型不同，实证研究结果可能也有所差别。本章根据企业最终控制人类型将样本上市公司分为两组，进一步观测融资约束对企业创新投入的影响，见表4-10，一组是非国有企业组，模型回归结果为表中列（1）和列（2），另一组是国有企业组，模型回归结果为表中列（3）和列（4）。

表4-10　融资约束对不同所有制企业创新投入的影响

变量	非国有企业		国有企业	
	(1)	(2)	(3)	(4)
	RDTA	RDTA	RDTA	RDTA
FC	-2.081*** (-7.78)		-1.111*** (-4.65)	
KZ		-0.046*** (-3.34)		-0.028 (-1.43)
ROA	1.435*** (4.33)	1.259*** (3.74)	2.959*** (7.59)	2.658*** (6.59)
Size	-0.033 (-1.46)	-0.066*** (-2.92)	-0.213*** (-10.70)	-0.187*** (-10.19)
growth	-0.019 (-0.50)	-0.044 (-1.13)	0.062 (1.37)	0.030 (0.61)
CF	2.503*** (9.62)	1.697*** (5.09)	0.997*** (3.03)	0.616 (1.48)
dual	0.097*** (3.13)	0.104*** (3.36)	0.027 (0.50)	0.026 (0.48)
Q	0.206*** (10.41)	0.229*** (10.87)	0.022 (0.87)	0.046* (1.78)

续表

变量	非国有企业		国有企业	
	(1)	(2)	(3)	(4)
	RDTA	RDTA	RDTA	RDTA
lev	-0.407*** (-4.04)	-0.100 (-0.71)	-0.316*** (-2.81)	-0.188 (-1.14)
Fshare	-0.120 (-1.13)	-0.074 (-0.69)	0.073 (0.59)	0.177 (1.48)
export	0.179*** (4.95)	0.191*** (5.25)	0.295*** (6.97)	0.296*** (6.98)
HHI	-0.556 (-1.18)	-0.563 (-1.20)	-0.162 (-0.20)	-0.187 (-0.23)
_cons	5.127*** (9.37)	2.971*** (6.05)	7.511*** (11.50)	5.392*** (12.97)
Year & Ind & Reg	Yes	Yes	Yes	Yes
N	11063	11063	6246	6246
R^2	0.311	0.308	0.376	0.374

注：*、**、*** 分别表示在 10%、5%、1% 水平显著，括号内为异方差稳健性修正后 t 值（后面简称稳健性 t 值）。Year & Ind & Reg 的 Yes 代表对年份、行业和地区固定效应的控制，_cons 为常数项，N 为观测数。

从回归结果来看，非国有企业样本组表 4-10 中列（1）显示融资约束 FC 与企业创新投入 RDTA 回归系数为 -2.081 在 1% 水平上显著，国有企业样本组表 4-10 中列（3）显示融资约束 FC 与企业创新投入 RDTA 回归系数为 -1.111 在 1% 水平上显著，说明融资约束显著抑制了非国有企业与国有企业的创新投入，且对非国有企业抑制作用更大，实证结果说明假设 H4-2 成立。

从回归结果可以看到，非国有样本组内部现金流 CF 回归系数为正且大于国有样本组内部现金流 CF 的回归系数，说明非国有企业研发投入对企业内部现金流依赖性更强，即融资约束更严重。我国金融体系存在所有制歧视，在政府隐性担保和政府信贷倾斜的背景下，国有企业更易从金融机构融入资金，而民营企业面临的融资约束更严重。那么相比于长期受到所有制性质下的信贷倾斜、政府扶持和具有资源禀赋优势的国有企业，非国有企业创新活动更易受到企业外部融资能力影响，融资约束的变化对非国有企业创新投入的影响会更大。此外，非国有企业因通常没有员工冗余、政策性负担等问题，它们进行创新投入决策比国有企业更具灵活性和主动性，因此非国有企业会根据其融资约束情况更灵活地调整创新决策，相比于国有企业，非国有企业创新投入对融资约束会更加敏感。

表4－10中列（2）和列（4）分别为非国有企业样本和国有企业样本中KZ指数对RDTA的稳健性检验回归结果，列（2）和列（4）中KZ指数系数都为负，且在非国有企业样本中绝对值更大，显著性更强，假设H4－2成立。考虑到列（2）和列（4）中控制变量中CF和lev与解释变量KZ指数person相关系数较高，分组检验中不只关注系数显著性，也需要关注系数大小，所以本章在模型（3）、模型（4）中剔除控制变量CF和lev进一步进行回归检验，结果为：非国有企业KZ和RDTA相关系数－0.079在1%水平上显著；国有企业KZ和RDTA相关系数为－0.051在1%水平上显著，实证结果仍然能验证假设H4－2，即融资约束对非国有企业抑制作用大于国有企业。

4.4.3 融资约束对不同规模企业创新投入的影响

企业规模大小不同，实证研究结果可能也有所差别。本章根据企业规模变量Size大小将样本等距分为两组，进一步观测融资约束对企业创新投入的影响见表4－11，一组是小规模企业组，模型回归结果为表中列（1）和列（2），另一组是大规模企业组，模型回归结果为表中列（3）和列（4）。从回归结果来看，小企业样本组中列（1）显示，融资约束FC与企业创新投入RDTA回归系数为－2.028在1%水平上显著，大企业样本组列（3）显示，融资约束FC与企业创新投入RDTA回归系数为－0.591在1%水平上显著，说明融资约束显著抑制了小规模企业与大规模企业的创新投入，且对小规模企业抑制作用更大，实证结果说明假设H4－3成立。

表 4－11　融资约束对不同规模企业创新投入的影响

变量	小规模		大规模	
	(1)	(2)	(3)	(4)
	RDTA	RDTA	RDTA	RDTA
FC	−2.028*** (−6.18)		−0.591*** (−2.78)	
KZ		−0.101*** (−5.86)		0.028 (1.31)
ROA	1.481*** (3.82)	1.113*** (2.90)	1.916*** (5.85)	2.028*** (6.03)
Size	−0.030 (−0.69)	−0.121*** (−3.01)	−0.101*** (−4.66)	−0.076*** (−3.87)
growth	0.142*** (2.59)	0.103* (1.89)	−0.098*** (−2.91)	−0.071* (−1.96)
CF	2.197*** (7.28)	0.599 (1.53)	1.630*** (6.04)	2.053*** (6.09)
dual	0.069* (1.81)	0.073* (1.93)	0.074* (1.91)	0.081** (2.10)
Q	0.117*** (6.00)	0.159*** (7.50)	0.293*** (9.02)	0.284*** (8.71)
lev	−0.646*** (−5.97)	0.093 (0.56)	−0.008 (−0.08)	−0.217 (−1.61)
Fshare	−0.516*** (−4.00)	−0.492*** (−3.83)	0.303*** (2.97)	0.369*** (3.69)
export	0.182*** (4.47)	0.198*** (4.86)	0.216*** (5.83)	0.220*** (5.96)
SOE	0.078* (1.69)	0.068 (1.46)	0.018 (0.49)	0.007 (0.19)

续表

变量	小规模		大规模	
	(1)	(2)	(3)	(4)
	RDTA	RDTA	RDTA	RDTA
HHI	-0.895* (-1.81)	-1.022** (-2.07)	-0.789 (-1.05)	-0.769 (-1.02)
_cons	5.377*** (6.24)	4.432*** (5.18)	3.900*** (5.75)	2.545*** (5.70)
Year & Ind & Reg	Yes	Yes	Yes	Yes
N	8624	8624	8686	8686
R^2	0.288	0.288	0.390	0.390

注：*、**、***表示在10%、5%、1%水平显著，括号内为稳健性t值。

小规模企业往往存在更严重的信息不对称问题，小企业可抵押担保的资产较少，违约风险较高，因此外部投资者更愿意为大型企业提供资金支持，或要求小企业为获取的资金支付更高的溢价，这导致了小规模企业面临较严重的融资约束问题。小企业自身积累有限，内部资金远不如大企业充足，缺少稳定现金流，其研发投资更需要依赖外部资金支持，所以创新投资决策更容易受到融资约束影响。同时，规模较小的企业对风险承受能力较低，当企业受到融资约束增加时，相比于风险承受能力更强的大规模企业，小型企业更容易放弃风险较高的创新项目。因此，融资约束对较小规模企业创新投入的抑制作用更强。

表4-11中列（2）和列（4）分别为小企业样本和大企业样本中KZ指数对RDTA的稳健性检验回归结果，列（2）中KZ指数系数为负且在1%水平上显著，列（4）中KZ指数系数为正，系数绝对值更小，且不显著，实证结果说明假设H4-2成立。考虑到列（2）和列（4）中控制变量CF和lev与解释变量KZ指数person相关系数较高，本章在模型（3）和模型（4）中剔除控制变量CF和lev进一步进行回归检验，结果为：小规模企业KZ和RDTA相关系数-0.106在5%水平上显著；大规模企业KZ和RDTA相关系

数为 -0.019 在 5% 水平上不显著，实证结果仍然能验证假设 H4-3，即融资约束对小规模企业抑制作用大于大规模企业，小规模企业创新投入水平对融资约束更加敏感。

在控制变量中，股权集中度 Fshare 在全样本回归中系数并不显著，但在企业规模分类样本回归结果中发现，小规模企业中股权集中度显著抑制了企业创新投入，大规模企业中股权集中度显著促进了企业创新投入。这意味着小规模上市公司股权过度集中表现出了第二类代理问题和大股东获取控制权私人收益的问题，进而抑制了企业创新活动的开展（张玉娟等，2018）；而大规模上市公司股权相对集中更多地发挥了资源和决策权集中的优势，提高了企业创新投入的决策效率（肖利平，2016）。

4.5 稳健性检验

前面通过实证检验得出融资约束显著抑制了企业创新投入，且相比于国有企业，非国有企业的创新投入对融资约束更敏感；相比于较大规模企业，较小规模企业的创新投入对融资约束更敏感。本节为以上结果提供进一步的稳健性检验。

4.5.1 改变样本选择

4.5.1.1 按照高技术行业和非高技术行业分组

在相关文献研究中，一些学者（如刘文琦，2018；李文静，2019 等）以一些特定行业的企业样本为研究对象，检验融资约束与企业创新的关系，而本章选择的样本容量较大，于是将样本按照高技术行业和非高技术行业进行分类检验，进一步检验融资约束对企业创新投入的抑制作用是否会因为行业不同改变。其中高技术行业根据国家统计局发布的高技术产业（制造业）分类（具体参见国统字〔2017〕200 号），对照证监会 2012 年上市公司行业二级分类，选出属于高技术产业的上市公司行业分别为医药制造业（C27），铁路、船舶、航空航天和其他运输设备制造业（C37），计算机、通信和其他电子设备制造业（C39）和仪器仪表制造业（C40）。

实证结果如表4－12所示，估计结果显示，高技术样本组FC回归系数为－3.837且在1%水平上显著，非高技术样本组FC回归系数为－0.649且在1%水平上显著，结果说明在高技术组和非高技术组融资约束都显著抑制了企业创新投入，且融资约束对高技术企业抑制作用大于非高技术企业，本章主要结论仍然成立。

表4－12　样本行业分类下稳健性检验：融资约束对企业创新投入影响

变量	（1）高技术	（2）非高技术
	RDTA	RDTA
FC	－3.837*** （－8.97）	－0.649*** （－3.68）
_cons	5.372*** （5.32）	5.928*** （13.35）
控制变量	Yes	Yes
Year & Ind & Reg	Yes	Yes
N	3651	13657
R^2	0.245	0.363

注：*、**、***表示在10%、5%、1%水平显著，括号内为稳健性t值。

4.5.1.2　按样本时间区间分组

相比其他多数企业创新方面的文献研究，本章实证研究选择样本时间跨度较长，于是将样本按照时间区间分组，进一步检验融资约束对企业创新影响。本章将样本按照时间区间等分为三部分2007～2010年，2011～2014年，2015～2018年，其中，2011～2014年的样本分组不包括2008年金融危机和2015年股灾的特殊事件影响，更具稳健性检验意义。实证结果如表4－13所示，在不同时间区间分组中，融资约束都显著抑制了企业创新投入，进一步验证本章主要结论。

表 4 – 13　　样本时间区间分类下稳健性检验：融资约束对企业创新投入影响

变量	(1) 2007 ~ 2010 年	(2) 2011 ~ 2014 年	(3) 2015 ~ 2018 年
	RDTA	RDTA	RDTA
FC	−2.977*** (−5.61)	−1.244*** (−4.52)	−0.802*** (−3.54)
_cons	7.193*** (6.66)	5.715*** (8.17)	5.685*** (9.37)
控制变量	Yes	Yes	Yes
Year & Ind & Reg	Yes	Yes	Yes
N	2052	6288	8970
R^2	0.270	0.324	0.364

注：*、**、*** 表示在 10%、5%、1% 水平显著，括号内为稳健性 t 值。

4.5.2　替换被解释变量的衡量指标

在以往文献当中，研发投入密度 RDTA 和研发投入强度 RDIN 是最常用的企业创新投入衡量指标，本章之前采用了研发投入密度 RDTA 衡量创新投入，那么现在用研发投入强度 RDIN 替换被解释变量，重新进行相关检验。结果如表 4 – 14 所示，无论是全样本还是按照企业规模和所有制分组样本，融资约束 FC 对企业研发投入强度 RDIN 的回归系数都为负且在 1% 水平上显著，体现出融资约束对企业创新投入抑制作用结果比较稳健，验证了假设 H4 – 1。此外，表 4 – 14 列（2）中融资约束 FC 的回归系数绝对值明显大于列（3），表明融资约束对小规模企业研发投入强度的抑制作用大于大规模企业，验证假设 H4 – 2，列（4）中融资约束 FC 回归系数的绝对值明显大于列（5），表明融资约束对非国有企业研发投入强度的抑制作用大于国有企业，验证假设 H4 – 3。

表 4－14　用研发强度 RDIN 表示创新投入的稳健性检验（1）：融资约束对企业创新投入影响

变量	全样本	小规模	大规模	非国有企业	国有企业
	(1)	(2)	(3)	(4)	(5)
	RDIN	RDIN	RDIN	RDIN	RDIN
FC	－3.420*** (－9.07)	－6.190*** (－7.84)	－2.328*** (－5.25)	－5.162*** (－8.59)	－2.363*** (－4.67)
_cons	10.161*** (11.39)	4.775** (2.25)	8.414*** (6.74)	8.319*** (7.00)	11.274*** (8.24)
控制变量	Yes	Yes	Yes	Yes	Yes
Year & Ind & Reg	Yes	Yes	Yes	Yes	Yes
N	17310	8624	8686	11063	6246
R^2	0.396	0.371	0.407	0.381	0.358

注：*、**、*** 表示在 10%、5%、1% 水平显著，括号内为稳健性 t 值。

在以研发投入强度 RDIN 为被解释变量模型中，用 KZ 指数替换解释变量 FC，实证结果如表 4－15 所示，在全样本回归和分组回归检验结果中，KZ 指数与企业研发投入强度都显著负相关，再次验证了融资约束对企业创新投入的抑制作用。表 4－15 中列（2）至列（5）分组检验结果显示，融资约束 KZ 指数对较小规模企业和非国有企业的影响更大，本章结论仍得以验证。

表 4－15　用研发强度 RDIN 表示创新投入的稳健性检验（2）：融资约束对企业创新投入影响

变量	全样本	小规模	大规模	非国有	国有
	(1)	(2)	(3)	(4)	(5)
	RDIN	RDIN	RDIN	RDIN	RDIN
KZ	－0.289*** (－10.15)	－0.414*** (－9.26)	－0.081** (－2.29)	－0.313*** (－8.60)	－0.149*** (－3.51)
_cons	5.273*** (8.63)	1.931 (0.93)	3.370*** (4.57)	3.210*** (3.29)	6.859*** (8.52)

续表

变量	全样本	小规模	大规模	非国有	国有
	(1)	(2)	(3)	(4)	(5)
	RDIN	RDIN	RDIN	RDIN	RDIN
控制变量	Yes	Yes	Yes	Yes	Yes
Year & Ind & Reg	Yes	Yes	Yes	Yes	Yes
N	17310	8624	8686	11063	6246
R^2	0. 399	0. 376	0. 406	0. 384	0. 358

注：*、**、*** 表示在 10%、5%、1% 水平显著，括号内为稳健性 t 值。

4.5.3 替换解释变量的衡量指标

本章已经选取 FC 和 KZ 指数两个指标衡量融资约束，相关文献研究中的融资约束衡量指标构成和侧重点都有所区别，为了进一步确保结论稳健性，参考鞠晓生等（2013）选取另一个常用融资约束综合指标 WW 指数做稳健性检验。

WW 指数与企业创新投入相关关系的全样本和分组检验的实证结果见表 4 - 16，在进行回归之前对模型中所有自变量进行方差膨胀因子检验，所有自变量 vif 值远小于 10，表明没有严重多重共线性问题。结果显示，融资约束（WW 指数）与企业创新投入（RDTA）显著负相关，且对较小规模企业抑制作用更明显。本章主要结论仍得以验证。

表 4 - 16　用 WW 指数衡量融资约束的稳健性检验：融资约束对企业创新投入影响

变量	全样本	小规模	大规模	非国有	国有
	(1)	(2)	(3)	(4)	(5)
	RDTA	RDTA	RDTA	RDTA	RDTA
WW	-5. 555***	-6. 751***	-4. 091***	-5. 521***	-5. 357***
	(-12. 39)	(-10. 13)	(-6. 89)	(-9. 21)	(-7. 95)

续表

变量	全样本	小规模	大规模	非国有	国有
	(1)	(2)	(3)	(4)	(5)
	RDTA	RDTA	RDTA	RDTA	RDTA
_cons	4.163 *** (13.41)	4.560 *** (5.35)	2.702 *** (6.05)	2.894 *** (5.92)	5.696 *** (13.69)
控制变量	Yes	Yes	Yes	Yes	Yes
Year & Ind & Reg	Yes	Yes	Yes	Yes	Yes
N	17310	8624	8686	11063	6246
R^2	0.343	0.293	0.393	0.313	0.381

注：*、**、*** 表示在 10%、5%、1% 水平显著，括号内为稳健性 t 值。

借鉴马述忠等（2017a）的思路选取流动比率（流动资产和流动负债之比）衡量融资约束，流动比率越大说明企业财务状况越健康，融资约束越小，于是本章采用流动比率倒数构建 FC_liq 替换融资约束指数，结果如表 4－17 所示，本章结论仍得以验证。

表 4－17　用流动比率的倒数替代 FC 的稳健性检验：融资约束对企业创新投入影响

变量	全样本	小规模	大规模	非国有	国有
	(1)	(2)	(3)	(4)	(5)
	RDTA	RDTA	RDTA	RDTA	RDTA
FC_liq	－0.528 *** (－15.93)	－0.885 *** (－11.39)	－0.328 *** (－9.46)	－0.762 *** (－13.37)	－0.304 *** (－7.89)
_cons	3.934 *** (12.73)	4.350 *** (5.08)	2.492 *** (5.63)	2.950 *** (6.08)	5.253 *** (12.71)
控制变量	Yes	Yes	Yes	Yes	Yes
Year & Ind & Reg	Yes	Yes	Yes	Yes	Yes
N	17310	8624	8686	11063	6246
R^2	0.344	0.294	0.394	0.317	0.378

注：*、**、*** 表示在 10%、5%、1% 水平显著，括号内为稳健性 t 值。

4.5.4 控制企业个体固定效应

用面板数据固定效应模型，控制企业年份和个体效应，进一步消除遗漏变量，结果如表 4 - 18 所示。表中列（1）和列（2）中分别显示了 FC 和 WW 指数对企业创新投入 RDTA 的回归估计系数都为负数，且都在 1% 水平显著。本节通过控制个体和年份的双向固定效应模型回归结果表明，融资约束显著抑制企业创新投入，验证了本章主要结论。

表 4 - 18　控制个体效应的面板固定效应模型：融资约束对企业创新投入影响

变量	(1)	(2)
	RDTA	RDTA
FC	−1.949*** (−3.41)	
WW		−1.215*** (−3.74)
ROA	0.429*** (3.19)	0.315** (2.29)
growth	0.042** (2.13)	−0.012 (−0.52)
CF	0.624*** (4.63)	0.488*** (3.51)
Size	−0.308*** (−14.19)	−0.380*** (−14.19)
dual	−0.020 (−0.79)	−0.021 (−0.82)
Q	0.073*** (7.90)	0.075*** (8.12)

续表

变量	(1)	(2)
	RDTA	RDTA
lev	-0.303 *** (-3.82)	-0.278 *** (-3.49)
Fshare	0.248 * (1.89)	0.288 ** (2.22)
export	0.210 *** (6.42)	0.208 *** (6.34)
SOE	0.041 (0.58)	0.039 (0.55)
HHI	-0.383 ** (-2.12)	-0.296 * (-1.65)
_cons	9.788 *** (12.31)	7.698 *** (16.80)
Year	Yes	Yes
Firm	Yes	Yes
N	17310	17310
Within - R^2	0.113	0.114

注：*、**、*** 表示在10%、5%、1%水平显著，括号内为t值。Year和Firm的Yes代表对年份和企业个体的固定效应控制，Within - R^2 为组内估计R方。

4.5.5　考虑内生性问题——工具变量最小二乘法

为了缓解内生性问题带来的影响，本章引入了工具变量，采取两阶段最小乘法（IV -2SLS）对模型进行重新估计。

根据陈强（2014），工具变量选择应满足——与内生解释变量高度相关和与扰动项不相关这两个条件。参考王智波和李长洪（2015）和杜小飞（2020）的研究方法，本章选择了融资约束变量的滞后一期和滞后两期为工具变量。首先，由于企业的特征和经营策略具有持续性，滞后一期和滞后两期的融资约束变量与当期融资约束高度相关；其次，前期的融资约束程度可以视为“前定”变量，即既成事实，故不与当期扰动项存在相关关系。融资约束的滞后变量符合工具变量选择的两个条件。此外，对控制变量也取滞后一期，缓解控制变量可能存在的内生性问题。回归结果如表 4 - 19 所示，表中列（1）、列（2）和列（3）分别采用了 FC 指标、KZ 指数、WW 指数作为融资约束代理变量，实证结果显示 FC、KZ 和 WW 的估计系数都为负，都在 5% 或 1% 水平上显著，两阶段最小二乘法（IV - 2SLS）实证结果显示企业融资约束显著抑制了企业创新投入。

表 4 - 19　工具变量最小二乘法：融资约束对企业创新投入影响

变量	工具变量：融资约束指标滞后一期和滞后二期变量		
	(1)	(2)	(3)
	RDTA	RDTA	RDTA
FC	-0.835** (-3.97)		
KZ		-0.276*** (-7.30)	
WW			-15.807*** (-9.59)
_cons	3.953*** (6.91)	3.124*** (6.99)	2.791*** (6.21)
控制变量	Yes	Yes	Yes
Year & Ind & Reg	Yes	Yes	Yes
N	10495	10495	10495
R^2	0.337	0.293	0.254

注：*、**、*** 表示在 10%、5%、1% 水平显著，括号内为异方差稳健性 t 值，模型采用两阶段最小二乘法。

除以上几种稳健性检验以外，本章还用 Tobit 模型重新进行估计，实证结论一致。上市公司样本在年报中汇报研发支出为 0 的企业较少，未在年报中做汇报研发支出项目的样本，按照以往文献研究作缺失变量处理，本章对初始样本做出相应筛选和剔除缺失变量处理后的研究样本中，被解释变量数据整体没有明显的零值堆积的特征，实证采用 Tobit 回归结果与 OLS 回归结果没有明显差异。

4.6 进一步检验：融资约束对企业创新绩效的影响

创新投资与企业其他投资行为不同，创新活动风险大周期长，创新投入不一定能有效转化为创新产出，且往往进行了长时间的持续投入才能产生收益。考察企业创新能力不仅要看企业的创新投入，更要关注企业的创新投入的绩效——即创新产出，创新投入的产出可以看作创新成功率的提高（Aghion & Howitt，2009），创新成果也在一定程度上反映出创新投入达到足够规模且具有持续性和稳定性。在已有文献中可以发现，一些企业创新影响因素对企业创新投入和创新产出影响不一致，例如，李香菊等（2019）实证结果表明政府补助促进企业研发投入，但对专利产出数量影响却不显著。因此本章有必要进一步进行实证研究，检验融资约束对企业创新绩效的影响，就更全面地了解融资约束对企业创新的影响很有意义，本节希望探讨融资约束在显著抑制企业创新投入的同时，是否也抑制了企业创新投入的绩效。

4.6.1 研究设计

常见的创新绩效衡量指标有企业专利数量和新产品产值等（Amore et al.，2013；杨洋等，2015）。相对而言，专利数代表的是创新成果的产出绩效因而被使用的较多，专利数据能有效测度企业创新效率，并客观反映企业创新能力。由于专利授予存在不确定的时滞，以及专利授予可能会受到与企业创新水平无关的因素影响，专利申请量比授予量更能有效反映创新水平（Hsu et al.，2014）。根据我国《专利法》，企业专利包括发明型、实用新型和外观设计型三类，其中，与实用新型和外观设计专利相比，发明专利需要较高的技术水平和更严格的审批过程，含金量更高（钟腾等，2017；刘张发，2019），反映了企业创新产出的质量（陈强远等，2020）。故参考以往文献，本章用企业（包括子公司）当年申请专利总数和申请发明专利数量分别加1取自然对数的方式来衡量创新绩效。根据黎文靖等（2016）和郭玥（2018）的研究，专利申请总数反映了创新产出的数量，发明专利申请数反映了企业创新产出的质量，专利申请数据来源于CNDRS数据库。根据Hall和Ziedonis（2001）的研究，若财务数据包括子公司，则专利数据需要合并控股子公司才更有效，本章采用总公司合并子公司的专利数据。

实证模型仍基于模型（4－1）的多元线性回归模型，将被解释变量替换为企业专利申请总数（P总）和企业发明专利申请数（P发明），解释变量仍为融资约束，控制变量与前面一致，因为从企业进行创新活动到实现创新产出申请专利往往需要一定时间，这里对被解释变量采取提前一期，实证模型如下：

$$Patent_{i,t+1} = \alpha + \beta FC_{i,t} + \delta Control_{i,t} + Ind_j + Year_t + Reg_v + \varepsilon_{it} \quad (4-2)$$

因为被解释变量专利数据具有零值堆积和正值连续分布共存的混合特征，所以采用Tobit模型估计。

4.6.2 实证分析

模型（4－2）回归结果如表4－20所示，表中列（1）、列（3）、列（5）的被解释变量为企业专利申请总数，列（2）、列（4）、列（6）的被解释变量为企业发明专利申请总数，实证结果显示，融资约束FC对企业专利申请总数和企业发明专利申请数的回归估计系数都为负，且在1%水平上显著，替换融资约束指标为KZ指数和WW指数之后结论仍然不变，即企业融资约束与企业专利申请总数和发明专利申请数量都显著负相关，本章实证结果表明，企业融资约束不仅抑制了企业创新投入，也对企业创新绩效产生了显著的负面影响，具体来说，融资约束对创新产出的数量和质量都产生了抑制作用。

表4-20　　　　融资约束对企业创新投入绩效的影响

变量	(1)	(2)	(3)	(4)	(5)	(6)
	P总	P发明	P总	P发明	P总	P发明
FC	-1.737*** (-8.21)	-2.136*** (-9.91)				
KZ			-0.025** (-2.10)	-0.030** (-2.46)		
WW					-2.574*** (-4.89)	-2.376*** (-4.40)
ROA	2.401*** (8.96)	1.934*** (7.05)	2.081*** (7.47)	1.546*** (5.41)	1.897*** (6.85)	1.420*** (4.99)
Size	0.585*** (37.13)	0.611*** (37.95)	0.597*** (37.92)	0.627*** (38.91)	0.480*** (16.44)	0.519*** (17.38)
growth	0.036 (1.02)	0.075** (2.12)	0.022 (0.62)	0.059 (1.61)	-0.059 (-1.47)	-0.011 (-0.26)
CF	-0.422* (-1.89)	-0.381* (-1.67)	-0.814*** (-2.86)	-0.850*** (-2.91)	-0.701*** (-3.06)	-0.642*** (-2.72)
dual	0.027 (0.88)	0.041 (1.32)	0.038 (1.25)	0.055* (1.76)	0.039 (1.27)	0.056* (1.80)
Q	-0.007 (-0.56)	0.030** (2.28)	0.012 (0.86)	0.054*** (3.66)	0.008 (0.60)	0.046*** (3.44)
lev	-0.077 (-0.89)	-0.157* (-1.77)	0.010 (0.08)	-0.057 (-0.45)	-0.084 (-0.96)	-0.194** (-2.15)
Fshare	-0.215** (-2.24)	-0.340*** (-3.47)	-0.089 (-0.94)	-0.182* (-1.88)	-0.100 (-1.06)	-0.188* (-1.94)

续表

变量	(1)	(2)	(3)	(4)	(5)	(6)
	P 总	P 发明	P 总	P 发明	P 总	P 发明
export	0.432*** (14.44)	0.423*** (13.81)	0.441*** (14.69)	0.434*** (14.10)	0.436*** (14.55)	0.429*** (13.95)
SOE	0.088*** (2.70)	0.217*** (6.54)	0.067** (2.05)	0.191*** (5.73)	0.069** (2.11)	0.191*** (5.75)
HHI	0.950*** (2.90)	1.287*** (3.83)	0.954*** (2.91)	1.294*** (3.83)	0.969*** (2.95)	1.310*** (3.87)
_cons	−11.165*** (−23.41)	−12.177*** (−24.88)	−13.694*** (−37.59)	−15.316*** (−40.82)	−13.564*** (−37.14)	−15.203*** (−40.41)
Year & Ind & Reg	Yes	Yes	Yes	Yes	Yes	Yes
N	13433	13433	13433	13433	13433	13433
Pseudo R^2	0.116	0.110	0.115	0.108	0.115	0.108

注：括号内为稳健性 t 值，模型采用 Tobit 估计。Year & Ind & Reg 的 Yes 代表对年份、行业和地区固定效应的控制，_cons 为常数项，N 为观测数。

4.7 本章小结

通过激励措施来促进企业创新投入来提高企业自主创新能力和竞争力，已经成为各级政府的共识。然而，如果没有有效的融资环境支持，企业创新投入扩张和自主创新能力提升也无从谈起。从这一层角度来看，针对我国经济转型阶段，融资约束对企业创新产生了怎样影响的经验研究，具有重要意义。

本章分析了融资约束对企业创新的影响机制，得出融资约束通过限制企业可用资金规模，增加企业创新投资成本和增加企业财务风险来抑制企业创新，在进一步提出研究假设的基础上，本章选取中国沪深两市 A 股上市公司数据（2007～2018 年），构建计量经济模型，并采用 SA 指数、KZ

指数和 WW 指数法构建融资约束指标，检验了融资约束对企业创新的影响。实证研究显示：（1）融资约束显著抑制了我国上市公司的创新投入，尤其是对较小规模企业和非国有企业的抑制作用更明显。本章也对以上结论提供了大量稳健性检验。（2）融资约束显著抑制了上市公司创新绩效，具体来看，融资约束对创新产出的数量和质量都有抑制作用。该实证结果丰富了相关研究领域的研究结论，弥补了相关文献主要探讨了融资约束对企业创新投入或创新决策影响的不足，从创新绩效的角度，以更全面的视角检验了融资约束对企业创新的影响。本章用 SA 指数、KZ 指数和 WW 指数来作为融资约束代理变量，验证了融资约束对企业创新投入和创新绩效的抑制作用，以及融资约束对异质性企业的差异性影响，检验了三个指标的合理性，丰富了融资约束理论研究，也丰富了关于融资约束和微观企业行为相关关系的实证研究方法。

第 5 章

金融发展影响企业创新的实证检验

5.1 引　　言

中国经济发展正面临内外部环境重大变化，加快经济转型实现创新驱动型发展模式的意义凸显，创新日益成为我国经济转型和持续发展的决定性因素。而作为创新的主体，企业创新水平是决定我国宏观经济高质量发展的微观基础。然而在实践中，由于风险高、周期长、信息不对称等原因，企业的创新投入水平往往受到融资约束的限制。金融与科技的结合对发达国家经济跃迁起到了重要作用，Brown 等（2009）研究发现金融因素在很大程度上地解释了美国 20 世纪 90 年代的创新研发热潮，许多研究指出金融体系对创新影响不可忽视。因此，探索金融体系如何在我国创新驱动发展战略中充分发挥作用，如何有效支持企业创新，是中国当前和未来相当长一段时期内的重要课题。

我国渐进式的金融改革和地区之间金融发展不平衡，为检验金融发展对企业创新的支持效果研究提供了良好的实验环境。长期以来，我国银行系统和股票市场的改革与发展，为本章的研究提供了样本时间维度的变化；而各省区市地区间金融发展各方面具有明显差异，为本章的研究提供了样本横截面维度的变化。改革开放以来，金融体系建设基本适应于我国早期经济总量为导向的经济体制，这是促成我国经济高速增长阶段的一个重要因素，而当前随着中国进入经济转型升级阶段，新的一轮金融改革正在深入展开（董小君，2014；彭明生和范从来，2020）。那么聚焦微观视角来看，新一轮的金融发展是否改善了资源配置功能，促进了企业创新？针对不同类型的企业是否存在异质性影响？金融机构和股票市场的作用是否存在差异？回答这些现实问题，研究中国金融发展如何影响创新，对探明金融体系今后的改革方向、探索中国创新驱动转型模式具有重大意义。

本章具体内容安排如下：5.1 节为引言；5.2 节为理论分析和研究假设提出；5.3 节介绍研究设计和实证模型；5.4 节实证分析金融发展和企业创新投入关系，包括全样本回归结果分析、基于企业异质性的分组回归分析、不同区域分组回归和分位数回归分析，实证检验了所有制、企业规模、企业研发水平和所处区域差异下，以及企业创新投入不同条件分布下金融发展对企业创新投入的影响；5.5 节为稳健性检验；5.6 节进一步检验金融发展对企业创新绩效的影响；5.7 节为本章小结。

5.2　理论分析和研究假设

第 4 章的研究为本章研究开展奠定了基础，根据第 4 章的结论，企业创新活动需要资金支持，而融资约束显著抑制企业创新。企业开展创新活动需要聘请高技术员工和购买专用性技术设备，资金需求量很大，创新活动具有连续性和积累性，一旦项目中断，前期的资金投入变成了无法回收的沉没成本，会给企业带来巨大损失。因此，企业创新活动需要长期稳定的资金支持，而企业内部资金往往不足以支持创新项目开展和运行，来自金融体系的外部融资对于企业创新至关重要（Hall & Lerner，2009；解维敏，2011）。

融资机制是金融发展影响企业创新的核心作用机制。金融体系可以动员储蓄，将资金供给者的零散资金聚集起来，并筛选高回报的创新项目，将大额、长期资金提供给合格的资金需求者。具体来看，一方面，金融发展往往表现出金融资产增加和金融机构扩张（Gurley et al.，1967），金融发展的规模效应有利于降低交易成本，增加交易便利性，拓宽企业融资渠道（Rajan & Zingales，1998；Claessen & Laeven，2003；沈红波，2010）。另一方面，金融发展还能缓解企业投融资过程当中的信息不对称。企业创新项目由于专业性、技术复杂度较高和企业对创新项目的战略性保密行为，外部投资者和企业管理者之间存在较高的信息不对称，以至于增加了企业创新项目获得资金支持的难度。银行的信息收集和生产具有规模经济效应，活跃的股票市场能高效汇集和传递信息，金融发展有利于金融机构和资本市场投资者更高效地收集信息，对创新项目进行甄别，降低信息成本，缓解信息不对称带来的道德风险和逆向选择的问题（Love，2003），进而提高企业融资效率，降低企业融资成本，缓解企业创新的融资约束问题。国内外学者 Love（2003）、Khurana 等（2006）、李斌等（2006）、饶华春（2009）、张凡（2015）等利用企业微观数据实证研究发现，地区金融发展能够降低企业投资对于内部现金流的依赖度，能够缓解企业融资约束问题。结合相关理论和实证研究，金融发展能扩大企业融资渠道，提高企业融资效率，便于企业创新项目获得更低成本的稳定资金，从而有效促进企业创新投入。

金融发展首先通过融资机制作用于企业创新，在融资机制发挥基础上金融发展还能通过监督激励机制和风险分散机制来作用于企业创新。从监督激励机制来看，金融发展通过提升信息收集和信息生产功能，强化了对企业创新项目进行监督、激励和约束。金融机构的规模效应和长期银企关系的建立有利于降低信息成本，更有效地监督企业管理者（Diamond，1984），金融机构扩张有利于汇集和处理更多专业性信息，帮助管理企业创新投资项目，提升企业创新项目的成功率。股票市场发展也加强了市场中的信息生产和信息传递，强化市场外部投资者对企业的监督和激励作用，提高创新活动的资金利用效率。金融体系也具有分散风险的功能（King & Levine，1993；Allen & Gale，2000），从风险分散机制来看，企业通过金融市场融资的同时，也把创新项目的风险分散给了外部投资者。企业创新活动具有很强的不确定性，且前期投入资金规模很大，一旦失败会对企业经营甚至生存造成巨大危害，高风险和高不确定性降低了企业创新意愿，而金融体系中的不同投资主体可以分担企业创新活动的风险，进而激励企业创新。

由第3章分析可知，我国金融体系以银行部门为主导，社会融资结构中银行贷款始终占有较大比重。另外，我国资本市场快速发展，逐渐完善的多层次资本市场体系为企业创新活动搭建出越来越广阔的资本平台，股权融资也是上市公司的一大重要融资渠道。结合以上分析，本章提出如下假设：

假设H5-1：银行业金融机构发展和股票市场发展能促进企业创新投入。

金融发展对不同所有制企业创新投入影响也会存在差异，具体可以从以下两个方面分析：第一，金融发展之所以能促进企业创新投入，主要原因是使企业更容易获得金融资本（解维敏，2011），因此可以预期更依赖于外部融资，或者说创新投入更受限于融资约束的企业，会更受益于金融发展。一方面，许多学者指出我国信贷市场存在所有制歧视，即在政府隐性担保和政府信贷倾斜的背景下，国有企业更易从金融机构融入资金（Allen et al.，2005；刘津宇等，2014；李玉山和陆远权，2020），民营企业往往需要承担更高的融资成本（李广子和刘力，2009）。另一方面，国有企业具有丰富资源且受到政府大量援助补助（杨洋等，2015），岳怡廷和张西征（2017）对我国上市公司样本实证研究发现国有企业创新投入资金主要来源为政府补助。民营企业存在资源匮乏和可能受到信贷歧视，其内部资金也往往难以支持创新项目的开展和运行，因此民营企业创新活动更加依赖于金融体系资金的支持。王山慧（2013）利用中国上市公司数据实证得出非国有企业研发投资的内部现金流敏感性高于国有企业，指出非国有企业受到的外部融资约束更严重。此外，根据本书第4章研究也可得出，非国有企业创新投入对融资约束更加敏感。金融发展往往表现出金融资产增加和金融机构扩张（Gurley et al.，1967），有利于增加企业创新的资金来源和融资渠道，金融发展使企业更容易获得低成本稳定的资金来源，因此，结合前面分析和第4章研究结论可得出，相比于国有企业，那些更依赖外部融资，或者说是创新项目投资对融资约束更为敏感的非国有企业将更加受益于金融发展。此外，金融发展往往伴随金融体系的竞争化和市场化，会减弱国有企业在信贷方面的优势。

第二，国有企业往往承担政策性任务，其经营策略更容易受到政府干预，而政府扩大就业、稳定增长等政策目标可能与企业利润最大化是相悖的（余明桂等，2019），国有企业也往往会为了获取政策性机会而忽视高风险的创新活动（解维敏，2019）。并且国有企业具有丰富资源、受到政府大量援助补助（杨洋等，2015）、抗风险能力强，其经营策略不容易受到外部环境影响。相比之下，非国有企业通常不受组织冗余、政策性负担等问题的困扰（Lin & Tan，1999），非国有企业在开展创新和进行相关决策时更具自主灵活性。此外，民营企业更有动力用融资获得的资金进行创新活动来实现更大的利润，因此，可以推论出金融发展对非国有企业创新活动的影响可能更大。

综上所述，本章提出如下假设：

假设 H5 - 2：金融发展对非国有企业的影响大于国有企业。

金融发展对不同规模企业创新投入影响也会存在差异。金融发展促进企业创新投入增加，主要是因为金融发展增加了金融资产供给，提升了资金配置效率，使得企业更容易从外部筹集资金，那么可以推论出更依赖外部融资，或者说创新项目投资受到融资约束限制的企业，更应该受益于金融发展。Himmelberg 和 Petersen（1994）、Harhoff（1998）、Sasidharan（2015）、卢馨（2013）、过新伟和王曦（2014）等学者实证研究发现小企业研发投资面临更严重的融资约束。Czarnitzki 和 Hottenrott（2011）研究发现，德国制造业企业融资约束抑制了企业研发投资，且抑制程度随着企业规模增加而单调降低。小企业自身积累有限，内部资金往往不如大企业充足，难以满足创新投资活动的资金需求，其创新投资更依赖外部资金支持。结合前面分析和第 4 章的实证研究，小规模企业创新投入受融资约束抑制作用更显著，因此小规模企业应该更多地受益于金融发展。

从信息不对称角度分析，由于市场上存在信息不对称，外部投资者难以判断企业真实情况，小企业可抵押担保的资产较小，违约风险过高，外部投资者更愿意将资金投入大型企业（张璇，2017）。随着金融发展加快了信息流的流通配置，强化了金融体系信息收集和信息处理能力，对企业创新投资项目进行更有效的甄别评估（King & Levine，1993），缓解道德风险和逆向选择的问题，降低投资者对小规模企业监督成本（Diamond，1984），金融发展将使小规模企业更容易融得资金。金融发展也涉及了金融市场中的竞争和市场化，随着金融规模扩张，金融体系资金供给增加，小规模企业将获得更多融资机会。

此外，与大规模企业相比，小规模企业可以采用更灵活的研发和投资机制，对流动性影响的响应也应更迅速（Harhoff，1998）。因此，可以推论出小规模企业的创新投入决策更容易受到金融发展的影响。

综上所述，本章提出如下假设：

假设 H5－3：金融发展对较小规模企业的影响大于大规模企业。

外部融资环境对不同研发强度的企业影响也存在差异，对于高研发投入的企业来说，首先，其研发活动需要更多的资金支持，在内源融资有限的前提下，对金融系统所提供的外部资金的依赖度更高；其次，高研发投入项目往往涉及较高技术复杂度，在项目投融资过程中存在更高的信息不对称性，并诱发更为严重的代理问题（钱水土等，2017），所以更易受到融资约束。唐清泉（2012）利用中国上市公司数据得出，企业创新投资依赖企业内部现金流的结论，以及探索式创新（既进行研发也进行开发）投资—现金流敏感性高于常规式创新（只进行开发）。Li（2007）研究发现，研发密度高的企业对融资约束更为敏感，高研发企业的企业价值与宏观经济冲击联系更密切，由此可以推论高研发企业更易受益于金融发展。此外，随着金融发展，金融体系信息收集处理能力增强，金融体系将能甄别出有价值的研发投资项目，提高资源配置效率，高研发投入企业的融资约束会得到进一步缓解。综上所述，本章提出如下假设：

假设 H5－4：相对于低研发水平企业，金融发展对较高研发水平企业的影响更大。

此外，我国区域金融体系建设、金融发展水平、产业结构等各方面都存在很大差异，这些差异也会影响金融发展的作用效果，由此提出如下假设：

假设 H5－5：不同地区金融发展对企业创新影响呈现差异性特征。

5.3 研究设计

5.3.1 实证模型设定

本章建立多元线性回归模型为：

$$RD_{it} = \alpha + \beta FD_{it} + \delta Control_{it} + Ind_j + Year_t + Reg_v + \varepsilon_{it} \quad (5-1)$$

其中，RD_{it}为被解释变量——i 企业在 t 年份的创新投入，本章采用研发强度和研发密度两个指标衡量，FD_{it}为核心解释变量——地区金融发展水平，$Control_{it}$表示控制变量综合，ε_{it}为随机误差项。本章涉及的控制变量包括资产报酬率（ROA）、营业收入增长率（growth）、托宾 Q 值（Q）、内部现金流（CF）、是否两职合一（dual）、资产负债率（lev）、股权集中度（Fshare）、企业规模（Size）、是否出口（export）、是否为国有企业（SOE），本章引入了行业、年份、地区的虚拟变量 Ind_j、$Year_t$、Reg_v，控制了行业固定效应、年份固定效应和地区固定效应。

5.3.2 样本选取和数据来源

本章以全体 A 股上市公司为初始研究样本，由于财政部于 2006 年出台了会计准则调整文件，上市公司自 2006 年之后开始规范披露研发费用，本章选取 2007 ~ 2018 年为样本区间。在样本筛选过程中，剔除了金融行业上市公司、ST 或 PT、当年 IPO、资产负债率大于 1、数据异常和缺失样本，最终得到 3056 家企业，共 17310 个企业—年份观测的非平衡面板数据。本章所有数据来源于 Wind 和 CSMAR 数据库，其中研发费用数据来自 Wind 数据和 CSMAR 数据库，出口信息来自 Wind 数据库，其余上市公司财务数据来自 CSMAR 数据库。

各省区市金融发展度量指标数据来源于《中国金融统计年鉴》、各省区市统计年鉴、《中国统计年鉴》和 Wind 数据库，客观来看，中国各省区市之间金融发展的差异性明显，为本章的研究提供了一个很好的研究实验环境。其中各省区市金融机构存款和贷款余额来自《中国金融统计年鉴》和各省区市统计年鉴；各省区市股权融资规模来自Wind数据库；各省区市股票市值来自《中国金融统计年鉴》，其中2018年浙江省股票总市值缺失数据由Wind数据库计算得出；各省区市GDP数据来自《中国统计年鉴》。本章因数据完整性原因剔除西藏自治区相关数据，所有样本数据涵盖中国除西藏以外共30个省区市（不包括港澳台）。

5.3.3　变量定义

5.3.3.1　被解释变量——创新投入的度量

本章参考以往文献研究（解维敏等，2011；唐清泉等，2015；周铭山等，2016；朱琳等，2020），采用研发密度（企业研发费用总额/总资产）作为企业创新投入代理变量，企业的资产规模一般较稳定，不会大幅变动，因此该指标更加具有可比性，用研发强度（研发费用总额/营业收入）作为替代变量进行稳健性检验，以确保本章实证结论的稳健性。研发费用为董事会报告中披露的企业研发资本化支出和费用化支出两部分的合计。研发密度和研发强度两个指标克服了企业规模因素的干扰，在企业之间更具可比性。同郭玥（2018）、夏清华等（2020）等研究一样，本章在实证研究中，为了方便于报告和观测显示结果，将研发密度和研发强度都乘以100作为被解释变量，不会影响结论显著性。

5.3.3.2　解释变量——金融发展的度量

本章关注的核心解释变量为地区金融发展水平。在指标选取方面，有许多学者（如解维敏等，2011；张杰等，2017）使用樊纲、王小鲁和朱恒鹏构造的金融市场化的指标来衡量金融发展水平，但是该指数在《中国分省份市场化指数报告2018》中只更新到2016年，2014年后金融业市场化指标衡量方法存在一定调整变化，且2010年后奇数年数据存在缺失，使用该指标的文献样本研究区间多为20世纪00年代，因此本章决定选取其他指标衡量中国地区金融发展水平，也丰富了研究切入角度。

Goldsmith（1969）提出的金融相关比率（即金融总资产与 GDP 的比值），已成为国内外文献衡量金融发展的经典指标。Levine（1997）提出用金融机构信贷总量与 GDP 比值来衡量地区的金融发展程度。本章在此基础上，参考 Hsu 等（2014）、Brown 等（2016）等研究，使用各地区当年贷款余额/GDP 来衡量中国地区金融机构发展水平 Fin。中国是个以间接融资为主的国家，该指标除了能衡量金融资产规模的发展外，还能较好地反映金融机构的融资功能。中国许多学者采用这种方法衡量区域金融发展水平（如张杰和高德步，2017；李红等，2018；庄毓敏等，2020），指标数值越大，表明金融发展水平越高。与此同时，借鉴孙俊杰等（2019）和庄毓敏等（2020），用各地区当年存贷款余额总和/GDP 作为金融机构发展的替代变量 Fin2，进行稳健性检验。

以上指标主要衡量了金融机构的发展情况，我国金融体系是以银行业为基础的间接金融市场为主，但近年来代表直接金融市场的股票市场发展迅猛，且股权融资是上市公司的重要融资渠道，本章也考虑引入指标来衡量股票市场发展程度。以往学者多选用地区上市公司股票市值总和来衡量股票市场发展程度（Hsu et al.，2014；李红等，2018），但是根据贾俊生等（2017）的研究，该指标在反映市场实际融资可得方面可能不够准确，一些不发达国家的股市总市值比率甚至远超美国，该指标也许会高估地区金融发展水平。为更好分析企业获得外部融资的程度及金融市场在筹集资金方面的重要性，借鉴贾俊生等（2017）和 Xu（2020），采用各省区市年度内股权融资规模（包括 IPO 直接股权融资和增发配股等间接股权融资）占 GDP 的比例反映各省区市股票市场的发展水平 Stock，该指标能较好地度量金融市场资源配置功能，能反映出地区股票市场活跃度。同时也参考申广军（2015）和李红等（2018），用各省区市上市公司股票市值占 GDP 比例，作为衡量股票市场发展程度的替代变量 Stock2，进行稳健性检验。

5.3.3.3 控制变量

本章控制变量选择与第 4 章一致，参考大量以往文献从多个角度选取控制变量，本章主要变量说明见表 5-1。

表 5-1　　主要变量定义

变量	定义	计算
被解释变量：企业创新投入		
RDTA	研发投入密度	rdta（研发费用/总资产）×100
RDIN	研发投入强度	rdin（研发费用/营业收入）×100
解释变量：金融发展		
Fin	银行业金融机构发展	参照 Hsu 等（2014）和李红等（2018）等文献做法，为各省区市年度金融机构贷款余额除以该省 GDP
Fin2	银行业金融机构发展的替代指标	参照庄毓敏等（2020）等文献做法，为各省区市年度金融机构存款加贷款余额总和除以该省 GDP
Stock	股票市场发展	参照贾俊生（2017）和 Xu（2020）的做法，为各省区市年度上市公司股权融资规模除以该省 GDP
Stock2	股票市场发展替代指标	参照 Hsu 等（2014）和李红等（2018）等文献做法，为各省区市年度股票总市值除以该省 GDP
控制变量		
ROA	资产报酬率	息税前利润/平均资产总额
growth	营业收入增长率	本期与上期营业收入之差除以上期营业收入
Q	托宾 Q 值	权益市场价值与负债账面价值之和除以总资产账面价值
CF	内部现金流	经营活动产生的现金流量净额/总资产
dual	两职合一	存在董事长和总经理为同一人情况 1，否则 0
lev	资产负债率	总负债/总资产
Fshare	股权集中度	第一大股东持股比例
Size	企业规模	Ln（总资产）
HHI	行业集中度	HHI 指数越小，说明行业的产品市场竞争越强
export	是否出口	出口 1，不出口 0
soe	是否国企	国企 1，非国企 0
year	年度虚拟变量	对应 2007～2018 年，12 个年份
Ind	行业虚拟变量	制造业取二级行业分类，其余取一级行业分类；共 46 个行业
Reg	地区虚拟变量	按国家统计局分类标准分为东、中、西、东北四个区域

5.3.4 变量描述性统计

主要变量描述统计结果如表 5－2 所示，Fin 均值为 1.41，略大于中位数 1.29，说明变量略呈右偏；Fin2 的统计分布特征与 Fin 相近，说明 Fin2 作为 Fin 的替代变量是合理可靠的，Fin2 均值 3.50 略大于中位数 3.05，最大最小值与中位数差距不算太大，变量分布略呈右偏。Stock 的均值为 0.01 小于中位数 0.02，变量呈右偏，且最大值 0.31 远大于均值和中位数，说明样本间变量数值差异性较大；Stock2 的统计分布特征与 Stock 相近，说明 Stock2 作为 Stock 的替代变量是合理可靠的，Stock2 变量样本分布呈右偏，且最大值远大于均值和中位数。进一步观察变量的变异系数（标准差与平均值的比值）可以发现，Stock 和 Stock2 的变异系数远大于 Fin2 和 Fin，说明相比于金融机构发展，我国省级行政区之间股票市场发展的不平衡程度更严重，这和本书第 3 章对区域金融发展不平衡性的描述分析结论一致。

表 5－2　主要变量描述性统计

变量	Min	Median	Max	Mean	SD	Obs
RDTA	0.01	1.63	9.35	1.96	1.77	17310
RDIN	0.01	3.16	24.79	3.89	4.14	17310
Fin	0.54	1.29	2.58	1.41	0.49	17310
Stock	0.00	0.01	0.31	0.02	0.04	17310
Fin2	1.29	3.05	8.13	3.50	1.53	17310
Stock2	0.04	0.43	20.72	1.01	1.75	17310
ROA	－0.17	0.06	0.26	0.06	0.06	17310
Size	19.87	21.87	26.02	22.06	1.24	17310
growth	－0.48	0.13	2.48	0.19	0.39	17310
CF	－0.15	0.04	0.23	0.04	0.07	17310
dual	0.00	0.00	1.00	0.27	0.44	17310
Q	0.90	1.69	8.14	2.10	1.26	17310

续表

变量	Min	Median	Max	Mean	SD	Obs
lev	0. 05	0. 41	0. 87	0. 42	0. 20	17310
Fshare	0. 86	0. 33	0. 74	0. 35	0. 14	17310
export	0	1	1	0. 67	0. 47	17310
SOE	0	0	1	0. 36	0. 48	17310
HHI	0. 01	0. 06	0. 59	0. 09	0. 08	17310

表5－2中，Fin和Fin2指标的均值和极值等变量统计结果与庄毓敏（2020）文献所示结果相近，Stock变量部分统计结果与Xu（2020）统计结果相近，标准差受样本容量影响存在一定差距。研发强度变量统计结果与郭玥（2018）和王洪盾（2020）较一致，研发密度变量统计结果与郭玥（2018）和李骏（2019）较一致，其他各变量分布均在合理范围内。

为了初步探索金融发展与企业创新投入之间的关系，我们将样本分为金融发展水平高和金融发展水平低两组金融变量描述统计。由于我国以间接金融市场为主，表5－3展示了按照金融机构发展水平Fin分组下的变量描述统计结果，与按照股票市场发展水平分组的主要统计结果大体一致。

表5－3　　按金融机构发展Fin分组的企业部分变量描述统计

stats	金融发展水平低				金融发展水平高			
	p50	mean	sd	N	p50	mean	sd	N
RDTA	1. 5034	1. 8098	1. 658	8662	1. 7530	2. 1101	1. 866	8648
RDIN	3. 0388	3. 4572	3. 590	8662	3. 3125	4. 3267	4. 593	8648
CF	0. 0407	0. 0429	0. 067	8662	0. 0421	0. 0437	0. 067	8648
lev	0. 4139	0. 4203	0. 201	8662	0. 4065	0. 4132	0. 201	8648
liq	1. 6400	2. 4725	2. 600	8662	1. 6904	2. 5175	2. 572	8648
growth	0. 1253	0. 1873	0. 387	8662	0. 1306	0. 2005	0. 402	8648

根据表5－3，可以发现高金融发展水平组的企业研发密度RDTA和研发强度RDIN，都明显高于低金融发展水平组，与本章的研究预期一致。对两组的RDTA和RDIN变量做均值t检验和中位数z检验，结果表明两组之

间变量均值和中位数差异性在 1% 水平上是都显著。此外，对比发现高金融发展水平组企业内部现金流更加充裕，且拥有更低的财务杠杆率和更高的流动比率，说明金融发达地区企业财务状况更加良好。此外，高金融发展水平组的企业成长性也好于低金融发展水平组，符合经验判断。按照金融发展水平高有利于缓解企业融资约束的理论推断，表 5 – 3 的结果与第 4 章融资约束分组下变量描述统计结果相呼应。

表 5 – 4 为主要变量 Person 相关系数矩阵结果，金融机构发展水平 Fin 和股票市场发展水平 Stock 与企业研发密度 RDTA 的相关系数显著正相关，符合预期，其他控制变量与被解释变量相关系数都显著，说明了控制变量选择的合理性。相关系数矩阵结果显示回归模型中不存在高度相关的自变量，此外，本章对基准模型中自变量都进行了方差膨胀因子检验，满足方差膨胀因子 VIF 值远小于 10，回归模型中不存在较重的多重共线性问题。

表 5 – 4　　相关系数矩阵

变量	RDTA	Fin	Stock	CF	ROA	Q	dual
RDTA	1.000						
Fin	0.106***	1.000					
Stock	0.043***	0.612***	1.000				
CF	0.081***	–0.008	–0.004	1.000			
ROA	0.089***	–0.012	0.012	0.394***	1.000		
Q	0.204***	0.036***	0.114***	0.115***	0.146***	1.000	
dual	0.121***	0.038***	0.001	–0.021***	0.026***	0.051***	1.000
Size	–0.212***	0.123***	0.100***	0.057***	0.047***	–0.389***	–0.172***
growth	0.028***	0.011	0.044***	0.006	0.247***	0.021***	0.035***
lev	–0.244***	–0.041***	–0.007	–0.148***	–0.235***	–0.275***	–0.156***
Fshare	–0.096***	0.046***	0.049***	0.095***	0.097***	–0.106***	–0.045***
export	0.118***	–0.038***	–0.052***	–0.011	–0.032***	–0.066***	0.054***
SOE	–0.192***	–0.023***	0.057***	0.008	–0.073***	–0.125***	–0.298***
HHI	0.046***	0.067***	0.068***	0.017**	–0.002	0.018**	–0.020***

续表

变量	Size	growth	lev	Fshare	export	SOE	HHI
Size	1. 000						
growth	0. 045 ***	1. 000					
lev	0. 506 ***	0. 026 ***	1. 000				
Fshare	0. 216 ***	-0. 008	0. 079 ***	1. 000			
export	0. 024 ***	0. 011	0. 009	-0. 026 ***	1. 000		
SOE	0. 352 ***	-0. 086 ***	0. 341 ***	0. 218 ***	-0. 071 ***	1. 000	
HHI	-0. 024 ***	0. 002	-0. 021 ***	0. 025 ***	-0. 095 ***	0. 031 ***	1. 000

注：*** 、** 、* 分别表示在 1% 、5% 和 10% 的水平显著。

5.4 金融发展对企业创新投入影响的实证分析

5.4.1 基准回归结果

表 5 -5 为金融发展对企业创新投入影响的回归结果，基准回归中用研发投入密度 RDTA 来衡量企业创新投入水平。

表 5 -5　　金融发展对企业创新投入的影响

变量	(1)	(2)	(3)	(4)	(5)	(6)
	RDTA	RDTA	RDTA	RDTA	RDTA	RDTA
Fin	0. 112 *** (3. 81)	0. 185 *** (7. 11)	0. 160 *** (5. 55)			
Stock				0. 899 ** (2. 33)	2. 238 *** (6. 05)	1. 506 *** (3. 99)
ROA		1. 909 *** (6. 72)	1. 822 *** (6. 48)		1. 903 *** (6. 70)	1. 811 *** (6. 44)
Size		-0. 119 *** (-8. 19)	-0. 123 *** (-8. 56)		-0. 117 *** (-8. 07)	-0. 120 *** (-8. 38)

续表

变量	(1)	(2)	(3)	(4)	(5)	(6)
	RDTA	RDTA	RDTA	RDTA	RDTA	RDTA
growth		0.001 (0.03)	0.005 (0.18)		-0.004 (-0.15)	0.002 (0.07)
CF		2.042*** (9.77)	1.955*** (9.43)		2.051*** (9.81)	1.953*** (9.42)
dual		0.087*** (3.19)	0.079*** (2.90)		0.089*** (3.24)	0.080*** (2.94)
Q		0.152*** (9.53)	0.151*** (9.50)		0.152*** (9.56)	0.151*** (9.58)
lev		-0.403*** (-5.39)	-0.368*** (-4.96)		-0.410*** (-5.49)	-0.376*** (-5.06)
Fshare		-0.030 (-0.38)	-0.026 (-0.33)		-0.013 (-0.17)	-0.015 (-0.20)
export		0.257*** (9.51)	0.225*** (8.27)		0.260*** (9.64)	0.224*** (8.21)
SOE		-0.032 (-1.11)	0.009 (0.33)		-0.038 (-1.31)	0.011 (0.38)
HHI		-0.467 (-1.16)	-0.466 (-1.16)		-0.443 (-1.10)	-0.445 (-1.11)
_cons	1.801*** (41.97)	3.824*** (12.19)	3.961*** (12.69)	1.939*** (135.26)	3.987*** (12.65)	4.089*** (13.06)
Year	Yes	Yes	Yes	Yes	Yes	Yes
Ind	Yes	Yes	Yes	Yes	Yes	Yes
Reg	Yes	No	Yes	Yes	No	Yes
N	17310	17310	17310	17310	17310	17310
R^2	0.293	0.328	0.339	0.292	0.328	0.338

注：*、**、*** 表示在 10%、5%、1% 水平显著，括号内为异方差稳健性调整后 t 值（后面简称稳健性 t 值）。Year、Ind 和 Reg 的 Yes 代表对年份、行业和地区固定效应的控制，_cons 为常数项，N 为观测数。

表5-5中列（1）至列（3）为金融机构发展对企业创新的回归结果。列（1）中控制了年份、行业和地区固定效应，仅包括Fin一个解释变量，从实证估计结果可知，金融机构发展对企业创新投入存在显著正向影响。仅仅考虑一个自变量的回归结果并不严谨，于是在列（1）基础上加入控制变量，结果如列（3）所示，Fin的回归系数为0.160且在1%的水平上显著，说明金融机构发展显著促进了企业创新投入，验证了假设H5-1。由于许多企业创新方面相关文献实证研究模型都只控制了年份行业固定效应，因此本章也给出了控制年份和行业固定效应的回归结果列（2），回归结果仍然验证假设H5-1，并且可以看出加入了地区固定效应的列（3）的R^2值大于列（2），说明加入地区固定效应后模型的拟合优度增加了。

表5-5中列（4）至列（6）为股票市场发展对企业创新的回归结果。列（4）中控制了年份、行业和地区固定效应，仅包括Stock一个解释变量，实证估计结果显示，股票市场发展对企业创新投入存在显著正向影响。仅仅考虑一个自变量的回归结果并不严谨，于是在列（1）基础上加入控制变量，结果如列（3）所示，Stock的回归系数为1.506且在1%的水平上显著，说明股票市场发展显著促进了企业创新投入，验证了假设H5-1。列（2）显示了只控制年份和行业固定效应的回归结果，实证结果仍然验证假设H5-1。

本节实证结果表明，银行业金融机构发展和股票市场发展都对企业创新投入有很显著的促进作用。

5.4.2　金融发展对不同所有制企业创新投入的影响

企业所有制性质不同，金融发展对企业创新投入的影响也有所区别。本章根据企业最终控制人类型将样本上市公司分为两组，进一步观测金融发展对企业创新投入的影响见表5-6，一组是非国有企业组，模型回归结果为表5-6中列（1）和列（2），另一组是国有企业组，模型回归结果为列（3）和列（4）。从回归结果来看，对非国有企业来说，衡量金融发展的金融机构发展和股票市场发展的影响系数都为正（系数分别为0.326和

4.018)，且均在1%水平上高度显著。而对国有企业来说，金融机构发展和股票市场发展的回归系数都不显著。实证结果表明，相比于对国有企业的影响，金融机构发展和股票市场发展对非国有企业影响更显著，假设H5-2成立。

表5-6　　金融发展对不同所有制企业创新投入的影响

变量	非国有企业		国有企业	
	(1)	(2)	(3)	(4)
	RDTA	RDTA	RDTA	RDTA
Fin	0.326*** (8.10)		-0.016 (-0.38)	
Stock		4.018*** (6.40)		-0.229 (-0.51)
ROA	1.429*** (4.31)	1.434*** (4.32)	2.797*** (7.24)	2.799*** (7.23)
Size	-0.068*** (-2.98)	-0.068*** (-2.99)	-0.183*** (-10.02)	-0.183*** (-10.05)
growth	-0.012 (-0.33)	-0.019 (-0.50)	0.057 (1.25)	0.058 (1.26)
CF	2.476*** (9.51)	2.509*** (9.62)	1.007*** (3.05)	1.007*** (3.06)
dual	0.101*** (3.27)	0.103*** (3.35)	0.026 (0.48)	0.026 (0.48)
Q	0.201*** (10.11)	0.201*** (10.14)	0.035 (1.38)	0.035 (1.39)
lev	-0.404*** (-4.03)	-0.410*** (-4.08)	-0.376*** (-3.37)	-0.376*** (-3.37)
Fshare	-0.030 (-0.28)	-0.021 (-0.20)	0.195 (1.62)	0.196 (1.62)

续表

变量	非国有企业		国有企业	
	(1)	(2)	(3)	(4)
	RDTA	RDTA	RDTA	RDTA
export	0.200*** (5.54)	0.201*** (5.56)	0.296*** (6.99)	0.296*** (6.96)
HHI	-0.573 (-1.23)	-0.549 (-1.17)	-0.198 (-0.24)	-0.200 (-0.24)
_cons	2.609*** (5.28)	2.981*** (6.06)	5.356*** (12.94)	5.341*** (12.87)
Year & Ind & Reg	Yes	Yes	Yes	Yes
N	11063	11063	6246	6246
R^2	0.313	0.311	0.374	0.374

注：*、**、***表示在10%、5%、1%水平显著，括号内为稳健性t值。

第4章研究结论表明，非国有企业创新投入对融资约束更敏感，相对于国有企业，非国有企业自身积累有限，缺少政府扶持，其创新活动更依赖于金融体系资金支持。金融发展有利于改善企业融资环境，使企业更容易获得低成本稳定的资金来源，所以非国有企业能更受益于金融发展。金融发展会扩大非国有企业创新的资金来源和融资渠道，金融发展往往伴随金融体系的竞争化和市场化，有利于非国有企业获得更多融资机会。此外，私营企业更有动力进行创新来提高自身竞争力，因此获得融资后会将更多资金用于创新投资。

5.4.3 金融发展对不同规模企业创新投入的影响

企业规模大小不同，金融发展对企业创新投入的影响也有所差别。本章根据企业规模变量 Size 大小将样本等距分为两组，进一步观测融资约束对企业创新投入的影响见表 5-7，一组是小规模企业组，模型回归结果为表5-7中列（1）和列（2），另一组是大规模企业组，模型回归结果为列（3）

和列（4）。从回归结果来看，对较小规模企业来说，衡量金融发展的金融机构发展和股票市场发展的影响系数都为正（系数分别为0.268和3.097），且均在1%水平上高度显著。而对较大规模企业来说，金融机构发展和股票市场发展的回归系数为正，但是都不显著。实证结果表明，相比于大规模企业，金融机构发展和股票市场发展更显著地促进了较小规模企业创新投入，假设H5-3成立。金融发展有利于增加企业融资机会、降低企业融资成本，更依赖外部融资且对融资约束更敏感的小规模企业会更受益于金融发展。

表5-7　金融发展对不同规模企业创新投入的影响

变量	小规模企业		大规模企业	
	(1)	(2)	(3)	(4)
	RDTA	RDTA	RDTA	RDTA
Fin	0.268*** (6.04)		0.058 (1.58)	
Stock		3.097*** (5.03)		0.137 (0.30)
ROA	1.503*** (3.85)	1.504*** (3.86)	1.897*** (5.79)	1.880*** (5.74)
Size	-0.117*** (-2.91)	-0.118*** (-2.93)	-0.084*** (-4.19)	-0.080*** (-4.03)
growth	0.157*** (2.88)	0.151*** (2.77)	-0.097*** (-2.87)	-0.097*** (-2.88)
CF	2.212*** (7.32)	2.215*** (7.32)	1.635*** (6.05)	1.628*** (6.03)
dual	0.073* (1.92)	0.074** (1.96)	0.078** (2.02)	0.079** (2.03)
Q	0.106*** (5.44)	0.105*** (5.41)	0.294*** (9.00)	0.295*** (9.08)
lev	-0.647*** (-5.98)	-0.650*** (-6.00)	-0.024 (-0.24)	-0.033 (-0.34)

续表

变量	小规模企业		大规模企业	
	(1)	(2)	(3)	(4)
	RDTA	RDTA	RDTA	RDTA
Fshare	-0.415*** (-3.23)	-0.431*** (-3.35)	0.335*** (3.37)	0.349*** (3.50)
export	0.204*** (5.02)	0.207*** (5.08)	0.222*** (6.01)	0.219*** (5.95)
SOE	0.031 (0.67)	0.028 (0.59)	0.006 (0.16)	0.009 (0.24)
HHI	-1.017** (-2.06)	-0.987** (-2.00)	-0.811 (-1.08)	-0.786 (-1.04)
_cons	4.170*** (4.87)	4.493*** (5.24)	2.613*** (5.84)	2.603*** (5.77)
Year & Ind & Reg	Yes	Yes	Yes	Yes
N	8624	8624	8686	8686
R^2	0.288	0.287	0.390	0.390

注：*、**、***表示在10%、5%、1%水平显著，括号内为稳健性t值。

本章的结论与第4章实证结论相互印证，分别从宏观金融发展和微观企业融资角度，验证了外部资金可得性对企业创新的重要性，以及外部资金可得性对小规模企业和非国有企业创新投入影响更大。

5.4.4 金融发展对不同研发水平企业创新投入的影响

企业研发水平不同，金融发展对企业创新投入的影响也有所差别。高研发投入项目往往涉及更高的专业性和复杂性技术内容，在项目投融资过程中存在更高的信息不对称性；且企业研发投入水平越高，往往需要越多资金支持，所以会对金融系统所提供的外部资金的依赖度越高，越易受益于金融发展。本章根据企业研发投入强度大小将样本等距分为两组，进一步观测金融发展对企业创新投入的影响见表 5-8，一组是低研发强度样本组，模型回归结果为表 5-8 中列（1）和列（2），另一组是高研发强度样本组，模型回归结果为列（3）和列（4）。

表 5-8　　　金融发展对不同研发强度企业创新投入的影响

变量	低研发强度		高研发强度	
	(1)	(2)	(3)	(4)
	RDIN	RDIN	RDIN	RDIN
Fin	0.075*** (3.61)		0.225*** (5.01)	
Stock		0.174 (0.78)		2.969*** (4.64)
ROA	1.376*** (6.35)	1.359*** (6.29)	2.024*** (4.88)	2.032*** (4.90)
Size	-0.125*** (-12.45)	-0.121*** (-12.19)	-0.009 (-0.36)	-0.009 (-0.36)
growth	0.021 (1.01)	0.020 (0.98)	0.049 (0.95)	0.041 (0.78)
CF	1.332*** (8.04)	1.323*** (7.99)	2.563*** (7.48)	2.579*** (7.51)
dual	0.024 (1.02)	0.023 (1.00)	-0.001 (-0.02)	0.001 (0.03)
Q	-0.020* (-1.90)	-0.018* (-1.75)	0.253*** (11.12)	0.253*** (11.14)
lev	-0.145** (-2.54)	-0.156*** (-2.73)	0.704*** (5.80)	0.706*** (5.81)
Fshare	0.274*** (4.18)	0.287*** (4.38)	-0.015 (-0.12)	-0.000 (-0.00)
export	0.190*** (9.72)	0.189*** (9.66)	0.014 (0.28)	0.014 (0.29)

续表

变量	低研发强度		高研发强度	
	(1)	(2)	(3)	(4)
	RDIN	RDIN	RDIN	RDIN
SOE	-0.053** (-2.48)	-0.048** (-2.25)	0.293*** (6.06)	0.289*** (5.99)
HHI	0.336 (1.40)	0.341 (1.42)	-0.129 (-0.24)	-0.122 (-0.23)
_cons	3.355*** (15.37)	3.362*** (15.35)	1.744*** (3.26)	1.993*** (3.73)
Year & Ind & Reg	Yes	Yes	Yes	Yes
N	8655	8655	8655	8655
R^2	0.263	0.262	0.241	0.240

注：*、**、*** 表示在 10%、5%、1% 水平显著，括号内为稳健性 t 值。

从回归结果来看，由表 5-8 中列（1）和列（3）可知，金融机构发展对两组企业创新投入回归系数都为正，且都在 1% 水平上高度显著，进一步观察结果，金融机构发展对高研发水平企业创新投入回归系数 0.225，明显高于金融机构发展对低研发水平企业创新投入回归系数 0.075，说明金融机构发展对高研发强度的企业促进作用更大。从列（2）和列（4）可知，股票市场发展对两组企业创新投入回归系数都为正，但只与高研发组创新投入的正相关性在 1% 水平上高度显著，而与低研发组的正相关性不显著，且 Stock 对高研发水平企业回归系数 2.969 也明显高于对低研发水平企业回归系数 0.174，说明相比于低研发强度的企业，股票市场发展显著促进了高研发强度的企业创新投入。综上所述，假设 H5-4 成立。

以上差异性检验是按照研发投入强度 RDIN 为依据进行分组，为确保结论稳健，不受分组标准的影响，本章改以研发投入密度 RDTA 为分组依据再次分组检验。根据企业研发投入密度大小将样本等距分为两组，回归结果如表 5-9 所示。

表 5 - 9　　金融发展研发密度对企业创新投入的影响

变量	低研发密度		高研发密度	
	(1)	(2)	(3)	(4)
	RDTA	RDTA	RDTA	RDTA
Fin	0.043*** (3.75)		0.168*** (3.99)	
Stock		0.315** (2.26)		2.328*** (3.72)
_cons	2.127*** (18.29)	2.147*** (18.38)	1.568*** (3.24)	1.770*** (3.65)
控制变量	Yes	Yes	Yes	Yes
Year & Ind & Reg	Yes	Yes	Yes	Yes
N	8655	8655	8655	8655
R^2	0.346	0.345	0.209	0.209

注：*、**、*** 表示在 10%、5%、1% 水平显著，括号内为稳健性 t 值。

表 5 - 9 实证结果显示，金融机构发展对两组企业创新投入回归系数都为正，且都在 1% 水平上显著，其中高研发密度组的回归系数明显大于低研发密度组。股票市场发展对两组企业创新投入回归系数都为正，其中高研发密度组的回归系数的显著性和系数大小都明显高于低研发密度组。以上实证结果表明，金融发展对高研发水平的企业创新投入促进作用更强，进一步验证假设 H5 - 4。

5.4.5　不同区域金融发展对企业创新投入影响

针对东、中、西和东北四个不同区域金融发展对企业创新投入影响的实证结果如表 5 - 10 和表 5 - 11 所示。从第 3 章中国区域金融发展的描述性分析可知，由于区域金融发展不平衡，我国一半以上的上市公司都集中在东部地区，因此本章样本中属于东部地区的企业居多。

表5-10　　不同区域金融机构发展对企业创新投入的影响

变量	东部	东北	中部	西部
	(1)	(2)	(3)	(4)
	RDTA	RDTA	RDTA	RDTA
Fin	0.219*** (6.92)	0.430* (1.71)	0.174 (0.99)	-0.337*** (-4.33)
_cons	4.060*** (10.15)	2.740** (2.51)	2.182** (2.19)	4.872*** (7.58)
控制变量	Yes	Yes	Yes	Yes
Year&Ind	Yes	Yes	Yes	Yes
N	11703	799	2581	2222
R^2	0.326	0.496	0.351	0.379

注：*、**、*** 表示在10%、5%、1%水平显著，括号内为稳健性t值。

表5-11　　不同区域股票市场发展对企业创新投入的影响

变量	东部	东北	中部	西部
	(1)	(2)	(3)	(4)
	RDTA	RDTA	RDTA	RDTA
Stock	2.314*** (5.24)	0.244 (0.08)	-0.701 (-0.14)	-0.456 (-0.67)
_cons	4.241*** (10.55)	3.168*** (2.89)	2.331** (2.38)	4.387*** (6.93)
控制变量	Yes	Yes	Yes	Yes
Year&Ind	Yes	Yes	Yes	Yes
N	11703	799	2581	2222
R^2	0.325	0.493	0.351	0.375

注：*、**、*** 表示在10%、5%、1%水平显著，括号内为稳健性t值。

从银行业金融机构发展来看，东部地区银行业金融机构发展显著促进了企业创新，Fin估计系数在1%水平上显著；东北部地区的金融机构促进效果较弱，Fin 估计系数在 10% 水平上显著；而中部地区金融机构作用不显著，西部地区金融机构发展反而抑制了企业创新。从股票市场发展来看，东部地区股票市场显著促进了企业创新，而其他区域股票市场产生的影响都不显著。这说明东北和中西部地区金融深化和股票市场融资规模增加并没有有效带动企业创新，这些地区的资源配置效率没有显著改善，金融体系没有与创新驱动发展战略良好匹配。

从分区域角度总结，东部地区的金融机构发展和股票市场发展都能有效支持企业创新；而东北部地区金融机构发展对企业创新具有一定促进作用，相比之下股票市场的作用发挥更需要加强；中部地区金融机构和股票市场都没有有效发挥创新支持作用；西部地区的金融机构发展和创新驱动发展战略的不匹配程度最高，西部地区金融深化抑制了企业创新投入，股票市场也同样没能发挥作用，结合第 3 章的现状分析，东部地区整体长期表现出的高研发强度和西部地区长期表现出的低研发强度，与区域金融发展和金融体系的创新支持作用不无关系，西部地区亟待进行与创新驱动发展战略匹配的金融体系改革。我国应改善金融发展的区域不平衡性，特别是西部地区要重点提升信贷资源的配置效率，关注资金流向，让更多银行信贷资金流向企业创新研发项目。

5.4.6 分位数回归检验

本小节进一步采用分位数回归估计方法，检验金融发展对不同条件分布下企业创新投入的影响。

传统回归分析主要关注均值，传统最小二乘回归模型实际是均值回归，主要考察解释变量 x 对被解释变量 y 的条件期望 $E(y|x)$ 的影响，而分位数回归估计的是解释变量 x 与被解释变量 y 的不同分位数之间的相关关系。OLS 回归估计量计算基于残差平方和（$\sum_{i-1}^{n} e_i^2$）的最小化，所以估计结果容易受到极端值的影响，而分位数回归使用残差绝对值的加权平均作为最小化目标函数，估计结果不容易受到极端值影响。

分位数回归模型 $Q_q(RD_{it} \mid X_{it}) = X_{it}^T\beta_q$，$Q_q(RD_{it} \mid X_{it})$ 为被解释变量 RD_{it} 在 q 分位下的条件分布数，X_{it} 为本章基准多元线性回归模型（5-1）中包括年份、行业、区域虚拟变量在内的所有解释变量，$0<q<1$，q 分位下的回归系数估计量 $\hat{\beta}_q$ 可以由如下最小化问题来定义：

$$\min_{\beta_q} = \sum_{i:y_i \geqslant x_i'\beta_q}^{n} q \left| y_i - x_i'\beta_q \right| + \sum_{i:y_i < x_i'\beta_q}^{n} (1-q) \left| y_i - x_i'\beta_q \right| \tag{5-2}$$

当 $q=1/2$ 时为中位数回归，此时目标函数可简化为 $\min_{\beta_q} = \sum_{i}^{n} \left| y_i - x_i'\beta_q \right|$，所以中位数回归也被称为最小绝对离差估计。分位数回归有两方面优势：第一，分位数回归对随机误差项没有强假设条件要求，能够避免传统最小二乘法在出现离群值和异方差时估计上的不足，所以分位数系数估计更加稳健；第二，分位数回归可以观察到因变量分布的尾部，更全面刻画因变量条件分布的全貌，以及通过拟合一簇曲线，更精准地描述自变量对因变量在不同分布水平下的影响。

表5-12显示了金融机构发展和股票市场发展对企业创新投入25%、50%和75%的分位数回归结果，Fin 和 Stock 的估计系数始终为正且在5%或1%水平上显著，可以表明金融发展能促进企业创新投入的结论是稳健的。50%分位数和75%分位数金融机构发展和股票市场发展的估计系数明显大于较低的25%分位数下的估计系数，进一步验证了金融机构和股票市场对研发水平较高的企业促进作用更大。进一步将表5-12结果与表5-5对比，回归结果显示，金融机构贷款余额/GDP每增加1能使RDTA中位数增加约0.129，略小于对RDTA均值的影响（均值约增加0.160），股票市场发展对企业创新投入中位数的影响也小于对均值的影响。

表5-12　金融发展对企业创新投入（RDTA）的分位数回归结果

变量	(1) q25	(2) q50	(3) q75	(4) q25	(5) q50	(6) q75
	RDTA	RDTA	RDTA	RDTA	RDTA	RDTA
Fin	0.091*** (5.53)	0.129*** (5.88)	0.124*** (3.97)			

续表

变量	(1) q25	(2) q50	(3) q75	(4) q25	(5) q50	(6) q75
	RDTA	RDTA	RDTA	RDTA	RDTA	RDTA
Stock				0.526** (2.51)	1.135*** (3.60)	1.236*** (3.18)
ROA	1.577*** (9.45)	2.057*** (10.48)	1.922*** (5.10)	1.593*** (7.79)	2.030*** (13.69)	1.951*** (5.80)
Size	-0.114*** (-12.14)	-0.160*** (-12.44)	-0.154*** (-8.86)	-0.110*** (-10.35)	-0.157*** (-13.95)	-0.162*** (-10.01)
growth	-0.007 (-0.42)	-0.035 (-1.25)	-0.003 (-0.08)	-0.011 (-1.06)	-0.035 (-1.44)	-0.003 (-0.08)
CF	1.011*** (6.13)	1.538*** (8.22)	2.248*** (8.34)	0.977*** (6.18)	1.582*** (8.73)	2.271*** (8.33)
dual	0.037** (2.24)	0.036* (1.95)	0.074** (2.42)	0.033 (1.64)	0.038* (1.65)	0.070 (1.56)
Q	0.015 (1.34)	0.067*** (4.97)	0.195*** (8.06)	0.017 (1.51)	0.070*** (4.54)	0.187*** (7.58)
lev	-0.409*** (-7.93)	-0.352*** (-4.26)	-0.328*** (-3.96)	-0.435*** (-8.21)	-0.340*** (-4.40)	-0.326*** (-3.14)
Fshare	0.085** (1.98)	0.222*** (3.51)	-0.006 (-0.06)	0.093* (1.76)	0.213*** (3.81)	0.006 (0.06)
export	0.229*** (11.87)	0.302*** (12.92)	0.277*** (9.04)	0.227*** (19.40)	0.309*** (11.56)	0.274*** (9.98)
SOE	-0.046** (-2.32)	-0.030 (-1.33)	-0.006 (-0.18)	-0.043* (-1.78)	-0.037 (-1.40)	-0.002 (-0.07)
HHI	-0.178 (-0.78)	-0.379 (-0.99)	-0.580 (-1.13)	-0.147 (-0.45)	-0.380 (-0.59)	-0.636 (-0.70)
_cons	1.646*** (7.78)	2.421*** (9.35)	0.124*** (3.97)	1.598*** (6.81)	2.383*** (9.01)	2.960*** (8.20)

续表

变量	(1) q25	(2) q50	(3) q75	(4) q25	(5) q50	(6) q75
	RDTA	RDTA	RDTA	RDTA	RDTA	RDTA
Year & Ind & Reg	Yes	Yes	Yes	Yes	Yes	Yes
N	17310	17310	17310	17310	17310	17310
Pseudo R^2	0. 217	0. 224	0. 233	0. 216	0. 224	0. 233

注：*、**、*** 表示在10%、5%、1%水平显著，括号内为t值，采用分位数回归模型估计。

观察控制变量，企业盈利能力ROA对中间分位企业的促进作用大于对两端分位企业的影响；企业内部现金流充裕度CF对企业创新投入的促进作用随着研发密度升高而增强；企业投资机会的托宾Q值对高分位数的企业创新投入水平促进作用更强；企业资产负债率Lev在三个分位数下回归估计系数都显著为负，对企业创新投入的抑制作用随着企业研发密度增加而减小；企业股权集中度Fshare对中间分位企业的影响大于对高分位和低分位企业的影响。

图5-1显示了RDTA分位数回归中Fin和Stock的系数估计曲线，刻画了核心解释变量金融机构发展和股票市场发展对企业研发密度RDTA边际贡献的变化情况。其中，横坐标为被解释变量的分位数，纵坐标为解释变量的估计系数。左右两图均表现为非线性波动，但整体呈上升趋势，Fin和Stock的估计系数始终大于0，说明金融机构发展和股票市场发展对高创新投入水平企业影响更大。阴影区域表示估计系数的95%置信区间，系数的置信区间变宽说明系数估计值的标准差在逐渐变大，系数估计值的波动性在增强。进一步结合表5-13中RDTA在1/10至9/10分位数回归中Fin和Stock的系数估计结果可得出，金融机构发展Fin对研发密度在各分位数下回归系数都显著，且在RDTA分布两端（为0~0.2和0.8~1），金融发展对研发密度的边际贡献随着企业研发密度增加而较大幅度增加，而金融发展对中间分位企业的边际贡献比较稳定。股票市场对RDTA中间分位企业（0.3~0.7）影响系数显著，而在较低分位点0.1、0.2和较高分位点0.8、0.9的回归系数都不显著，说明相对于极高研发密度水平和极低研发密度水平，股票市场发展对研发密度处于中间水平的企业起到更显著的促

进作用；在中间分布区域，随着企业研发密度增加，相比于金融机构发展，股票市场发展对研发密度的边际贡献增加幅度较大。

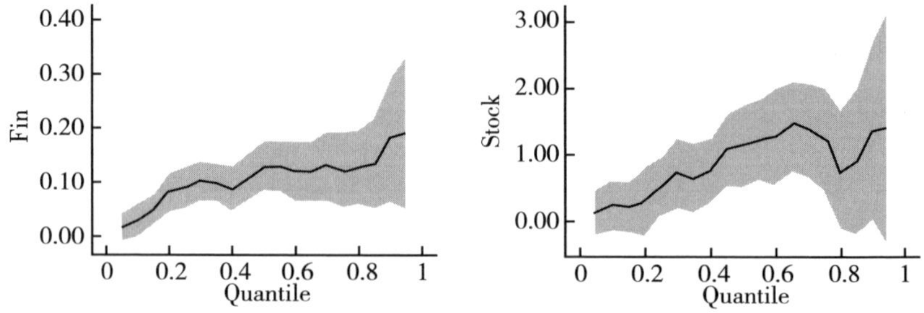

图 5 -1　企业研发密度 RDTA 分位数回归中金融机构发展和股票市场发展的系数估计曲线

表 5 -13　企业研发密度（RDTA）分位数回归中 Fin 和 Stock 的系数估计结果

RDTA 分位数	自变量 Fin			自变量 Stock		
	估计系数	t 值	P 值	估计系数	t 值	P 值
0. 1	0. 031	2. 25	0. 024	0. 236	1. 64	0. 101
0. 2	0. 081	3. 53	0. 000	0. 302	1. 45	0. 147
0. 3	0. 103	4. 47	0. 000	0. 720	3. 09	0. 002
0. 4	0. 089	4. 08	0. 000	0. 763	2. 85	0. 004
0. 5	0. 129	5. 01	0. 000	1. 135	3. 68	0. 000
0. 6	0. 123	4. 28	0. 000	1. 282	3. 62	0. 000
0. 7	0. 130	3. 43	0. 000	1. 379	4. 29	0. 000
0. 8	0. 129	2. 91	0. 004	0. 762	1. 40	0. 162
0. 9	0. 180	2. 78	0. 005	1. 355	1. 62	0. 106

图 5 -2 展示了研发强度 RDIN 分位数回归中 Fin 和 Stock 的系数估计曲线，反映了核心解释变量金融机构发展和股票市场发展对企业研发密度 RDTA 边际贡献的变化情况。左右两图均表现为非线性波动，但整体呈明显的上升趋势，Fin 和 Stock 的估计系数始终大于 0。进一步结合表 5 - 14

中 RDIN 在 1/10 至 9/10 分位数回归中 Fin 和 Stock 的系数估计结果可得出，金融机构发展 Fin 和股票市场发展 Stock 对研发密度在较低分位点回归系数不显著，但两者对研发密度中等分位和高分位点的回归系数都在 1% 或 5% 水平上显著。随着企业研发强度提升，金融机构发展和股票市场发展对企业研发强度的促进作用也在较小波动中不断上升，且在研发强度处于高水平阶段时，金融机构发展和股票市场发展的边际效用更大，进一步说明了金融发展对企业创新投入的重要性。

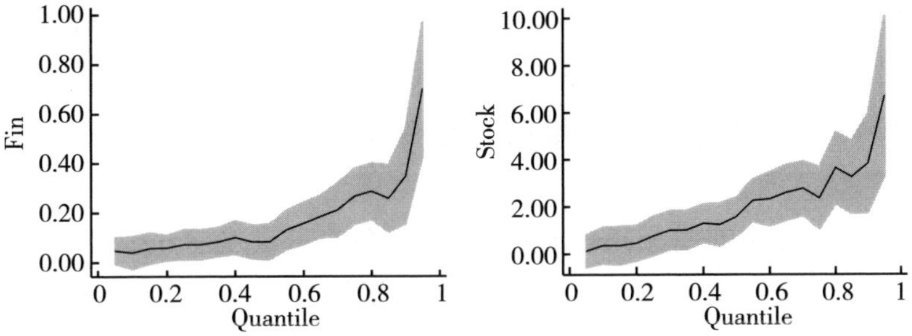

图 5－2　企业研发强度 RDIN 分位数回归中金融机构发展和股票市场发展的系数估计曲线

表 5－14　企业研发强度（RDIN）分位数回归中 Fin 和 Stock 的系数估计结果

RDIN 分位数	自变量 Fin			自变量 Stock		
	估计系数	t 值	P 值	估计系数	t 值	P 值
0. 1	0. 040	1. 21	0. 225	0. 364	1. 07	0. 285
0. 2	0. 059	1. 53	0. 127	0. 461	1. 08	0. 280
0. 3	0. 073	1. 43	0. 152	1. 004	2. 82	0. 005
0. 4	0. 101	2. 63	0. 008	1. 296	3. 28	0. 001
0. 5	0. 084	2. 18	0. 029	1. 576	4. 00	0. 000
0. 6	0. 158	3. 50	0. 000	2. 328	4. 19	0. 000
0. 7	0. 212	4. 44	0. 000	2. 772	2. 98	0. 003
0. 8	0. 287	4. 91	0. 000	3. 643	3. 18	0. 001
0. 9	0. 346	3. 24	0. 001	3. 834	2. 26	0. 024

5.5 稳健性检验

前面实证检验得出，金融发展（金融机构发展和股票市场发展）显著促进了企业创新投入，且相比于国有企业，金融发展对非国有企业的创新投入的促进作用更强；相比于较大规模企业，金融发展对较小规模企业的创新投入促进作用更强；相比于研发水平较低企业，金融发展对高研发企业创新投入促进作用更强。本节为以上结果提供进一步的稳健性检验。

5.5.1 替换被解释变量的衡量指标

为了消除可能的由于指标选取方式带来的对于结果的影响，本章参照以往文献，用研发投入强度指标 RDIN 替换被解释变量，再次实证检验本章主要结论，实证结果如表 5－15 和表 5－16 所示。

表 5－15　以 RDIN 为被解释变量的稳健性检验：金融机构发展对企业创新投入的影响

变量	全样本	非国有企业	国有企业	小规模企业	大规模企业	低研发企业	高研发企业
	(1)	(2)	(3)	(4)	(5)	(6)	(7)
	RDIN	RDIN	RDIN	RDIN	RDIN	RDIN	RDIN
Fin	0.500*** (7.21)	0.889*** (8.80)	－0.056 (－0.64)	0.795*** (6.93)	0.250*** (3.22)	0.049** (2.12)	0.792*** (7.05)
_cons	4.918*** (8.04)	1.998** (2.03)	6.678*** (8.26)	1.110 (0.53)	3.354*** (4.53)	4.012*** (17.80)	－0.526 (－0.50)
控制变量	Yes	Yes	Yes	Yes	Yes	Yes	Yes
Year & Ind & Reg	Yes	Yes	Yes	Yes	Yes	Yes	Yes
N	17310	11063	6246	8624	8686	8655	8655
R^2	0.396	0.383	0.356	0.372	0.406	0.347	0.307

注：*、**、*** 表示在 10%、5%、1% 水平显著，括号内为稳健性 t 值。

表5-16 以RDIN为被解释变量的稳健性检验：股票市场发展对企业创新投入的影响

变量	全样本	非国有企业	国有企业	小规模企业	大规模企业	低研发企业	高研发企业
	(1)	(2)	(3)	(4)	(5)	(6)	(7)
	RDIN	RDIN	RDIN	RDIN	RDIN	RDIN	RDIN
Stock	5.401*** (5.58)	11.234*** (6.58)	-0.064 (-0.06)	9.054*** (5.24)	2.372** (2.34)	0.185 (0.71)	9.984*** (5.76)
_cons	5.358*** (8.73)	3.017*** (3.09)	6.695*** (8.28)	2.064 (0.98)	3.499*** (4.66)	4.022*** (17.76)	0.334 (0.32)
控制变量	Yes	Yes	Yes	Yes	Yes	Yes	Yes
Year & Ind & Reg	Yes	Yes	Yes	Yes	Yes	Yes	Yes
N	17310	11063	6246	8624	8686	8655	8655
R^2	0.395	0.382	0.356	0.370	0.406	0.346	0.306

注：*、**、***表示在10%、5%、1%水平显著，括号内为稳健性t值。

表5-15是以研发投入强度RDIN衡量企业创新投入水平时，金融机构发展对企业创新投入的回归估计结果。对全样本回归结果显示，金融机构发展显著促进了企业创新投入。分组检验显示，金融机构发展对非国有企业、小规模企业和高研发型企业促进作用更强。

表5-16是以研发投入强度RDIN衡量企业创新投入水平时，股票市场发展对企业创新投入的回归估计结果。对全样本回归结果显示，股票市场发展显著促进了企业创新投入。分组检验显示，股票市场发展对非国有企业、小规模企业和高研发型企业促进作用更强。假设H5-1、H5-2、H5-3、H5-4仍得以验证。特别是在企业所有制异质性分组检验中，被解释变量为研发密度RDTA和研发强度RDIN时，金融机构发展和股票市场发展对国有企业创新投入回归的估计系数都不显著，而对非国有企业创新投入回归的估计系数都显著，说明金融发展对国有企业创新投入没有显著影响。

5.5.2 替换解释变量的衡量指标

为了进一步验证本章的结论，分别用 Fin2（各省区市金融机构存款和贷款余额总和/GDP）和 Stock2（各省区市股票总市值/GDP）来衡量金融机构发展和股票市场发展，再一次进行实证检验，结果如表 5－17 和表 5－18 所示。在表 5－17 中，对全样本回归结果显示，银行业金融机构发展显著促进了企业创新投入。分组检验显示，金融机构发展对非国有企业、小规模企业和高研发型企业促进作用更强。根据表 5－18，对全样本回归结果显示，股票市场发展显著促进了企业创新投入。分组检验显示，股票市场发展对非国有企业、小规模企业和高研发型企业促进作用更强。假设 H5－1、H5－2、H5－3、H5－4 仍得以验证。

表 5－17 替换解释变量的稳健性检验：金融机构发展对企业创新投入的影响

变量	全样本	非国有企业	国有企业	小规模企业	大规模企业	低研发企业	高研发企业
	(1)	(2)	(3)	(4)	(5)	(6)	(7)
	RDTA	RDTA	RDTA	RDTA	RDTA	RDTA	RDTA
Fin2	0.066*** (6.90)	0.128*** (9.49)	−0.001 (−0.09)	0.113*** (7.61)	0.022* (1.84)	0.017*** (2.63)	0.091*** (6.35)
_cons	4.058*** (12.98)	2.671*** (5.42)	5.359*** (12.92)	4.227*** (4.96)	2.673*** (5.91)	3.388*** (15.43)	1.829*** (3.42)
控制变量	Yes	Yes	Yes	Yes	Yes	Yes	Yes
Year & Ind & Reg	Yes	Yes	Yes	Yes	Yes	Yes	Yes
N	17310	11063	6246	8624	8686	8655	8655
R^2	0.340	0.315	0.374	0.291	0.390	0.262	0.243

注：*、**、*** 表示在 10%、5%、1% 水平显著，括号内为稳健性 t 值。

表 5-18　替换解释变量的稳健性检验：股票市场发展对企业创新投入的影响

变量	全样本	非国有企业	国有企业	小规模企业	大规模企业	低研发企业	高研发企业
	(1)	(2)	(3)	(4)	(5)	(6)	(7)
	RDTA	RDTA	RDTA	RDTA	RDTA	RDTA	RDTA
Stock2	0.050*** (5.89)	0.134*** (8.76)	0.001 (0.11)	0.088*** (6.57)	0.010 (0.90)	0.007 (1.48)	0.097*** (6.87)
_cons	4.212*** (13.36)	3.080*** (6.26)	5.369*** (12.92)	4.541*** (5.31)	2.659*** (5.79)	3.391*** (15.32)	2.064*** (3.85)
控制变量	Yes	Yes	Yes	Yes	Yes	Yes	Yes
Year & Ind & Reg	Yes	Yes	Yes	Yes	Yes	Yes	Yes
N	17310	11063	6246	8624	8686	8655	8655
R^2	0.339	0.317	0.374	0.291	0.390	0.262	0.244

注：*、**、*** 表示在 10%、5%、1% 水平显著，括号内为稳健性 t 值。

特别是从企业所有制异质性分组检验中可以发现，无论是替换被解释变量衡量指标还是替换解释变量衡量指标，金融机构发展和股票市场发展对国有企业创新投入回归的估计系数都不显著，而对非国有企业创新投入回归的估计系数都显著，说明金融发展对国有企业创新投入没有显著影响。

5.5.3　考虑金融事件冲击的影响

考虑改变样本区间进行稳健性检验，借鉴唐松等（2020）做法，考虑在本章研究的时间维度中，存在两个典型的金融事件冲击，一个是 2008 年金融危机和 2015 年的中国股灾。但从客观来看，这类因素又难以通过特定的变量进行测度。鉴于此，本章将金融危机（2008 年）和中国股灾（2015 年）的影响进行了剔除，考虑金融危机波及时间和深度，本章还进一步删除了后续一年年份（2009 年和 2016 年）的样本，以尽可能排除后效干扰。对剔除特殊年份（剔除 2008 年、2009 年、2015 年、2016 年）样本和不包含特殊年份的连续样本区间 2010 ~ 2014 年进行实证检验。实证结果如表 5 - 19 所示，在排除金融事件冲击年份后，银行业金融机构发展 Fin 和股票市场发展 Stock 对企业创新投入的估计系数仍然为正，且都在 1% 水平上高度显著，验证了金融发展显著促进企业创新投入的结论的稳健性。在排除金融事件冲击年份的样本回归结果中，Fin 和 Stock 的估计系数要大于全样本回归的估计系数。

表 5 - 19　改变样本区间的稳健性检验：金融发展对企业创新投入的影响

变量	样本区间 2010 ~ 2014 年		剔除特殊年份样本	
	(1)	(2)	(1)	(2)
	RDTA	RDTA	RDTA	RDTA
Fin	0.206*** (4.54)		0.165*** (4.76)	
Stock		2.747*** (3.46)		1.555*** (3.34)
_cons	4.114*** (8.27)	4.268*** (8.54)	4.046*** (11.18)	4.161*** (11.47)
控制变量	Yes	Yes	Yes	Yes
Year & Ind & Reg	Yes	Yes	Yes	Yes
N	7099	7099	12479	12479
R^2	0.328	0.327	0.342	0.341

注：*、**、*** 表示在 10%、5%、1% 水平显著，括号内为稳健性 t 值。

5.5.4　解释变量采取滞后一期

进一步采用被解释变量 Fin 和 Stock 的滞后一期进行实证检验，可以观测金融发展对企业创新投入长期影响，并在一定程度上缓解了内生性问题所带来的影响。结果如表 5 - 20 所示，实证结果显示，金融机构发展和股票市场发展的滞后一期仍然显著促进了企业创新投入。

表 5 - 20　　解释变量采取滞后一期的稳健性检验：金融发展对企业创新投入的影响

变量	(1)	(2)
	RDTA	RDTA
L. Fin	0.165*** (5.08)	
L. Stock		1.308*** (3.10)
_cons	3.701*** (10.15)	3.796*** (10.40)
控制变量	Yes	Yes
Year & Ind & Reg	Yes	Yes
N	13434	13434
R^2	0.337	0.337

注：*、**、*** 表示在 10%、5%、1% 水平显著，括号内为稳健性 t 值。

除以上稳健性检验方法以外，本章还用 Tobit 模型重新进行估计，实证结论没有变化，本章上市公司样本中在年报中汇报研发支出为 0 的企业较少，未在年报中做汇报研发支出项目的样本，按照以往文献研究作缺失变量处理，本章对初始样本做出相应筛选和剔除缺失变量处理后的实际研究样本中，被解释变量数据整体没有明显的零值堆积的特征，Tobit 回归结果与 OLS 回归结果没有明显差异。

5.6　进一步检验：金融发展对企业创新绩效的影响

创新投资与企业其他投资行为不同，创新活动风险大周期长，创新投入不一定能有效转化为创新产出，且往往进行了长时间的持续投入才能产生收益。考察企业创新能力不只要看企业的创新投入，更要关注企业的创新投入的绩效——即创新产出，创新产出可以看作创新成功率的提高（Aghion，2009），创新成果的产出在一定程度上反映了创新投入达到足够规模且具有持续性和稳定性。从已有文献中可以发现，一些企业创新影响因素对企业创新投入和创新产出影响不一致（如李香菊等，2019 实证结果表明政府补助促进企业研发投入，但对专利产出数量影响却不显著）。因此本章进一步实证研究，检验金融发展对企业创新绩效的影响，对更全面地了解金融发展对企业创新的影响很有意义，本节希望探讨金融发展在促进企业创新投入的同时，对企业创新投入的绩效有何影响。

5.6.1 研究设计

常见的创新绩效衡量指标有企业专利数量和新产品产值等（Amore et al.，2013；杨洋等，2015）。相对而言，专利数代表的是创新成果的产出绩效，因而被使用的较多，专利数据能有效测度企业创新效率，并客观反映企业创新能力。由于专利授予存在不确定的时滞，以及专利授予可能会受到与企业创新水平无关的因素影响，专利申请量比授予量更能有效反映创新水平（Hsu et al.，2014）。根据我国《专利法》，企业专利包括发明型、实用新型和外观设计型三类，其中与实用新型和外观设计型专利相比，发明型专利需要较高的技术水平和更严格的审批过程，因此含金量更高（刘张发等，2019；钟腾等，2017），反映了企业创新产出的质量（陈强远等，2020）。故参考以往文献，本章用企业（包括子公司）当年申请专利总数和申请发明专利数量分别加 1 取自然对数的方式来衡量创新绩效，根据黎文婧等（2016）和郭玥（2018）专利申请总数反映了创新产出的数量，发明型专利申请数反映了企业创新产出的质量，专利申请数据来源于 CNDRS 数据库。研究设计仍基于模型（5-1）的多元线性回归模型，将被解释变量替换为企业创新绩效，具体由企业专利申请总量（P 总）和企业发明专利申请量（P 发明）来衡量，解释变量仍为金融发展，控制变量与前面一致，因为从企业开始创新活动到实现创新产出申请专利往往需要一定时间，这里被解释变量提前一期，实证模型如下。

$$Patent_{i,t+1} = \alpha + \beta FD_{i,t} + \delta Control_{i,t} + Ind_j + Year_t + Reg_v + \varepsilon_{it} \quad (5-3)$$

因为被解释变量专利数据具有零值堆积和正值连续分布共存的混合特征，所以采用 Tobit 模型估计。

5.6.2　实证分析

模型（5－3）回归结果如表 5－21 所示。表 5－21 中列（1）和列（3）的被解释变量为企业专利申请总数，列（2）和列（4）的被解释变量为企业发明专利申请数，实证结果显示，金融机构发展和股票市场发展对企业专利申请总数的影响都不显著，而对企业发明专利申请数的回归估计系数都为正（分别为 0.112 和 1.038），且都在 1% 水平上显著。这说明金融发展对企业专利申请总量没有显著影响，但是显著促进了发明专利的增加，而发明专利申请的增加才能真正提高企业的市场价值（黎文婧等，2016）。

表 5－21　　金融发展对企业创新绩效的影响

变量	(1)	(2)	(3)	(4)
	P 总	P 发明	P 总	P 发明
Fin	0.021 (0.67)	0.112*** (3.57)		
Stock			−0.102 (−0.26)	1.038** (2.57)
ROA	2.246*** (8.38)	1.760*** (6.40)	2.241*** (8.36)	1.754*** (6.38)
Size	0.599*** (37.86)	0.623*** (38.54)	0.600*** (38.02)	0.626*** (38.75)
growth	0.041 (1.17)	0.081** (2.28)	0.041 (1.18)	0.078** (2.20)
CF	−0.438** (−1.96)	−0.384* (−1.67)	−0.443** (−1.99)	−0.389* (−1.70)

续表

变量	(1)	(2)	(3)	(4)
	P 总	P 发明	P 总	P 发明
dual	0. 040 (1. 31)	0. 056 * (1. 79)	0. 041 (1. 33)	0. 056 * (1. 80)
Q	-0. 001 (-0. 09)	0. 036 *** (2. 70)	-0. 000 (-0. 04)	0. 036 *** (2. 75)
lev	-0. 169 * (-1. 95)	-0. 255 *** (-2. 88)	-0. 174 ** (-2. 01)	-0. 262 *** (-2. 96)
Fshare	-0. 077 (-0. 82)	-0. 183 * (-1. 89)	-0. 073 (-0. 77)	-0. 173 * (-1. 79)
export	0. 441 *** (14. 67)	0. 438 *** (14. 23)	0. 439 *** (14. 61)	0. 437 *** (14. 19)
SOE	0. 062 * (1. 90)	0. 179 *** (5. 38)	0. 064 ** (1. 96)	0. 180 *** (5. 39)
HHI	0. 974 *** (2. 97)	1. 307 *** (3. 87)	0. 977 *** (2. 98)	1. 309 *** (3. 87)
_cons	-13. 698 *** (-37. 56)	-15. 272 *** (-40. 67)	-13. 715 *** (-37. 58)	-15. 278 *** (-40. 66)
Year & Ind & Reg	Yes	Yes	Yes	Yes
N	13433	13433	13433	13433
Pseudo R^2	0. 115	0. 108	0. 115	0. 108

注：*、**、*** 表示在 10%、5%、1% 水平显著，括号内为稳健性 t 值。采用 Tobit 模型估计。

实证结果表明，金融发展对企业创新产出数量没有显著影响，但是显著促进了企业创新产出的质量增加，其中金融机构信贷市场发展对企业创新产出质量的促进效果，比股票市场融资规模扩张对企业创新质量的促进效果更显著。这说明银行部门和股票市场通过对投资项目的有效甄别，使金融资源能够有效支持更有价值的企业创新投入项目，金融发展提高了对企业创新项目的资源配置效率。金融机构和股票市场发展对企业创新绩效的促进作用，并没有体现在粗放式的专利申请总数量增长，而是推动了企业实质性创新，促进了发明专利数量的增加，实质性创新才能培养企业核心竞争力、有效促进经济增长。

进一步地，替换金融发展衡量指标进行实证检验，结果如表5-22所示。Fin和Stock指标更多地体现了银行部门和股票市场的融资功能和活跃度，Fin2和Stock2指标更多地反映了银行部门和股票市场金融资产总体规模。实证结果再次验证了银行业金融机构和股票市场发展对企业发明专利申请数量的促进作用，此外，地区股票市值规模扩张还显著促进了企业专利申请总量，即促进了企业创新产出的数量，相比之下股票市场融资规模扩张更有针对性地促进了发明专利的产出。

表5-22　金融发展对企业创新绩效的影响（替换金融发展指标）

变量	(1)	(2)	(3)	(4)
	P总	P发明	P总	P发明
Fin2	0.014 (1.59)	0.041*** (4.91)		
Stock2			0.018** (2.48)	0.046*** (6.76)
ROA	1.914*** (8.06)	1.253*** (5.86)	1.914*** (8.06)	1.249*** (5.86)
Size	0.560*** (37.68)	0.542*** (37.57)	0.559*** (37.66)	0.538*** (37.50)
growth	0.037 (1.13)	0.068** (2.27)	0.035 (1.08)	0.065** (2.15)
CF	-0.283 (-1.43)	-0.147 (-0.82)	-0.280 (-1.41)	-0.140 (-0.78)
dual	0.039 (1.48)	0.047* (1.89)	0.039 (1.46)	0.046* (1.85)

续表

变量	(1)	(2)	(3)	(4)
	P 总	P 发明	P 总	P 发明
Q	0.009 (0.83)	0.043 *** (4.25)	0.009 (0.79)	0.042 *** (4.18)
lev	-0.131 * (-1.72)	-0.180 *** (-2.63)	-0.125 (-1.64)	-0.168 ** (-2.45)
Fshare	-0.041 (-0.48)	-0.120 (-1.54)	-0.044 (-0.52)	-0.126 (-1.61)
export	0.390 *** (14.38)	0.343 *** (14.12)	0.392 *** (14.45)	0.348 *** (14.34)
SOE	0.048 * (1.68)	0.138 *** (5.11)	0.045 (1.57)	0.131 *** (4.87)
HHI	0.847 *** (2.84)	1.013 *** (3.80)	0.841 *** (2.82)	0.997 *** (3.73)
_cons	-12.378 *** (-37.29)	-12.533 *** (-39.33)	-12.348 *** (-37.26)	-12.467 *** (-39.18)
Year & Ind & Reg	Yes	Yes	Yes	Yes
N	13433	13433	13433	13433
Pseudo R^2	0.123	0.115	0.123	0.116

注：*、**、*** 表示在 10%、5%、1% 水平显著，括号内为稳健性 t 值。采用 Tobit 模型估计。

5.7 本章小结

本章分别构建指标衡量地区银行部门和股票市场发展水平，利用 2007 ~ 2018 年沪深 A 股上市公司非平衡面板数据，实证研究金融发展对企业创新的影响，得出如下主要结论：

（1）实证研究表明，地区金融机构信贷规模扩张和股票市场股权融资规模扩张显著促进企业创新投入增加。分别用金融相关比率（地区金融资产规模与经济活动总量之比）——金融机构存贷款之和与 GDP 之比和股票总市值与 GDP 之比替换金融发展衡量指标再次检验，关于金融机构发展和股票市场发展促进企业创新的结论仍然成立。

（2）基于企业异质性的分组检验结果表明，考虑企业不同规模，银行业金融机构发展和股票市场发展对较小规模企业促进作用更强；考虑企业不同所有制，银行业金融机构发展和股票市场发展只促进了非国有企业创新投入（包括研发投入密度和研发投入强度），而对国有企业创新投入没有显著影响；考虑企业不同研发投入水平，银行业金融机构发展和股票市场发展对研发水平较高的企业促进效果更强。以上结论丰富了相关研究的经验证据。此外，将本章关于金融发展对不同所有制企业和不同规模企业差异性影响的实证检验结果，与第 4 章融资约束对异质性企业分组检验结果相比较，侧面反映金融发展缓解了融资约束，促进企业创新。本章和第 4 章分别从宏观金融发展和微观企业融资视角验证了外部资金可得性对企业创新的重要性。

（3）基于不同区域金融发展对企业创新投入影响研究结果表明，东部地区的银行业金融机构发展和股票市场发展都能有效支持企业创新；而东北部地区银行业金融机构发展对企业创新具有一定促进作用，相比之下股票市场的作用发挥更需要加强；中部地区银行业金融机构和股票市场发展都没有有效发挥创新支持作用；西部地区的金融机构发展和创新驱动发展战略的不匹配程度最高，可能由于信贷市场结构性错配问题，西部地区金融深化反而抑制了企业创新投入，股票市场也同样没能发挥显著促进作用。

（4）本章采用分位数回归，揭示了金融机构发展和股票市场发展对企业创新投入的边际影响情况，发现我国金融发展对企业创新投入在不同分位水平下的回归估计系数始终为正。随着企业创新投入的增加，金融机构发展和股票市场发展对企业创新投入的估计系数呈增长趋势，再次验证了金融发展对高研发水平企业的促进作用更强。此外，研究结果还表明，金融机构发展和股票市场发展对企业研发强度边际影响的变化情况比较相近，边际贡献随着企业研发强度增加而快速提升，进一步体现了金融发展对企业创新投入的促进作用。但两者对企业研发密度的边际影响有一定区别，其中，银行业金融机构发展对研发密度在（1/10～9/10）各分位数下回归系数都显著，银行业金融机构发展对企业创新的促进效果比较稳定，而股票市场的估计系数在研发密度（3/10～7/10）分位数下显著，在研发密度条件分布的中间分位，随着企业研发投入密度的增加，股票市场发展对研发投入密度的边际贡献增加幅度较大。

（5）从更全面的视角检验了金融发展对企业创新的影响，本章进一步考虑了企业创新绩效，用 Tobit 模型估计金融发展与企业专利申请总数和发明专利申请数量的相关关系，用企业专利申请总数衡量企业创新产出数量，用更具含金量的发明专利申请数衡量企业创新产出质量。实证结果表明，银行业金融机构发展对企业创新产出数量没有显著影响，但是与企业创新产出的质量显著正相关。这说明银行业金融机构对企业创新绩效的促进作用，并没有体现在粗放式的专利申请数量增长，而是推动了企业实质性创新。股票市场发展也显著促进了企业创新产出质量，其中，地区股票市值规模扩张对企业创新产出数量和质量都显著正相关，对创新产出质量的影响更显著。

本章主要结论肯定了银行部门和股票市场对企业创新的积极作用。关于银行部门对企业创新的积极影响，与已有文献结论相近，已有相关文献大多肯定了中国银行部门规模扩张对企业创新投入的积极影响，但是针对银行部门对企业创新绩效影响的具体研究较少，本章从数量和质量两个维度衡量企业创新绩效，并在此基础上得到银行业金融机构发展对企业创新产出数量没有显著影响，但是显著促进了企业创新产出质量的经验证据，对已有研究进行补充。此外，较少有文献对我国股票市场和企业创新的关系进行实证研究，贾俊生等（2017）实证研究发现，我国资本市场融资规模扩张对制造业上市公司专利申请数没有显著的影响，并得出我国资本市场对企业创新的作用有限的结论，本章实证研究得出与贾俊生等（2017）相似的经验证据，即股票融资规模扩张对企业专利总数量没有显著促进作用，但是进一步研究发现，股票市场融资规模扩张与企业发明专利申请量显著正相关。此外，替换指标发现，地区股票总市值规模扩张与企业创新产出数量和质量都显著正相关，并且对企业创新质量影响更显著。同时，本章实证研究也发现股票市场发展对企业创新投入也有促进作用，本章研究弥补了当前关于资本市场与企业创新关系经验研究的不足，多角度补充了关于我国金融发展对企业创新影响的经验证据。

第 6 章

金融发展对企业创新的影响机制检验

6.1 引　　言

前面已经从理论和实证方面分析了金融发展和融资约束对企业创新投入的影响。从理论分析可知金融发展通过其融资功能和信息收集处理功能，为企业创新项目提供金融资本促进了企业创新投入（解维敏等，2011）；从第 4 章实证分析结果来看，融资约束抑制了企业创新投入，且融资约束对外部融资依赖度更强的民营企业和小规模企业抑制作用更强；从第 5 章实证分析结果来看，金融发展促进了企业创新投入，且金融发展对外部融资依赖度更强的民营企业和小规模企业促进作用更强。从以上结论已经初步印证了金融发展通过缓解企业融资约束来促进企业创新，本章将进一步实证检验金融发展对企业创新投入的影响机制，希望有助于进一步明确金融发展与企业创新的因果关系，以及金融发展促进企业创新的重要渠道，厘清金融发展、融资约束和企业创新的关系。

现有研究我国区域金融发展对企业创新影响的相关文献，多数只是理论分析金融发展缓解了企业创新活动的融资约束而未具体进行实证检验，而在实证分析中从融资约束视角进行金融发展对企业创新投入影响研究的文献具体主要从以下两个角度进行实证检验：第一种是以企业研发投资现金流敏感性模型为基础，引入金融发展和内部现金流的交互项，判断金融发展是否缓解了企业研发投资对内部现金流的依赖度。第二种是在回归模型中引入金融发展和融资约束指标的交互项，检验金融发展和融资约束对企业的交互作用。而本章则将对融资约束在金融发展对企业创新影响当中的中介效应进行检验。中介变量是在社会科学研究中十分重要的一个概念，国内关于中介变量的实证研究于近几年兴起。基于前面已经分别分析的融资约束和金融发展对企业创新的影响，本章将进一步检验金融发展对企业创新影响机制中是否存在以融资约束为中介变量的显著中介效应。除了融资约束视角以外，本章还将采用信息不对称的视角，深入探讨金融发展对企业创新投入的影响机制，对现有研究提供了重要补充。

本章6.2节根据温忠麟等（2004）提出的中介效应检验程序，借鉴钱雪松等（2015）和施炳展等（2020）构建的模型检验融资约束是否具有中介效应。6.3节中将进一步在回归模型中引入金融发展和融资约束的交互项，检验金融发展和融资约束对企业创新的交互影响，探讨异质性融资约束水平下，金融发展对企业创新的影响。6.4节从企业信息不对称性视角探究金融发展对企业创新投入的影响机制。

6.2 金融发展影响企业创新的融资约束中介效应检验

6.2.1 中介效应检验方法

在通常情况下，当需要探究解释变量X对被解释变量Y产生的影响时，如果X是通过变量M来影响Y的，那么M则称为中介变量（温忠麟等，2004）。中介变量是自变量对因变量发生作用的中介，它主要是一种内部传递机制，自变量通过这种内部传递机制对因变量产生影响。因此可以用下列方程和路径图（见图6-1）来描述变量之间的关系。

图中系数c表示X对Y的总效应，而ab乘积表示X经过中介变量M

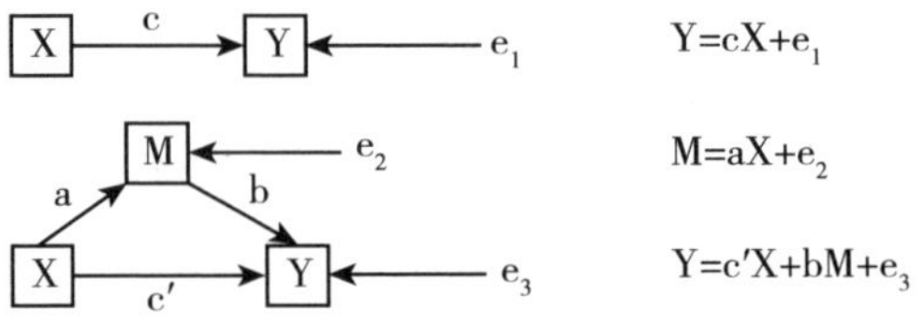

图6－1　中介变量示意图（温忠麟等，2004）

对Y产生的间接效应（即中介效应）。如果假设 H_0：ab＝0被拒绝，则表明变量M的中介效应显著。

传统的中介效应检验方法是依次检验回归系数法，检验思路参照图6－1，如果满足以下两个条件：条件一，系数c显著（即拒绝 H_0：c＝0的假设）；条件二，系数a显著（即拒绝 H_0：a＝0的假设），且系数b显著（即拒绝 H_0：b＝0的假设），则可以验证变量M的中介效应显著。这种检验方法犯第一类错误的概率很小，但检验功效比较低。当中介效应较弱时，特别是如果ab当中有一个值很小而另一个值很大时，这种检验方法可能会导致统计学的第二类错误。另一种检验方法则是直接对中介效应ab的乘积进行检验，这种方法可以提高检验功效，检验假设H0：ab＝0的关键是要求出ab估计值的标准误。目前比较常用检验方法是Sobel Test检验，Sobel（1982）根据一阶泰勒展开式得到近似公式：$s_{ab}=\sqrt{\hat{a}^2s_b^2+\hat{b}^2s_a^2}$，其中 $\hat{a}$ 和 $\hat{b}$ 分别为a和b的估计值，s_a、s_b 分别为a和b的标准误。检验统计量为 $z=\hat{a}\hat{b}/s_{ab}$。温忠麟等（2004）结合以上检验方法，构造了一个比较容易实施的综合中介效应检验程序，该检验程序可以发挥出比较高的检验功效，并能同时控制了统计学第一类错误和第二类错误发生的概率。因此，本节将采用该检验程序进行中介效应检验，检验程序见图6－2。

6.2.2　研究设计

6.2.2.1　模型设定

根据温忠麟等（2004）提出的中介效应检验程序，借鉴钱雪松等

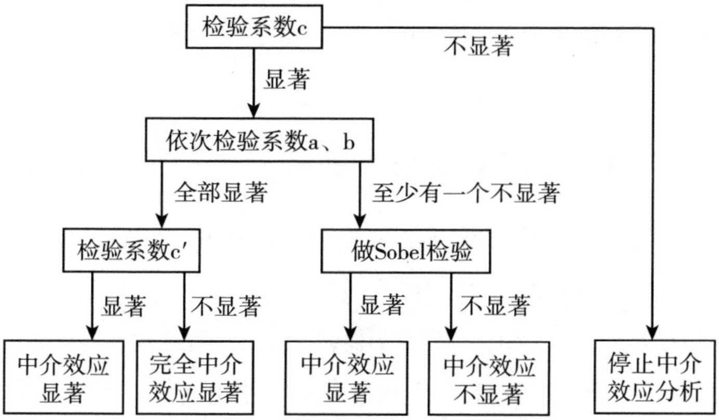

图6-2 中介效应检验程序

资料来源：温忠麟等，2004。

（2015）、曹平等（2018）和施炳展等（2020），构建如下模型：

$$RD_{it} = \alpha_1 + \beta_1 FD_{it} + \beta_2 Control_{it} + Ind_j + Year_t + Reg_v + \varepsilon_1 \quad (6-1)$$

$$FC_{it} = \alpha_2 + \delta_1 FD_{it} + Ind_j + Year_t + Reg_v + \varepsilon_2 \quad (6-2)$$

$$RD_{it} = \alpha_3 + \gamma_1 FD_{it} + \gamma_2 FC_{it} + \gamma_3 Control_{it} + Ind_j + Year_t + Reg_v + \varepsilon_3 \quad (6-3)$$

其中，因变量为企业创新投入RD，自变量为地区金融发展水平FD，中介变量为企业融资约束FC，ε为随机扰动项。其他各项与模型（5-1）定义相同，Control表示控制变量综合，控制变量选取与前面一致，本章引入了行业、年份、地区的虚拟变量Ind、Year、Reg，控制了行业固定效应、年份固定效应和地区固定效应。

根据中介效应检验程序，首先应对模型（6-1）检验β_1的显著性来判断自变量对因变量的显著性，如果显著则进行接下来的中介效应检验。从第5章实证结果可知β_1显著，本章只关注模型（6-2）和模型（6-3）的结果。中介效应由$\delta_1 \times \gamma_2$衡量，如果模型（6-2）中系数δ_1和模型（6-3）中系数γ_2全部显著则表明中介效应显著；如果δ_1和γ_2至少一个不显著则需要进行Sobel检验，若Sobel检验显著则表明中介效应显著。模型（6-1）与第5章的实证模型（5-1）一致，根据第5章实证检验结果，已经得知金融发展显著促进了企业创新，即全样本回归中系数 β_1 是显著的，则在本章实证检验中需要重点关注的是模型（6－2）中系数 δ_1 和模型（6－3）中系数 γ_2 的显著性。

6.2.2.2 样本选择和数据来源

与前面一致，本章样本为2007～2018年3056家A股非金融业上市公司，共17310个企业—年份观测的非平衡面板数据。本章所有数据来源于Wind和CSMAR数据库，其中研发费用数据来自Wind数据和CSMAR数据库，出口信息来自Wind数据库，其余上市公司财务数据来自CSMAR数据库。

各省区市金融发展度量指标数据来源于《中国金融统计年鉴》、各省区市统计年鉴、《中国统计年鉴》和Wind数据库。其中各省区市金融机构贷款余额来自《中国金融统计年鉴》和各省区市统计年鉴；各省区市股权融资规模来自Wind数据库；各省区市GDP数据来自《中国统计年鉴》。因考虑数据完整性原因剔除了西藏自治区相关数据，所有样本数据涵盖中国除西藏以外共30个省区市（不包括港澳台）。

6.2.2.3 变量选择

被解释变量为企业创新投入水平。本章参考周铭山等（2016）和朱琳等（2020）的研究，采用研发密度（企业研发投入额/总资产）作为企业创新投入代理变量。参考郭玥（2018）的研究，在实证研究中，为了方便报告和观测显示结果，将研发密度乘以100，不会影响结论显著性。

核心解释变量为地区金融发展水平。参考李红等（2018）、郭联邦等（2020）和庄毓敏等（2020）等文献，使用各地区当年贷款余额/GDP来衡量一个中国地区金融机构发展水平Fin，该指标能较好地反映以银行业为主的金融机构体系中的资金配置效率。参考贾俊生等（2017）和Xu（2020）的研究，采用各省区市年度内股权融资规模（包括IPO直接股权融资和增发配股等间接股权融资）占GDP的比例反映各省区市股票市场发展水平Stock，该指标很好地反映了股票市场的活跃程度。

中介变量为企业融资约束。根据第4章选取FC指标（SA指数绝对值取对数）衡量融资约束水平，此外采用基于中国上市公司财务数据测算出的 KZ 指数和利用根据 White 和 Wu（2006）提供的公式计算出的 WW 指数来作为企业融资约束替代变量进行后续稳健性检验。

控制变量选择与前面一致。本章主要变量定义如表 6－1 所示。

表 6－1　　　　主要变量定义

变量	定义	计算
被解释变量：企业创新投入		
RDTA	研发投入密度	rdta（研发费用/总资产）×100；为结果汇报简便，乘以100，不影响实证结论
解释变量：金融发展		
Fin	银行业金融机构发展	参照 Hsu 等（2014）和李红等（2018）等文献做法，为各省区市年度金融机构贷款余额除以该省区市 GDP
Stock	股票市场发展	参照贾俊生（2017）和 Xu（2020）的做法，为各省区市年度上市公司股权融资规模除以该省区市 GDP
中介变量：融资约束		
FC	融资约束指标	参照马述忠等（2017）、卢盛峰等（2017）等文献的做法，FC 为 SA 指数绝对值取对数
KZ	融资约束 KZ 指数	参照魏志华等（2014）基于本书中国上市公司样本数据构建 KZ 指数，并以此计算出的上市公司融资约束程度
WW	融资约束 WW 指数	参照石璋铭等（2015）的做法，用 White 和 Wu（2006）构造 WW 指数的模型计算出企业融资约束
控制变量		
ROA	企业盈利能力	息税前利润/平均资产总额
growth	企业成长性	本期与上期营业收入之差除以上期营业收入
Q	企业投资机会	权益市场价值与负债账面价值之和除以总资产账面价值
CF	内部现金流	经营活动产生的现金流量净额/总资产
dual	两职合一情况	存在董事长和总经理为同一人情况 1，否则 0

续表

变量	定义	计算
lev	资产负债率	总负债/总资产
Fshare	股权集中度	第一大股东持股比例
Size	企业规模	Ln（总资产）
HHI	行业集中度	HHI 指数越小，说明行业的产品市场竞争越强
export	是否出口	出口 1，不出口 0
soe	是否国企	国企 1，非国企 0
year	年度虚拟变量	2007～2018 年，12 个年份
Ind	行业虚拟变量	制造业取二级行业分类，其余取一级行业分类；共 46 个行业
Reg	地区虚拟变量	按国家统计局分类标准分为东、中、西、东北四个区域

6.2.3 实证分析

本章分别对金融机构发展和股票市场发展对企业创新影响机制中的融资约束中介效应进行检验。金融机构发展通过缓解融资约束影响企业创新投入的中介效应实证检验结果如表 6－2 所示。列（1）、列（2）和列（3）分别为模型（6－1）、模型（6－2）和模型（6－3）的回归结果，模型（6－1）解释变量系数显著性已在第 5 章得到验证，则在本章重点关注的是模型（6－2）中系数 δ_1 和模型（6－3）中系数 γ_2 的显著性。表 6－2 结果显示，δ_1、γ_2 系数都为负且显著，说明中介效应 $\delta_1 \times \gamma_2$ 是显著的，即金融机构发展对企业创新的影响机制中存在以融资约束为中介变量的显著中介效应。列（3）中金融机构发展 Fin 的系数 γ_1 估计结果为正，且在 1% 水平上显著，说明融资约束起到了部分中介效应。在模型（6－2）中加入控制变量再次进行回归估计结果如列（5）所示，检验结果系数 δ_1 仍然显著，说明金融机构发展显著缓解了企业融资约束，逐步回归结果如表 6－2 中列（4）、列（5）和列（6）所示，δ_1、γ_2 系数都为负且显著，表明 FC 的中介效应显著。

表 6－2　金融机构发展影响企业创新投入的融资约束中介效应检验

变量	(1)	(2)	(3)	(4)	(5)	(6)
	RDTA	FC	RDTA	RDTA	FC	RDTA
Fin	0.160*** (5.55)	−0.017*** (−12.70)	0.144*** (4.94)	0.160*** (5.55)	−0.015*** (−12.86)	0.144*** (4.94)
FC			−1.053*** (−6.28)			−1.053*** (−6.28)
growth	0.005 (0.18)		0.003 (0.11)	0.005 (0.18)	−0.002 (−1.63)	0.003 (0.11)
Size	−0.123*** (−8.56)		−0.129*** (−8.92)	−0.123*** (−8.56)	−0.006*** (−7.60)	−0.129*** (−8.92)
lev	−0.368*** (−4.96)		−0.325*** (−4.34)	−0.368*** (−4.96)	0.041*** (13.38)	−0.325*** (−4.34)
ROA	1.822*** (6.48)		1.881*** (6.67)	1.822*** (6.48)	0.056*** (7.39)	1.881*** (6.67)
CF	1.955*** (9.43)		1.966*** (9.49)	1.955*** (9.43)	0.011 (1.50)	1.966*** (9.49)
dual	0.079*** (2.90)		0.070*** (2.59)	0.079*** (2.90)	−0.008*** (−7.81)	0.070*** (2.59)
Q	0.151*** (9.50)		0.147*** (9.24)	0.151*** (9.50)	−0.004*** (−7.61)	0.147*** (9.24)
Fshare	−0.026 (−0.33)		−0.108 (−1.35)	−0.026 (−0.33)	−0.078*** (−22.00)	−0.108 (−1.35)
export	0.225*** (8.27)		0.220*** (8.09)	0.225*** (8.27)	−0.005*** (−4.48)	0.220*** (8.09)
SOE	0.009 (0.33)		0.025 (0.89)	0.009 (0.33)	0.015*** (13.94)	0.025 (0.89)

续表

变量	(1)	(2)	(3)	(4)	(5)	(6)
	RDTA	FC	RDTA	RDTA	FC	RDTA
HHI	-0.466 (-1.16)		-0.478 (-1.19)	-0.466 (-1.16)	-0.012 (-1.13)	-0.478 (-1.19)
_cons	3.961*** (12.69)	1.355*** (750.57)	5.539*** (13.24)	3.961*** (12.69)	1.498*** (84.63)	3.961*** (12.69)
Year & Ind & Reg	Yes	Yes	Yes	Yes	Yes	Yes
N	17310	17310	17310	17310	17310	17310
R^2	0.339	0.197	0.340	0.339	0.244	0.340
Sobel 检验	δ_1、γ_2 显著无须 Sobel 检验			δ_1、γ_2 显著无须 Sobel 检验		
中介效应	显著			显著		

注：*、**、*** 表示在 10%、5%、1% 水平显著，括号内为异方差稳健性 t 值。Year & Ind & Reg 的 Yes 代表对年份、行业和地区固定效应的控制，_cons 为常数项，N 为观测数。

股票市场影响企业创新投入的融资约束中介效应实证检验结果如表 6-3 所示，列（1）、列（2）和列（3）分别为模型（6-1）、模型（6-2）和模型（6-3）的回归结果，模型（6-1）解释变量系数显著性已在第 5 章得到验证，则在本章重点关注的是模型（6-2）中系数 δ_1 和模型（6-3）中系数 γ_2 的显著性。表 6-2 结果显示，δ_1、γ_2 系数都为负且都显著，说明中介效应 $\delta_1 \times \gamma_2$ 是显著的，即股票市场发展对企业创新的影响机制中存在以融资约束为中介变量的显著中介效应。列（3）中股票市场发展 Stock 的系数 γ_1 估计结果为正，且在 1% 水平上显著，说明融资约束起到了部分中介效应。在模型（6-2）中加入控制变量再次进行回归估计结果如列（5）所示，检验结果系数 δ_1 仍然显著，说明股票市场发展显著缓解了企业融资约束，逐步回归结果如表 6-2 中列（4）、列（5）和列（6）所示，δ_1、γ_2 系数都为负且显著，表明 FC 中介效应显著。

表6-3 股票市场影响企业创新投入的融资约束中介效应检验

变量	(1)	(2)	(3)	(4)	(5)	(6)
	RDTA	FC	RDTA	RDTA	FC	RDTA
Stock	1.506*** (3.99)	-0.191*** (-9.72)	1.312*** (3.45)	1.506*** (3.99)	-0.179*** (-9.68)	1.312*** (3.45)
FC			-1.089*** (-6.51)			-1.089*** (-6.51)
growth	0.002 (0.07)		0.000 (0.01)	0.002 (0.07)	-0.002 (-1.32)	0.000 (0.01)
Size	-0.120*** (-8.38)		-0.127*** (-8.77)	-0.120*** (-8.38)	-0.006*** (-7.69)	-0.127*** (-8.77)
lev	-0.376*** (-5.06)		-0.331*** (-4.42)	-0.376*** (-5.06)	0.041*** (13.50)	-0.331*** (-4.42)
ROA	1.811*** (6.44)		1.873*** (6.65)	1.811*** (6.44)	0.057*** (7.45)	1.873*** (6.65)
CF	1.953*** (9.42)		1.965*** (9.48)	1.953*** (9.42)	0.011 (1.43)	1.965*** (9.48)
dual	0.080*** (2.94)		0.071*** (2.61)	0.080*** (2.94)	-0.008*** (-7.87)	0.071*** (2.61)
Q	0.151*** (9.58)		0.148*** (9.30)	0.151*** (9.58)	-0.004*** (-7.62)	0.148*** (9.30)
Fshare	-0.015 (-0.20)		-0.101 (-1.26)	-0.015 (-0.20)	-0.079*** (-22.11)	-0.101 (-1.26)
export	0.224*** (8.21)		0.219*** (8.02)	0.224*** (8.21)	-0.005*** (-4.49)	0.219*** (8.02)
SOE	0.011 (0.38)		0.027 (0.96)	0.011 (0.38)	0.015*** (13.97)	0.027 (0.96)
HHI	-0.445 (-1.11)		-0.460 (-1.14)	-0.445 (-1.11)	-0.014 (-1.31)	-0.460 (-1.14)

续表

变量	(1)	(2)	(3)	(4)	(5)	(6)
	RDTA	FC	RDTA	RDTA	FC	RDTA
_cons	4.089*** (13.06)	1.336*** (2261.81)	5.705*** (13.72)	4.089*** (13.06)	1.484*** (85.35)	5.705*** (13.72)
Year & Ind & Reg	Yes	Yes	Yes	Yes	Yes	Yes
N	17310	17310	17310	17310	17310	17310
R^2	0.338	0.195	0.339	0.338	0.242	0.339
Sobel 检验	δ_1、γ_2 显著无须 Sobel 检验			δ_1、γ_2 显著无须 Sobel 检验		
中介效应	显著			显著		

注：*、**、*** 表示在 10%、5%、1% 水平显著，括号内为异方差稳健性 t 值。

为进一步验证结果稳健性，本章给出 Sobel 检验的结果，Sobel 检验由 Stata15.0 计算得出，Sobel 检验中的三条回归路径都包含控制变量且控制变量一致，笔者根据相关命令引入了包括行业、年份和区域虚拟变量在内的全部控制变量。根据 Mac Kinnon 等（2002）提供的临界值表，$|z|>0.97$ 时 $P<5\%$，即在 5% 的水平下显著。Sobel 检验结果：当解释变量为金融机构发展 Fin 时 Sobel test 检验中的 Z 统计量为 5.339，远大于 5% 显著性水平上的临界值 0.97，因此存在以 FC 为中介变量的显著中介效应；当解释变量为股票市场发展 Stock 时 Sobel 检验中的 Z 统计量为 5.393，远大于 5% 显著性水平上的临界值 0.97，说明存在以 FC 为中介变量的显著中介效应。

6.2.4 稳健性检验——改变融资约束度量方式

为了验证结果不受融资约束指标度量方式的影响，进一步用 KZ 指数替换 FC 进行稳健性检验，结果如表 6-4 所示，列（1）、列（2）和列（3）为金融机构发展影响企业创新投入的融资约束中介效应逐步回归检验，结果验证融资约束在金融发展对企业创新的影响中起到了显著的中介效应。列（4）、列（5）和列（6）为股票市场发展影响企业创新投入的融资约束中介效应检验，结果同样验证融资约束在股票市场发展对企业创新的影响机制中具有显著中介效应。为了表明结果稳健性，本章分别给出 Fin 和 Stock 为解释变量的 Sobel test 检验结果，Z 统计量估计结果分别是 3.866 和 2.291，远大于 5% 显著性水平上的临界值 0.97，Sobel 检验进一步验证了融资约束 KZ 指数的中介效应的显著性。

表 6-4　用 KZ 替代 FC 的稳健性检验：金融发展影响企业创新投入的中介效应

变量	(1)	(2)	(3)	(4)	(5)	(6)
	RDTA	KZ	RDTA	RDTA	KZ	RDTA
Fin	0.160*** (5.55)	-0.151*** (-4.16)	0.158*** (5.49)			
KZ			-0.048*** (-4.27)			-0.049*** (-4.34)
Stock				1.506*** (3.99)	-0.851* (-1.70)	1.501*** (3.99)
_cons	3.961*** (12.69)	1.208*** (22.26)	3.998*** (12.82)	4.089*** (13.06)	1.014*** (49.28)	4.127*** (13.19)
控制变量	Yes	No	Yes	Yes	No	Yes
Year & Ind & Reg	Yes	Yes	Yes	Yes	Yes	Yes
N	17310	17310	17310	17310	17310	17310
R^2	0.339	0.103	0.339	0.338	0.102	0.339
Sobel 检验	δ_1、γ_2 显著无须 Sobel 检验			δ_1、γ_2 显著无须 Sobel 检验		
中介效应	显著			显著		

注：*、**、*** 表示在 10%、5%、1% 水平显著，括号内为稳健性 t 值。

本章同样采用 WW 指数来衡量融资约束进行稳健性检验，结果如表 6-5 所示，再一次验证了融资约束在金融发展对企业创新投入影响过程中的显著中介效应。此外，选用流动比率作为企业融资能力的替代变量同样能验证本节结论。

表 6-5　　用 WW 替代 FC 的稳健性检验：金融发展影响企业创新投入的中介效应

变量	(1)	(2)	(3)	(4)	(5)	(6)
	RDTA	WW	RDTA	RDTA	WW	RDTA
Fin	0.160*** (5.55)	-0.011*** (-9.44)	0.162*** (5.64)			
WW			-5.572*** (-12.44)			-5.575*** (-12.45)
Stock				1.506*** (3.99)	-0.143*** (-8.63)	1.548*** (4.10)
_cons	3.961*** (12.69)	-0.989*** (-575.77)	4.121*** (13.25)	4.089*** (13.06)	-1.002*** (-1702.86)	4.252*** (13.63)
控制变量	Yes	No	Yes	Yes	No	Yes
Year & Ind & Reg	Yes	Yes	Yes	Yes	Yes	Yes
N	17310	17310	17310	17310	17310	17310
R^2	0.339	0.158	0.345	0.338	0.158	0.344
Sobel 检验	δ_1、γ_2显著无须 Sobel 检验			δ_1、γ_2显著无须 Sobel 检验		
中介效应	显著			显著		

注：*、**、*** 表示在 10%、5%、1% 水平显著，括号内为稳健性 t 值。

单独通过计量模型检验金融发展和企业创新之间的相关关系，并不能确定和解释金融发展和企业创新之间的因果关系。本节通过中介效应检验法，研究了金融发展、融资约束和企业创新之间的关系，更深入、准确地检验了金融发展对企业创新的作用机制，验证了金融发展和创新之间的因果关系。

6.3　金融发展和融资约束对企业创新投入的交互影响检验

6.3.1　研究设计

为进一步多角度了解中国地区金融发展、融资约束和企业创新的关系，本节研究金融发展和融资约束对企业创新的交互影响。首先，基于企业融资约束 FC 对样本进行分组处理（以 50% 分位数等距分组），重新对模型（5－1）进行回归检验；其次，本节引入金融发展与融资约束的交互项进行研究，见模型（6－4），以分析在融资约束的不同程度下，金融发展对企业创新投入的促进效果。

$$RD_{it} = \alpha_1 + \beta_1 FD_{it} + \beta_2 FC_{it} + \beta_3 FD_{it} \times FC_{it} + \beta_4 Control_{it} + Ind_j + Year_t + Reg_v + \varepsilon_{it} \quad (6-4)$$

同前面一致，RD 为企业创新投入，FD 为地区金融发展水平（本章具体分别从金融机构发展 Fin 和股票市场发展 Stock 两个角度来衡量），FC 为企业融资约束，FD×FC 为交互项，根据 Cohen 等（2003）和 Hayes（2013）的建议，为使回归方程的系数更具解释意义，本章对 FD 和 FC 变量进行中心化处理后计算交互项。ε 为随机扰动项，Control 表示控制变量综合，控制变量选取与前面一致，本章引入了行业、年份、地区的虚拟变量 Ind、Year、Reg，控制了行业固定效应、年份固定效应和地区固定效应。

企业创新投入采用研发密度（企业研发投入额/总资产）衡量。本章在实证研究中，为了方便于报告和观测显示结果，将研发密度乘以 100。金融机构发展水平 Fin 使用各地区当年贷款余额/GDP 来衡量，股票市场发展水平 Stock 采用各省区市年度内股权融资规模占 GDP 的比。融资约束选取 FC 指标衡量融资约束水平（具体构造方法见第 4 章）。样本选取和数据来源与前面一致。

6.3.2 实证研究

从金融机构发展的角度进行实证检验回归结果如表 6－6 所示。在较低融资约束样本组回归结果列（1）中，金融机构发展 Fin 对 RDTA 的影响系数为 0.106 且在 1% 水平上显著；在较高融资约束样本组回归结果列（2）中，金融机构发展 Fin 对 RDTA 的影响系数为 0.202，大于对比组（较低融资约束组）的回归系数，在 1% 水平上显著，t 值 4.73 也大于对比组的 2.64。这说明对于融资约束较高的企业，金融机构发展对企业创新投入的促进作用更大。进一步考虑金融机构发展和企业融资约束交互项，对模型（6－4）进行回归检验，结果列（3）显示交互项的系数为正，且在1%水平上高度显著，可得出结论：企业受到融资约束越强，金融机构发展对企业创新投入的支持效果越明显。这一结论与第5章研究结论能够相互验证，在第5章理论分析中本书分析推论较小规模、非国有企业和高研发水平企业面临更严重的融资约束问题，第5章实证研究得出金融发展对较小规模企业、非国有企业和高研发水平企业的促进效果更明显，也间接验证了本节结论。

表6－6　异质性融资约束水平下：金融机构发展对企业创新投入的影响

变量	低融资约束	高融资约束	引入交互项
	(1)	(2)	(3)
	RDTA	RDTA	RDTA
Fin	0.106*** (2.64)	0.202*** (4.73)	0.142*** (4.87)
FC			−1.322*** (−7.18)
FinFC			1.139*** (4.24)
ROA	1.872*** (3.99)	1.797*** (5.77)	1.863*** (6.61)
Size	−0.097*** (−4.88)	−0.143*** (−6.33)	−0.121*** (−8.16)
lev	−0.489*** (−4.52)	−0.199* (−1.93)	−0.326*** (−4.36)
CF	1.726*** (5.60)	2.272*** (8.21)	1.986*** (9.59)
dual	0.061 (1.56)	0.069* (1.81)	0.069** (2.53)

续表

变量	低融资约束	高融资约束	引入交互项
	(1)	(2)	(3)
	RDTA	RDTA	RDTA
Q	0.122*** (5.84)	0.188*** (7.76)	0.147*** (9.27)
growth	0.045 (0.95)	-0.032 (-0.84)	0.002 (0.08)
Fshare	-0.227* (-1.92)	0.021 (0.19)	-0.113 (-1.42)
export	0.127*** (3.25)	0.313*** (8.08)	0.220*** (8.07)
SOE	-0.048 (-1.00)	0.066* (1.85)	0.028 (0.98)
HHI	0.309 (0.59)	-1.837*** (-2.71)	-0.454 (-1.13)
_cons	3.692*** (8.74)	4.190*** (8.19)	5.709*** (13.63)
Year & Ind & Reg	Yes	Yes	Yes
N	8655	8655	17310
R^2	0.338	0.354	0.340

注：*、**、*** 表示在10%、5%、1%水平显著，括号内为稳健性t值。

从股票市场发展的角度进行实证检验回归结果如表6-7所示。在较低融资约束样本组回归结果列（1）中，股票市场发展Stock对RDTA的影响系数为0.541且不显著；在较高融资约束样本组回归结果列（2）中，股票市场发展Stock对RDTA的影响系数为2.586，大于对比组（较低融资约束组）的回归系数，且在1%水平上高度显著。股票市场发展显著促进了受到较高融资约束的企业创新投入。进一步考虑股票市场发展Stock和企业融资约束FC的交互项，对模型（6-4）进行回归检验，结果列（3）显示交互项的系数为正，且在1%水平上高度显著，可得出结论：企业受到融资约束越强，股票市场发展对企业创新投入促进作用越大。

表6-7　　异质性融资约束水平下：股票市场发展对企业创新投入的影响

变量	低融资约束组	高融资约束组	引入交叉项
	(1)	(2)	(3)
	RDTA	RDTA	RDTA
Stock	0.541 (1.11)	2.586*** (4.24)	1.440*** (3.73)
FC			-1.231*** (-7.03)
StockFC			9.990*** (3.44)
ROA	1.853*** (3.95)	1.803*** (5.81)	1.865*** (6.63)
Size	-0.092*** (-4.66)	-0.144*** (-6.35)	-0.122*** (-8.40)
lev	-0.503*** (-4.63)	-0.198* (-1.93)	-0.331*** (-4.42)
CF	1.722*** (5.58)	2.269*** (8.20)	1.978*** (9.55)
dual	0.062 (1.58)	0.067* (1.76)	0.069** (2.55)
Q	0.123*** (5.90)	0.188*** (7.78)	0.147*** (9.30)
growth	0.044 (0.94)	-0.038 (-1.01)	-0.001 (-0.03)
Fshare	-0.221* (-1.87)	0.036 (0.33)	-0.102 (-1.27)

续表

变量	低融资约束组	高融资约束组	引入交叉项
	(1)	(2)	(3)
	RDTA	RDTA	RDTA
export	0.124*** (3.15)	0.312*** (8.07)	0.218*** (8.00)
SOE	-0.044 (-0.91)	0.065* (1.82)	0.029 (1.00)
HHI	0.318 (0.60)	-1.803*** (-2.65)	-0.447 (-1.11)
_cons	3.727*** (8.80)	4.423*** (8.69)	5.798*** (13.93)
Year & Ind & Reg	Yes	Yes	Yes
N	8655	8655	17310
R^2	0.337	0.354	0.340

注：*、**、*** 表示在 10%、5%、1% 水平显著，括号内为稳健性 t 值。

进一步考虑，根据第 4 章实证结论企业融资约束显著抑制了企业创新投入，而金融发展和企业融资约束的交互项对企业创新投入回归系数显著为正，与融资约束 FC 的回归系数符号相反，则可说明，银行业金融机构发展和股票市场发展能够缓解企业融资约束对企业创新投入的抑制作用。

6.3.3　稳健性检验——改变融资约束度量方式

为了验证实证研究结果不受融资约束指标度量方式的影响，本节进一步用 WW 指数替换 FC 指标衡量融资约束，进一步进行稳健性检验，实证回归结果如表 6-8 和表 6-9 所示。首先，分组回归结果表明，金融机构发展和股票市场发展对融资约束水平较高（WW 指数值更大）的企业样本组促进作用更大。其次，考虑交互项金融机构发展与融资约束 WW 指数交互项的估计系数为正（1.362），且在 1% 水平上显著，股票市场发展与融资约束 WW 指数交互项的估计为正（8.401），在 10% 水平上显著。以上结果再次验证了：对于融资约束较强的企业，金融发展对企业创新投入的驱动效果更明显。

表 6-8　异质性融资约束水平下：金融机构发展对企业创新投入的影响

变量	WW 指数低水平组	WW 指数高水平组	引入交互项
	(1)	(2)	(3)
	RDTA	RDTA	RDTA
Fin	0.110*** (2.95)	0.217*** (4.90)	0.184*** (6.11)
WW			-5.477*** (-12.18)
Finww			1.362*** (4.19)
_cons	3.512*** (7.83)	6.280*** (9.23)	3.945*** (12.49)
控制变量	Yes	Yes	Yes
Year & Ind & Reg	Yes	Yes	Yes
N	8655	8655	17310
R^2	0.401	0.300	0.345

注：*、**、*** 分别表示在 10%、5%、1% 水平显著，括号内为稳健性 t 值。

表 6-9　异质性融资约束水平下：股票市场发展对企业创新投入的影响

变量	WW 指数低水平组	WW 指数高水平组	引入交互项
	(1)	(2)	(3)
	RDTA	RDTA	RDTA
Stock	0.445 (0.94)	2.734*** (4.44)	1.714*** (4.15)
WW			-5.556*** (-12.39)

续表

变量	WW 指数低水平组	WW 指数高水平组	引入交互项
	(1)	(2)	(3)
	RDTA	RDTA	RDTA
Stockww			8.401* (1.91)
_cons	3.529*** (7.83)	6.533*** (9.64)	4.205*** (13.43)
控制变量	Yes	Yes	Yes
Year & Ind & Reg	Yes	Yes	Yes
N	8655	8655	17310
R^2	0.401	0.300	0.344

注：*、**、*** 分别表示在 10%、5%、1% 水平显著，括号内为稳健性 t 值。

与 6.3.2 小节中的按照 FC 指标分组的回归估计结果一致，金融机构发展 Fin 对低融资约束组和高融资约束组的创新促进作用都显著，在高融资约束组中回归系数值更大。股票市场发展 Stock 只对高融资约束组的创新促进作用显著，可以认为比起银行部门，股票市场更有针对性地促进了高融资约束企业的创新投入，而根据前面分位数检验和其他分组检验结果可得出，银行业金融机构发展对企业创新投入的促进作用更加稳定。

6.4　基于信息不对称视角的金融发展对企业创新影响机制检验

根据第 2 章中的理论分析，从金融功能观的视角，金融体系可以通过融资功能、信息收集处理等金融功能发挥作用促进企业创新。金融体系也可以通过缓解企业和资金供给者之间的信息不对称，缓解委托代理问题，进一步缓解企业创新活动的融资约束。金融市场发展能加强信息透明化，便于资金供给者对优质项目的甄别筛选，提高对企业创新项目的资源配置效率。

金融发展促进了资金流和信息流的高效流通匹配，本章将进一步从信息不对称视角研究金融发展对企业创新影响机制，如图 6－3 所示。

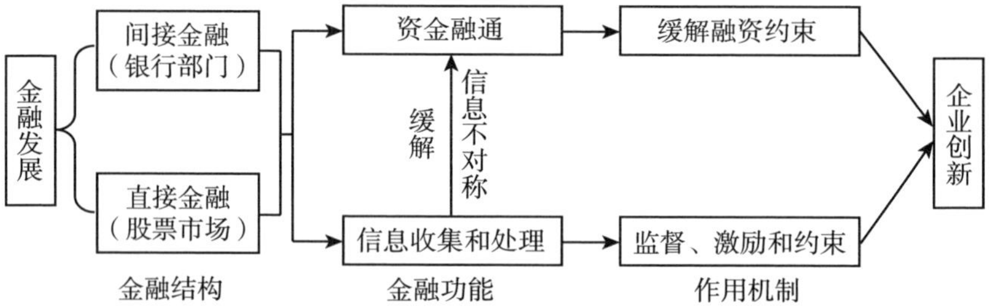

图 6－3　本章关于金融发展对企业创新的作用机制的研究思路

6.4.1　研究设计

6.4.1.1　信息不对称衡量指标

本章利用上市公司股票日频交易信息来捕捉股票市场知情与非知情交易者之间的信息不对称程度，并以此来作为衡量企业和外部投资者之间信息不对称程度的代理变量。在股票交易中，由于担心逆向选择等问题可能带来的潜在损失，处于信息劣势一方的交易者会要求“柠檬溢价”作为补偿。市场当中的信息不对称程度越高，“柠檬溢价”越高，股票的流动性也就越差。Amihud（2002）提出用非流动比率来反映信息不对称程度。借鉴于蔚等（2012）、李莉等（2014）、章卫东等（2017）的研究，本章利用 Amihud（2002）提出的非流动性比率构建企业信息不对称衡量指标如下：

$$Asy_{it} = \frac{1}{D_{it}}\sum_{k=1}^{D_{it}}\sqrt{\frac{|r_{it}(k)|}{V_{it}(k)/10^6}} \tag{6-5}$$

其中，$r_{it}(k)$ 为 i 企业第 t 年第 k 个交易日股票收益率，本章选择考虑现金红利再投资的股票回报率，$V_{it}(k)$ 为日交易金额，D_{it}为第 t 年的交易天数，相关数据来源于国泰安数据库。本章样本中 Asy 变量的最小值、最大值、均值和标准差分别约为 0.002、0.225、0.019 和 0.010。

6.4.1.2　实证模型

本节研究异质性信息不对称水平下金融发展对企业创新的影响。首先，采用模型（6－6）检验信息不对称是否抑制了企业创新投入：

$$RD_{it} = \alpha_1 + \beta_1 Asy_{it} + \beta_2 Control_{it} + Ind_j + Year_t + Reg_v + \varepsilon_{it} \quad (6-6)$$

其次，基于企业信息不对称 Asy 对样本进行分组处理（以 50% 分位数等距分组），重新对模型（6－1）关于金融发展对企业创新投入的回归模型进行检验。最后，本章还进一步引入金融发展与信息不对称的交互项进行研究，见模型（6－7），以分析在不同信息不对称程度下，金融发展对企业创新投入的促进效果。

$$RD_{it} = \alpha_1 + \beta_1 FD_{it} + \beta_2 Asy_{it} + \beta_3 FD_{it} \times Asy_{it} + \beta_4 Control_{it} + Ind_j + Year_t + Reg_v + \varepsilon_{it} \quad (6-7)$$

本节实证模型中因变量都为企业创新投入 RD，FD 为地区金融发展水平，Asy 为企业信息不对称程度，ε 为随机扰动项。FD × Asy 为金融发展和企业信息不对称程度的交互项，根据 Cohen 等（2003）和 Hayes（2013）的建议，为使回归方程的系数更具解释意义，本章对 FD 和 Asy 变量进行中心化处理后计算交互项。Control 表示控制变量综合，本节控制变量选择与前面一致，本章引入了行业、年份、地区的虚拟变量 Ind、Year、Reg，控制了行业固定效应、年份固定效应和地区固定效应。样本数据来源和数据处理与前面一致。

本节从信息不对称的视角检验金融发展对企业创新投入的作用机制，从理论经济意义出发，没有选择中介效应检验法，因为信息不对称指标反映的是企业和外部投资者普遍的信息不对称情况，即企业的信息透明度，能反映银行收集和核实企业信息的难度，但是银行部门发展对金融机构与企业之间信息不对称程度的缓解变化情况无法完全反映在 Asy 指标中，所以本章采用了分组回归和交互项检验法。如果金融发展对信息透明度差、信息不对称程度高的企业促进作用更强，则可侧面说明，金融发展能缓解企业信息不对称程度来促进企业创新。进一步地，若企业信息不对称程度 Asy 对企业创新投入的估计系数显著为负，而金融发展和企业信息不对称程度的交互项系数估计符号为正，两者符号相反，则可表明，金融发展缓解了信息不对称对企业创新的抑制作用。本书在附录中表1报告了金融发展对信息不对称的回归结果，可以看出股票市场发展、企业规模、企业现金流充裕度、企业盈利能力和企业的信息不对称性显著负相关，而企业所在行业集中度即行业垄断程度与企业信息不对称性显著正相关，符合经验判断，以此可显示本书信息不对称指标构造的可靠性。

6.4.2 实证分析

首先，对模型（6-6）进行回归估计结果如表6-10所示，企业信息不对称程度对企业创新投入的估计系数为负，且在1%的水平上高度显著。对于信息透明度较低的企业，无论是股票市场投资者还是银行业金融机构，潜在的外部投资者都需要付出更高的信息成本去对企业真实情况进行识别筛选，外部投资者将面临更高的代理成本和风险，这将使得企业创新投入资金受限，企业与外部投资者之间信息不对称程度增加（企业信息透明度降低）会抑制企业创新投入。

表6-10 企业信息不对称程度对企业创新投入的影响

变量	(1)	(2)
	RDTA	RDIN
Asy	-6.302*** (-3.33)	-18.396*** (-4.33)
ROA	1.753*** (6.24)	-4.640*** (-7.38)
growth	0.008 (0.27)	-0.241*** (-3.34)
CF	1.929*** (9.32)	-0.322 (-0.75)

续表

变量	(1)	(2)
	RDTA	RDIN
dual	0.080*** (2.95)	0.408*** (6.48)
Q	0.142*** (8.68)	0.350*** (9.45)
Size	-0.146*** (-8.64)	-0.055 (-1.61)
lev	-0.373*** (-5.01)	-4.460*** (-24.62)
Fshare	0.044 (0.55)	-0.683*** (-3.90)
export	0.219*** (8.04)	0.071 (1.10)
SOE	0.019 (0.66)	-0.426*** (-7.20)
HHI	-0.387 (-0.96)	-2.745*** (-2.66)
_cons	4.804*** (12.29)	7.388*** (9.27)
Year & Ind & Reg	Yes	Yes
N	17310	17310
R^2	0.338	0.394

注：*、**、*** 表示在10%、5%、1%水平显著，括号内为稳健性t值。

异质信息不对称水平下金融机构发展对企业创新投入影响实证结果如表6-11所示。在较低信息不对称组回归结果列（1）中，金融机构发展Fin对RDTA的影响系数为0.076且仅在10%水平上显著；在较高信息不对称样本组回归结果列（2）中，金融机构发展 Fin 对 RDTA 的影响系数为 0.249，在1%水平上显著，系数值和显著性都大于对比组（较低信息不对称程度组）。这说明对于信息不对称性较高的企业，金融机构发展对企业创新投入的促进作用更大。进一步考虑金融机构发展和企业信息不对称性交互项 FinAsy，对模型（6-7）进行回归检验，结果列（3）显示交互项的系数为正，且在1%水平上高度显著，说明企业信息不对称问题越严重（信息透明度越低），金融机构发展对企业创新促进效果越明显，并且根据表6-10中 Asy 的系数估计结果显著为负可得出，金融机构发展缓解了信息不对称对企业创新投入的抑制作用。

表6-11　异质性信息不对称水平下：金融机构发展对企业创新投入的影响

变量	低信息不对称组	高信息不对称组	引入交互项
	(1)	(2)	(3)
	RDTA	RDTA	RDTA
Fin	0.076* (1.96)	0.249*** (5.79)	0.167*** (5.76)
Asy			-5.403*** (-2.67)
FinAsy			7.139*** (2.66)
ROA	1.295*** (2.84)	2.334*** (6.99)	1.777*** (6.32)
Size	-0.077*** (-3.55)	-0.228*** (-9.06)	-0.148*** (-8.51)
growth	-0.041 (-0.98)	0.079* (1.86)	0.006 (0.21)
CF	2.054*** (6.69)	1.953*** (6.84)	1.948*** (9.41)

续表

变量	低信息不对称组	高信息不对称组	引入交互项
	(1)	(2)	(3)
	RDTA	RDTA	RDTA
dual	0.079* (1.94)	0.063* (1.72)	0.078*** (2.86)
Q	0.198*** (8.76)	0.076*** (3.34)	0.140*** (8.52)
lev	-0.223* (-1.93)	-0.410*** (-4.13)	-0.356*** (-4.79)
Fshare	0.085 (0.78)	-0.110 (-0.96)	0.025 (0.32)
export	0.218*** (5.52)	0.214*** (5.64)	0.228*** (8.36)
SOE	-0.004 (-0.11)	0.036 (0.89)	0.009 (0.30)
HHI	-0.343 (-0.44)	-0.670 (-1.35)	-0.468 (-1.16)
_cons	2.850*** (5.92)	6.302*** (11.57)	4.616*** (11.45)
Year & Ind & Reg	Yes	Yes	Yes
N	8655	8655	17310
R^2	0.386	0.303	0.339

注：*、**、***表示在10%、5%、1%水平显著，括号内为稳健性t值。

异质信息不对称水平下股票市场发展对企业创新投入影响实证结果如表6-12所示。在较低信息不对称组回归结果列（1）中，股票发展Stock对RDTA的影响系数为0.588且不显著；在较高信息不对称样本组回归结果列（2）中，股票市场发展Stock对RDTA的影响系数为3.189，在1%水平上显著，系数值和显著性都大于对比组（较低信息不对称程度组）。这说明对于信息不对称性较高的企业，股票市场发展对企业创新投入的促进作用更大。进一步考虑股票市场发展和企业信息不对称性交互项 StockAsy，对模型（6－7）进行回归检验，结果列（3）显示交互项的系数为正，且在5%水平上高度显著，说明企业信息不对称问题越严重，股票市场发展对企业创新支持效果越明显。并且根据表 6－10 中 Asy 的系数估计结果显著为负可得出，金融机构发展缓解了信息不对称对企业创新投入的抑制作用。

表 6－12　　异质性信息不对称水平下：股票市场发展对企业创新投入的影响

变量	低信息不对称组	高信息不对称组	引入交互项
	(1)	(2)	(3)
	RDTA	RDTA	RDTA
Stock	0.588 (1.30)	3.189*** (4.62)	1.939*** (4.45)
Asy			－5.413*** (－2.76)
StockAsy			111.874** (2.36)
ROA	1.285*** (2.83)	2.327*** (6.96)	1.763*** (6.28)
Size	－0.075*** (－3.48)	－0.226*** (－8.98)	－0.147*** (－8.58)
growth	－0.043 (－1.02)	0.076* (1.79)	0.004 (0.13)
CF	2.045*** (6.67)	1.974*** (6.89)	1.953*** (9.43)
dual	0.080* (1.96)	0.064* (1.75)	0.079*** (2.92)
Q	0.198*** (8.81)	0.077*** (3.40)	0.140*** (8.57)

续表

变量	低信息不对称组	高信息不对称组	引入交互项
	(1)	(2)	(3)
	RDTA	RDTA	RDTA
lev	-0.229** (-1.98)	-0.415*** (-4.19)	-0.361*** (-4.85)
Fshare	0.097 (0.88)	-0.109 (-0.95)	0.033 (0.41)
export	0.217*** (5.50)	0.214*** (5.61)	0.227*** (8.32)
SOE	-0.003 (-0.08)	0.035 (0.86)	0.008 (0.29)
HHI	-0.350 (-0.45)	-0.628 (-1.26)	-0.434 (-1.08)
_cons	2.904*** (6.00)	6.530*** (12.05)	4.775*** (12.05)
Year & Ind & Reg	Yes	Yes	Yes
N	8655	8655	17310
R^2	0.385	0.303	0.339

注：*、**、*** 表示在 10%、5%、1% 水平显著，括号内为稳健性 t 值。

本节创新性地从信息不对称的视角，实证检验了金融发展对企业创新投入的影响机制，为金融功能理论研究和我国金融发展对企业创新影响的实证研究方面都提供了更丰富的经验证据。

6.5　本章小结

关于融资与企业创新的相关研究，多采用单一的企业微观融资视角或宏观金融环境视角展开研究，而本章将企业融资约束和宏观金融发展结合起来，探讨外部资金可得性对企业创新的影响。本章将第 4 章和第 5 章的实证研究工作串联起来，从融资约束视角检验了金融发展对企业创新的影响机制，验证了在金融发展对企业创新影响机制中存在以企业融资约束为中介变量的显著中介效应；同时实证发现金融发展和融资约束的交互作用显著促进了企业创新投入，即企业融资约束越严重，金融发展对企业创新投入促进作用越强。不同融资约束程度分组回归结果表明，股票市场更有针对性地促进了高融资约束企业的创新投入，银行部门对低融资约束和高融资约束组促进作用都显著，但对高融资约束企业影响更大。此外，本章还从金融功能观出发，创新性地采用了信息不对称的研究视角，构建指标衡量企业信息不对称程度，通过分组回归和引入交互项系数检验的实证研究发现，企业信息不对称问题越严重（企业信息透明度越低），金融发展对企业创新投入的促进作用越强，金融发展缓解了信息不对称程度对企业创新投入的抑制作用。本章结论对现有研究提供了重要补充。

本章验证了金融发展和企业创新之间的因果关系，以及从金融功能角度检验了金融发展对企业创新的影响渠道，发现银行业金融机构发展和股票市场发展都能通过缓解企业融资约束和信息不对称来促进企业创新。本章研究为金融功能理论提供了新的经验证据，具有理论意义，并为我国金融支持企业创新的政策制定和实施提供了理论支撑。

第 7 章

金融发展和政府补助对企业创新的交互影响

7.1 引　言

前面研究可知，我国地区金融发展能够对企业创新起到了较好的资金支持作用，但根据第 3 章我国创新研发现状分析来看，我国创新投入整体水平仍然与国际排名前列的创新强国具有一定差距。中国社会融资结构目前仍以银行贷款为主，金融市场不够发达，且区域金融发展不平衡，企业仍然普遍面临融资约束问题，目前中国金融体系在支持企业创新方面还没有充分发挥作用。同时，考虑到知识的非排他性，企业难以独占创新活动带来的收益，这也削弱了企业进行创新投资的动机（Arrow，1962）。根据新古典经济学派的观点，由于企业创新活动的外部性产生了“市场失灵”问题，需要政府干预激励企业创新，促使企业创新投资规模达到社会最优水平，这也成为国家创新激励政策实施的理论依据。适当的政府干预可以弥补“市场失灵”，从而对企业研发投资具有积极影响（韩国高等，2017；郭玥，2018），政府补助是政府缓解中国企业资金短缺、激励企业创新投入的重要手段。政府补助具有资源效应和信号效应，一方面，资源效应体现为直接为企业的创新活动提供资金支持，直接缓解企业融资压力（邢会等，2019）；另一方面，政府补助也向潜在外部投资者传递了政府支持企业的积极信号，增强投资者信心，利于企业获得外部资金支持，间接缓解了企业融资约束（傅利平和李小静，2014；郭玥，2018）。政府补助作为目前我国政府缓解企业融资约束和促进企业创新投入的重要激励手段受到诸多学者关注，国内许多文献研究表明，适度的政府补助对我国企业创新投入有促进作用（吕晓军，2015；陈希敏等，2016；陈红等，2019）。

我国政府为了促进企业创新投入，一方面通过政府补助减轻企业创新活动的融资压力；另一方面推动支持创新的金融体系建设来缓解企业创新活动融资成本，那么金融发展和政府补助的交互作用对企业创新产生了怎样的影响？我国金融体系发展是否能够帮助政府补助发挥信号效应，更有效地促进企业创新？或者，政府补助作为企业外部资金来源对金融体系功能是否有替代作用？进一步地，金融发展和政府补助的交互作用对面临不同融资约束和不同信息不对称程度的企业是否有差异性影响？这将是本章要研究的问题。

7.2 理论分析和研究假设

企业创新活动具有内在的高度信息不对称性，高度的信息不对称使得企业外部投资者无法充分对创新项目做出评估，进而会导致企业难以获得用于创新活动的外部资金。而政府补助可以向潜在的外部投资者传递出一种反映企业创新项目真实信息的积极信号，获得政府补助往往反映出企业创新项目具有一定投资价值，这降低了外部投资者和企业之间的信息不对称程度，有利于企业为创新项目筹集外部资金，促使企业增加创新投入的力度。国内已有许多文献研究发现政府补助对我国企业创新能够产生激励效果（吕晓军，2015；陈希敏等，2016；陈红等，2019），近几年也有国内外学者对政府补贴的信号效应展开研究，Soderblom（2015）指出政府补贴具有对企业发展潜力的“认证效应”；陈璐（2019）和刘新民等（2020）等国内学者实证研究发现，政府补助可以增加企业外部融资，证实了政府补助发挥了信号效应。政府补助传递的信号效应要产生效果，真正缓解企业融资约束，需要金融体系信息传递和信息反馈功能的实现。金融体系越发达、金融市场越活跃、金融功能越完善，资金对市场积极信号的反馈效果越强。金融发展作为政策环境能对政府补助的创新激励效果起到正向的调节作用。另外，政府补助产生的信号效应能够引导资金流向创新项目，帮助金融体系改善资源配置，使金融体系更有效地支持企业创新。

从另一个角度来看，政府补助作为企业的外部资金来源，能够直接为企业的创新活动提供资金支持。胡永平等（2019）指出，政府补助通过直接资金注入方式减缓了企业的融资需求，分摊了部分企业的创新投资成本，并认为在金融发展水平较高的地区，企业创新活动对政府补助依赖程度低。从这一角度来看，政府补助和金融发展对企业创新投入可能会产生替代效应。

综上所述，本章提出如下竞争性假设：

假设 H7 - 1a：金融发展和政府补助的交互作用显著促进了企业创新投入。

假设 H7 - 1b：金融发展和政府补助对企业创新投入具有替代效应。

假设 H7 - 1c：金融发展和政府补助的交互作用对企业创新投入没有显著影响。

7.3 研究设计

7.3.1 实证模型设定

为研究地区金融发展和政府补助对企业创新投入的交互作用，本章构建引入金融发展和政府补助交互项的多元回归模型：

$$RD_{it} = \alpha_1 + \beta_1 FD_{it} + \beta_2 Sub_{it} + \beta_3 FD_{it} \times Sub_{it} + \beta_4 Control_{it} + Ind_j + Year_t + Reg_v + \varepsilon_{it} \tag{7-1}$$

其中，RD 表示企业创新投入，FD 为地区金融发展水平（本章具体分布从金融机构发展 Fin 和股票市场发展 Stock 两个角度来衡量），Sub 为企业获得的政府补助强度，FD × Sub 为交互项，根据 Cohen 等（2003）和 Hayes（2013）的建议，为使回归方程的系数更具解释意义，本章对 FD 和 Sub 变量进行中心化处理后计算交互项。ε 为随机扰动项，Control 表示控制变量综合，控制变量选取与前文一致，本章引入了行业、年份、地区的虚拟变量 Ind、Year、Reg，控制了行业固定效应、年份固定效应和地区固定效应。

7.3.2 变量定义和数据来源

本章新增变量是企业政府补助强度，参考韩国高等（2017）采用政府补助额度与营业收入之比来衡量，为了便于显示政府补助对创新投入的影响效果，参照夏清华等（2020）将政府补助额度和营业收入比值也乘以 100 得到 Sub 指标，数据来源于国泰安数据库。本章被解释变量为企业创新投入，分别由研发投入密度 RDTA 和研发投入强度 RDIN 来衡量，解释变量为银行业金融机构发展 Fin、股票市场发展 Stock 和政府补助强度 Sub，控制变量选择与前面一致。变量定义如表 7－1 所示。

表 7－1 主要变量定义

变量	定义	计算
被解释变量：企业创新投入		
RDTA	研发投入密度	rdta（研发费用/总资产）×100
RDIN	研发投入强度	rdin（研发费用/营业收入）×100
解释变量：金融发展		
Fin	银行业金融机构发展	参照 Hsu 等（2014）和李红等（2018）等文献做法，为各省区市年度金融机构贷款余额除以该省区市 GDP
Stock	股票市场发展	参照贾俊生等（2017）和 Xu（2020）的做法，为各省区市年度上市公司股权融资规模除以该省区市 GDP
Sub	政府补助强度	参考韩国高等（2017），政府补助额度/营业收入 ×100
控制变量		
ROA	资产报酬率	息税前利润/平均资产总额
growth	营业收入增长率	本期与上期营业收入之差除以上期营业收入
Q	托宾 Q 值	权益市场价值与负债账面价值之和除以总资产账面价值
CF	内部现金流	经营活动产生的现金流量净额/总资产

续表

变量	定义	计算
dual	两职合一	存在董事长和总经理为同一人情况1，否则0
lev	资产负债率	总负债/总资产
Fshare	股权集中度	第一大股东持股比例
Size	企业规模	Ln（总资产）
HHI	行业集中度	HHI指数越小，说明行业的产品市场竞争越强
export	是否出口	出口1，不出口0
soe	是否国企	国企1，非国企0
year	年度虚拟变量	对应2007~2018年，12个年份
Ind	行业虚拟变量	制造业取二级行业分类，其余取一级行业分类；共46个行业
Reg	地区虚拟变量	按国家统计局分类标准分为东、中、西、东北四个区域

本章仍以2007~2018年中国30省区市（不包括西藏和港澳台）的非金融业上市公司为研究样本，样本选择和数据处理方法与前面一致。本章所有企业层面数据来源于Wind和CSMAR数据库，其中研发费用数据来自Wind数据和CSMAR数据库，出口信息来自Wind数据库，政府补助和其余上市公司财务数据来自CSMAR数据库。各省区市金融发展度量指标数据来源于《中国金融统计年鉴》、各省区市统计年鉴、《中国统计年鉴》和Wind数据库。其中各省区市金融机构贷款余额来自《中国金融统计年鉴》和各省区市统计年鉴；各省区市股权融资规模来自Wind数据库，本书各省区市GDP数据来自《中国统计年鉴》。

7.4 实证分析

7.4.1 金融发展和政府补助对企业创新投入的交互影响检验

通过实证模型（7-1）检验金融发展和政府补助的交互作用对企业创

新投入的影响，回归结果如表 7 -2 所示。首先，实证结果表明，政府补助能显著促进企业创新投入。继续观察结果，表 7 -2 列（1）和列（2）中的 FinSub 表示金融机构发展和政府补助的交互作用，FinSub 对企业研发投入密度和研发投入强度的回归系数分别为 0.078 和 0.248，且在 1% 的水平上高度显著，金融机构发展和政府补助交互作用显著促进了企业加大创新投入力度。企业在获得政府补助后，向外部投资者特别是银行传递出了积极的信号，地区金融机构发展水平越高，则商业银行能够越好地对政府补助传递出的信号作出积极的响应，企业的创新能够从外部渠道获得越多的资金，有利于缓解企业创新活动的融资约束的程度，从而提高企业开展创新活动的积极性，最终促进企业加大创新投入。金融机构发展作为制度环境也使政府补助的信号效应得到更有效发挥，对政府补助的创新激励效果有正向调节作用。列（3）和列（4）中的 StockSub 表示股票市场发展和政府补助的交互作用，StockSub 对企业研发投入密度和研发投入强度的回归系数分别为 0.988 和 2.3848，且在 1% 的水平上高度显著，表明股票市场发展和政府补助交互作用显著促进了企业加大创新投入力度。这说明股票市场发展水平越高，股票市场越活跃，股票市场的投资者对政府补助的信号效应作出的反馈越积极有效，股票市场发展作为制度环境，对政府补助的创新激励作用有正向调节效应。同时政府补助强度越高传递出的积极信号也越强，也越有利于引导外部投资者将资金投入政府支持的高价值企业。实证结果说明，假设 H7 -1a 成立。

表 7 -2　　金融发展和政府补助的交互作用对企业创新投入的影响

变量	(1)	(2)	(3)	(4)
	RDTA	RDIN	RDTA	RDIN
Sub	0.065 *** (6.89)	0.536 *** (18.23)	0.063 *** (6.70)	0.522 *** (18.06)
Fin	0.136 *** (4.87)	0.359 *** (5.70)		
FinSub	0.078 *** (3.95)	0.248 *** (4.33)		

续表

变量	(1)	(2)	(3)	(4)
	RDTA	RDIN	RDTA	RDIN
Stock			1.216*** (3.46)	3.944*** (4.62)
StockSub			0.988*** (3.84)	2.378*** (3.14)
lev	-0.316*** (-4.26)	-4.055*** (-23.15)	-0.322*** (-4.35)	-4.069*** (-23.25)
Size	-0.121*** (-8.43)	0.024 (0.85)	-0.120*** (-8.36)	0.025 (0.88)
growth	0.017 (0.57)	-0.146** (-2.12)	0.015 (0.51)	-0.151** (-2.18)
CF	1.992*** (9.63)	0.136 (0.33)	1.996*** (9.64)	0.171 (0.41)
dual	0.077*** (2.84)	0.389*** (6.49)	0.078*** (2.91)	0.393*** (6.55)
Q	0.144*** (9.15)	0.333*** (9.51)	0.145*** (9.18)	0.334*** (9.56)
Fshare	-0.006 (-0.08)	-0.769*** (-4.67)	0.007 (0.09)	-0.745*** (-4.53)
ROA	1.823*** (6.47)	-4.430*** (-7.20)	1.807*** (6.42)	-4.467*** (-7.25)
export	0.238*** (8.82)	0.177*** (2.89)	0.235*** (8.71)	0.171*** (2.78)
SOE	0.013 (0.44)	-0.426*** (-7.39)	0.016 (0.58)	-0.420*** (-7.29)
HHI	-0.710* (-1.78)	-4.550*** (-4.65)	-0.637 (-1.60)	-4.310*** (-4.40)

续表

变量	(1)	(2)	(3)	(4)
	RDTA	RDIN	RDTA	RDIN
_cons	3.885*** (12.44)	4.234*** (7.02)	4.015*** (12.80)	4.601*** (7.60)
Year & Ind & Reg	Yes	Yes	Yes	Yes
N	17310	17310	17310	17310
R^2	0.344	0.439	0.343	0.437

注：*、**、*** 表示在 10%、5%、1% 水平显著，括号内为稳健性 t 值。

政府补助资金能为企业创新活动弥补一部分资金缺口，但面对于大额的研发资金需求仍然远远不足。而政府补助可以向外部投资者传递出关于企业创新项目的积极信号，通过金融体系的信息传递和反馈，引导资金流向创新项目，从根本上缓解企业融资困境。本章的研究发现政府补助和企业研发的交互作用显著促进了企业创新投入，因此，我国创新激励政策应将政府“有形之手”和金融市场化发展相结合。

7.4.2 稳健性检验：替换金融发展衡量指标

为进一步检验结果稳健性，得出更可靠的经验证据，本章替换金融发展指标分别为 Fin2（省际金融机构存贷款之和/GDP）和 Stock2（省际上市公司股票市值总额/GDP）再次进行实证检验，结果如表 7－3 所示。

表 7－3　金融发展和政府补助的交互作用对企业创新投入的影响（替换金融发展指标）

变量	(1)	(2)	(3)	(4)
	RDTA	RDIN	RDTA	RDIN
Sub	0.062*** (6.71)	0.517*** (18.29)	0.059*** (6.46)	0.512*** (18.07)

续表

变量	(1)	(2)	(3)	(4)
	RDTA	RDIN	RDTA	RDIN
Fin2	0. 058 *** (6. 29)	0. 163 *** (7. 62)		
Fin2Sub	0. 027 *** (4. 17)	0. 082 *** (4. 44)		
Stock2			0. 039 *** (5. 07)	0. 125 *** (6. 75)
Stock2Sub			0. 021 *** (4. 08)	0. 051 *** (3. 20)
_cons	3. 979 *** (12. 72)	4. 493 *** (7. 44)	4. 109 *** (13. 03)	4. 900 *** (8. 01)
控制变量	Yes	Yes	Yes	Yes
Year & Ind & Reg	Yes	Yes	Yes	Yes
N	17310	17310	17310	17310
R^2	0. 345	0. 441	0. 345	0. 440

注：*、**、*** 表示在 10%、5%、1% 水平显著，括号内为稳健性 t 值。

表 7－3 列（1）和列（2）中的 Fin2Sub 表示银行业金融资产规模扩张和政府补助的交互作用，Fin2Sub 对企业研发投入密度和研发投入强度的回归系数分别为 0. 027 和 0. 082，且在 1% 的水平上高度显著，金融机构发展和政府补助交互作用显著促进了企业创新投入。列（3）和列（4）中的 Stock2Sub 表示股票市值规模扩张和政府补助的交互作用，Stock2Sub 对企业研发投入密度和研发投入强度的回归系数分别为 0. 021 和 0. 051，且在 1% 的水平上高度显著，表明股票市场发展和政府补助交互作用显著促进了企业创新投入。替换金融发展衡量指标后，实证结果表明假设 H7－1a 仍然成立。

7.4.3 进一步检验——异质性融资约束水平下分组检验

前面研究表明，融资约束制约了我国企业创新。外部融资对于企业创新活动的开展和进行十分重要，我国为了促进企业创新投入，一方面通过政府补助减轻企业创新活动的融资压力；另一方面推动支持创新的金融体系建设来缓解企业创新活动融资成本，政府补助和金融发展都能为企业创新提供外部资金支持，那么，本章进一步研究金融发展和政府补助的交互作用对不同融资约束企业有何不同影响，本章按照融资约束 FC 大小将样本企业等距分为两组，分别为低融资约束组和高融资约束组，再对模型（7－1）进行分组回归检验，结果如表 7－4 和表 7－5 所示。

表 7－4　金融机构发展和政府补助的交互作用对不同融资约束对企业创新投入的影响

变量	低融资约束组		高融资约束组	
	(1)	(2)	(3)	(4)
	RDTA	RDIN	RDTA	RDIN
Sub	0.073*** (6.07)	0.558*** (14.67)	0.059*** (3.76)	0.465*** (10.50)
Fin	0.072* (1.87)	0.269*** (2.98)	0.205*** (4.86)	0.447*** (4.95)
FinSub	0.045* (1.94)	0.196*** (2.68)	0.136*** (3.81)	0.315*** (3.46)
_cons	3.626*** (8.61)	4.136*** (5.06)	4.093*** (7.99)	4.317*** (4.21)
控制变量	Yes	Yes	Yes	Yes
Year & Ind & Reg	Yes	Yes	Yes	Yes
N	8655	8655	8655	8655
R^2	0.344	0.454	0.359	0.437

注：*、**、*** 表示在 10%、5%、1% 水平显著，括号内为稳健性 t 值。

表 7-5　股票市场发展和政府补助的交互作用对不同融资约束企业创新投入的影响

变量	低融资约束组		高融资约束组	
	(1)	(2)	(3)	(4)
	RDTA	RDIN	RDTA	RDIN
Sub	0.073*** (5.95)	0.563*** (14.45)	0.049*** (3.28)	0.441*** (10.40)
Stock	0.218 (0.49)	1.859* (1.68)	2.494*** (4.24)	6.711*** (4.90)
StockSub	0.622** (2.30)	1.634* (1.87)	1.741*** (3.15)	3.947*** (2.76)
_cons	3.647*** (8.63)	4.246*** (5.18)	4.410*** (8.64)	5.047*** (4.97)
控制变量	Yes	Yes	Yes	Yes
Year & Ind & Reg	Yes	Yes	Yes	Yes
N	8655	8655	8655	8655
R^2	0.343	0.452	0.359	0.437

注：*、**、*** 表示在 10%、5%、1% 水平显著，括号内为稳健性 t 值。

在表 7-4 中，两个样本组交互项 FinSub 对 RDTA 和 RDIN 估计系数都为正，但高融资约束组交互项估计系数值的大小和显著性都高于低融资约束组，说明企业融资约束越高，政府补助和金融机构发展的交互作用对企业创新投入的促进效果越强。在表 7-5 中，两个样本组交互项 StockSub 对 RDTA 和 RDIN 估计系数都为正，但高融资约束组交互项估计系数值的大小和显著性都高于低融资约束组，说明企业融资约束越高，政府补助和股票市场发展的交互作用对企业创新投入的促进效果越强。政府补助的信号效应引导金融机构和股票市场投资者为有价值的企业提供资金支持，提高资源配置效率，缓解企业融资约束，越发达的金融体系对政府补助信号的反馈效率越高，因此对于融资约束越严重的企业，金融发展对政府补助创新激励的正向调节作用更大。以上结果表明，在政府补助和金融发展共同作用下，有利于为企业提供资金支持，对融资约束问题较严重的企业创新投入的促进效果更大。

7.4.4 进一步检验——异质性信息不对称程度下分组检验

进一步研究金融发展和政府补助的交互作用对不同信息透明度的企业有何不同影响，本章按照第6章构建的企业和外部投资者之间信息不对称程度指标Asy大小将样本企业等距分为两组，分别为低信息不对称组和高信息不对称组，再对模型（7-1）进行分组回归检验，结果如表7-6和表7-7所示。

表7-6 银行业金融机构发展和政府补助的交互作用对不同信息透明度企业创新投入的影响

变量	低信息不对称组		高信息不对称组	
	(1)	(2)	(3)	(4)
	RDTA	RDIN	RDTA	RDIN
Sub	0.056*** (3.90)	0.486*** (10.62)	0.077*** (5.98)	0.580*** (15.87)
Fin	0.062 (1.62)	0.279*** (3.30)	0.208*** (5.07)	0.421*** (4.44)
FinSub	0.061* (1.93)	0.107 (1.17)	0.097*** (3.92)	0.401*** (5.91)
_cons	2.793*** (5.80)	3.957*** (4.33)	6.241*** (11.53)	7.117*** (6.25)
控制变量	Yes	Yes	Yes	Yes
Year & Ind & Reg	Yes	Yes	Yes	Yes
N	8655	8655	8655	8655
R^2	0.389	0.459	0.311	0.431

注：*、**、***表示在10%、5%、1%水平显著，括号内为稳健性t值。

表7-7　股票市场发展和政府补助的交互作用对不同信息透明度企业创新投入的影响

变量	低信息不对称组		高信息不对称组	
	(1)	(2)	(3)	(4)
	RDTA	RDIN	RDTA	RDIN
Sub	0.050*** (3.49)	0.471*** (10.18)	0.077*** (6.04)	0.576*** (15.61)
Stock	0.381 (0.88)	2.545** (2.51)	2.707*** (4.44)	6.951*** (4.46)
StockSub	0.911** (2.57)	1.925* (1.88)	1.227*** (3.56)	3.673*** (3.50)
_cons	2.875*** (5.93)	4.284*** (4.66)	6.427*** (11.90)	7.422*** (6.50)
控制变量	Yes	Yes	Yes	Yes
Year & Ind & Reg	Yes	Yes	Yes	Yes
N	8655	8655	8655	8655
R^2	0.389	0.459	0.310	0.426

注：*、**、***表示在10%、5%、1%水平显著，括号内为稳健性t值。

在表7-6中，两个样本组交互项FinSub对RDTA和RDIN估计系数都为正，但高信息不对称组交互项估计系数值的大小和显著性都高于低信息不对称组，说明企业信息透明度越低，政府补助和金融机构发展的交互作用对企业创新投入的促进效果越强。对于信息透明度较低的企业，银行业金融机构需要花费更多的成本来收集、验证和评估关于企业经营情况的信息，而政府补助传递出一种反映企业创新项目真实信息的积极信号，有利于降低银行和企业之间的信息不对称程度，减少银行为了验证企业信息真实性和投资价值而花费的信息成本，进而有利于企业创新项目获得资金支持，促进企业创新投入。在表7-7中，两个样本组交互项StockSub对RDTA和RDIN估计系数都为正，但高融资约束组交互项估计系数值的大小和显著性都高于低融资约束组，说明企业信息透明度越低，政府补助和股票市场发展的交互作用对企业创新投入的促进效果越强。政府补助强度能发挥对于企业发展潜力的“认证效应”(Soderblom, 2015),有利于增强股票市场投资者信心,引导股票市场资金流向高质量企业。以上结果表明,政府补助的信号效应对与外部投资者信息不对称程度较严重的企业产生的影响更大,在政府补助和金融发展共同作用下,有利于为信息不对称程度严重(低信息透明度)的企业提供资金支持,促进企业创新投入增加。

7.5 本章小结

外部融资对于企业创新活动至关重要,企业外部资金主要来自金融体系的资金支持和政府补助。我国政府为了促进企业创新投入,一方面通过政府补助减轻企业创新活动的融资压力;另一方面推动支持创新的金融体系建设来缓解企业创新活动融资成本。本章还是从企业创新的融资问题出发,将金融发展和政府补助纳入同一研究框架,实证研究表明,政府补助和金融发展都能显著促进企业创新投入,而两者的交互作用也显著促进了企业创新投入,这种交互作用对于融资约束和信息不对称较严重的企业影响更大。

政府补助不仅可以给予企业直接的资金补充,还可以向潜在的外部投资者传递出一种反映企业创新项目真实信息的积极信号,获得政府补助往往反映出企业创新项目具有一定投资价值,这降低了外部投资者和企业之间的信息不对称程度。金融体系越发达、金融市场越活跃、金融功能越完善,资金对市场积极信号的反馈效果越强,金融发展作为政策环境能对政府补助的创新激励效果起到正向的调节作用。另外,政府补助产生的信号效应能够引导资金流向创新项目,帮助金融体系改善资源配置,使金融体系更有效地支持企业创新。

根据本章结论,为有效缓解企业融资约束,促进企业创新投入,我国创新激励政策应将政府“有形之手”和金融市场化发展相结合,政府应明确其在缓解企业融资约束促进创新投入的金融政策当中的服务型职能定位,以金融体系的金融功能实现为基础，注重发挥政府支持有限金融资源流向企业创新配置的引导作用。政府筛选给予补助的企业不仅要考察企业创新项目的价值，还要注重考察企业自身面临的融资约束和信息不对称问题的情况，更有针对性地实施补贴政策，以提高创新激励政策的实施效果。

第 8 章

研究结论和展望

8.1 研究结论

本书可以分为三大部分，第一部分是理论分析和文献综述，第二部分是事实分析，第三部分是核心的实证分析。

第一部分，梳理相关理论基础、理论研究和经验研究并进行文献综述。第一，关于融资约束和企业创新。本书以信息不对称理论和委托代理理论为基础，结合已有文献研究从企业创新活动特点出发，对企业创新的融资约束问题进行理论分析，并对关于融资约束和企业创新相关关系的实证研究成果进行文献综述。第二，关于金融发展和企业创新。首先，本书分别从金融结构观和金融功能观出发，就金融发展对企业创新的影响进行理论分析。其中，从金融功能观出发，金融发展主要通过融资功能、信息收集处理功能和风险配置功能，提高资金配置效率、缓解企业融资约束、分散创新项目风险以及对创新项目进行激励和监督，促进了企业创新；从金融结构观的角度，商业银行和资本市场在支持企业创新方面各具不同的优势。其次，本书对关于金融发展和企业创新相关关系的实证研究成果进行文献综述。第三，关于金融发展、融资约束和企业创新。首先，对金融发展缓解企业融资约束的相关研究进行综述；其次，本书对于研究金融发展、融资约束和企业创新三者关系的文献进行梳理总结。在从以上三个方面进行理论分析和文献综述的基础上，本书进行文献评述，总结评述了已有文献的研究方法、研究结论、整体研究现状和不足之处。

第二部分，对中国创新研发和金融发展的制度背景和现状进行梳理和分析。在创新方面，自改革开放以来，中国的创新战略经历了科技体制的重建、创新战略体系的全面市场化改革，如今已上升为国家核心战略，科技创新在国家发展战略规划中的地位逐渐上升。与此同时，近年来，我国总体创新研发水平持续快速增长，已取得了巨大成就，企业创新的主体地位也日渐凸显，上市公司研发投入在中国企业研发经费中占有很大比例。但是我国创新研发水平与国际上的创新强国之间仍存在较大距离，且存在区域创新研发水平不平衡的问题。在金融发展方面，我国商业银行和资本市场近年来也取得了较快发展，多项政策实施促进金融体系发挥对企业创新的支持作用，我国金融改革仍在不断推进和深化过程中；银行在我国金融体系中仍占据主导地位，直接金融占比有上升趋势但比重仍然较低，我国区域金融发展也存在明显的发展不平衡问题。

第三部分为全书核心内容，本书以2007～2018年中国沪深两市非金融上市公司为研究样本进行实证研究，主要研究内容和研究结论包括以下四个方面。

（1）融资约束对企业创新的影响。实证研究部分，本书采用SA指数、KZ指数和WW指数法构建融资约束指标，检验了融资约束对企业创新的影响。实证研究显示，第一，融资约束显著抑制了我国上市公司的创新投入，尤其是对较小规模企业和非国有企业。第二，融资约束对上市公司创新绩效也产生了负面影响，具体来看，融资约束对创新产出的数量和质量都有抑制作用。该研究结论丰富了相关研究领域的研究结论，弥补了相关文献主要探讨了融资约束对企业创新投入或创新决策影响的不足，从创新绩效的角度，以更全面的视角检验了融资约束对企业创新的影响。

（2）金融发展对企业创新的影响。本书实证研究表明，第一，地区银行业金融机构发展和股票市场发展能显著促进企业创新投入增加。第二，银行部门和股票市场发展对非国有企业、较小规模企业、研发水平较高企业的创新投入促进效果更强。第三，基于不同区域，东部地区银行部门发展对企业创新促进作用最显著，其次是东北地区；只有东部地区的股票市场发展显著促进了企业创新投入。第四，分位数回归再次验证了金融发展促进企业创新投入的稳健性。研究结果还表明，金融机构发展和股票市场发展对企业创新投入边际影响随着创新投入增加，整体呈上升趋势。第五，考虑创新绩效，银行业金融机构发展对企业创新产出数量没有显著影响，但是与企业创新产出的质量显著正相关。这说明银行业金融机构对企业创新绩效的促进作用，并没有体现在粗放式的专利申请数量增长，而是推动了企业实质性创新。股票市场发展也显著促进了企业创新产出质量，其中，地区股票市场融资规模扩张只显著促进了企业创新产出的质量，地区股票市值规模扩张对企业创新产出数量和质量都显著正相关，其中对创新产出质量的影响更显著。

（3）金融发展对企业创新的影响机制检验。本书验证了金融发展和企业创新之间的因果关系。第一，此部分研究将前两部分的实证研究工作串联起来，从融资约束视角检验了金融发展对企业创新的影响机制，验证了融资约束在金融发展（包括银行部门发展和股票市场发展，下同）影响企业创新投入过程中的显著中介效应，同时实证发现企业融资约束越严重，金融发展对企业创新投入促进作用越强，以及金融发展显著缓解了融资约束对企业创新投入的抑制作用。融资约束分组回归结果表明，股票市场更有针对性地促进了高融资约束企业的创新投入，银行部门对低融资约束组和高融资约束组促进作用都显著，但对高融资约束企业影响更大。第二，本书还从金融功能观出发，创新性地采用了信息不对称的研究视角，构建指标衡量企业信息不对称程度，通过分组回归和对交互项检验的实证研究发现，企业信息不对称程度越高，金融发展对企业创新投入的促进作用越强，以及金融发展缓解了信息不对称对企业创新的抑制作用。本书的研究发现金融发展能通过缓解融资约束和信息不对称，促进企业创新。

（4）金融发展和政府补助对企业创新的交互影响。政府补助和金融发展都能显著促进企业创新投入，而两者的交互作用也显著促进了企业创新投入，这种交互作用对于融资约束和信息不对称较严重的企业影响更明显。该结论侧面验证了我国政府补贴的信号效应，并表明政府补贴的创新激励政策的高效实施有赖于金融体系发展，金融发展对政府补助的创新激励效果有正向调节作用，由此也揭示了金融发展对企业创新的间接影响渠道。

8.2 政策建议

根据本书的研究结论，结合我国实际情况，提出以下政策建议。

（1）加快金融发展，促进金融资源有效配置。

我国企业普遍面临融资约束问题，本书的研究样本是上市公司，研究发现融资约束问题是企业创新研发水平提升的一大严重阻碍，而非上市公司大多为私营和规模相对更小的企业，受融资约束影响往往会更加严重。而本书研究发展金融发展能够通过缓解企业融资约束，从而促进企业创新水平提升，并对政府补助的创新激励效果产生正向调节作用。本书的研究表明金融发展能显著促进企业创新投入和创新产出质量。因此，我国应大力推动区域金融发展，深化金融改革，从创新驱动发展战略出发，构建创新金融支持体系，为企业创新活动提供高效的金融服务。在促进金融体系信贷市场和资本市场规模发展的同时，要更加注重金融功能的实现，提高金融资源配置效率。本书的研究结论表明，金融发展对较小型企业、非国有企业、高研发水平和融资约束问题严重的企业的创新推动作用更强，因此，应提升金融体系对企业和投资项目的甄别能力，把握资金流向，注重向私营企业、中小企业、创新型企业和真正存在融资约束企业的资金倾斜，提升风险控制能力，有效配置资源，以更有效率地实现金融发展对企业创新的促进作用。

（2）继续推动银行业发展，发挥银行业优势支持企业创新。

第一，加快银行业发展，改善区域发展不平衡性。本书的研究表明，银行业信贷市场发展能显著促进企业创新，且根据分组检验和分位数回归结果，相比于股票市场，银行业对企业创新的促进作用更稳定。考虑到我国金融体系始终以银行业金融机构为主导，银行业对我国企业创新和经济增长起到了不可替代的关键作用。我国应注重银行业发展，并发挥规模优势和资源优势，提升银行业对企业创新的金融服务水平。此外，应改善银行业发展的区域不平衡性，不同地区要根据自身金融业和企业创新发展情况来制订金融体系发展规划，使得金融体系更快更有效地支持企业创新，特别是西部地区要重点提升信贷资源的配置效率，关注资金流向，让更多银行信贷资金流向企业创新研发项目。

第二，要从商业银行的优势出发，促进银行对企业创新的支持作用。本书第 2 章指出商业银行可以在保障企业无须向社会披露更多创新项目信息的前提下，通过收集专有信息来评估和筛选企业项目，银行往往与企业保持密切联系，银行债权融资能给企业带来比较稳定的资金来源，银行体系可以面对不同客户不同需求有针对性地提供金融服务。基于商业银行优势，银行业应从以下方面提升对企业创新的金融服务水平：一是发挥并提升银行专业性优势，推动银行设立专门服务企业创新的部门，开发适合高新技术企业的信贷模式和专属产品，积极发展知识产权质押融资等服务，针对不同成长阶段的创新企业和创新项目的不同特点和进程，制定专业化个性化的金融服务，同时应积极创设专业的科技银行。二是聘请专业性人才评估和监督企业创新项目，缓解企业创新项目信息不对称问题，培育知识技能全面的科技和金融复合型人才，引进有创业投资方面经验的人才。三是以科技创新改变传统金融服务方式，注重金融创新提升业务效率，利用大数据提升信息处理、银行管理和金融服务水平，加强产品和服务创新，优化信贷投放机制，提升资源配置效率。四是要结合科技产业的特点，建立风险监测框架。商业银行还应加强与产权交易、第三方权威评估公司等相关机构的合作，加强对创新型企业风险鉴定和资产评估。

（3）加快资本市场发展，完善现代金融市场体系建设。

学术界就金融市场对企业创新的积极作用给予了较大肯定，股票市场独特的利益激励、风险分担和投资退出机制，有利于为高风险高回报的创新型项目提供资金支持。本书的研究表明，股票市场发展显著促进了上市公司创新。目前相比于西方发达国家，我国社会直接融资占比仍然很低，现有的资本市场发展结构也难以满足中小企业的融资需求。关于加快发展资本市场支持企业创新，本书提出以下具体建议：一是继续加快推进注册制改革，促进新股发行常态化，帮助更多科创企业上市融资。二是明确各层次市场的细分定位，在创业板和“新三板”准入标准中加入反映企业创新水平和成长潜力的考核指标，并精细化对企业创新能力和成长潜力的考察。三是完善转板制度，让发展到不同阶段的创新型企业进入新市场提供顺畅的升板机制，提高转板效率，更好地为企业发展壮大提供足够资金支持。四是推动区域资本市场发展，尤其是中部、西部和东北地区应积极加快资本市场发展，支持培育优质企业上市，并完善区域性股权交易市场。五是发挥债券市场对企业创新的支持作用，探索多样化的偿债保障条款和增信机制创新，促进双创债券发展，拓宽企业融资渠道。

（4）制定全面政策，解决中小、民营企业融资约束问题。

本书的研究表明，融资约束对小规模企业和非国有企业的抑制作用更大，因此，要提高我国企业创新整体水平，要注重缓解中小、民营企业的融资约束问题。而缓解中小、民营企业融资约束问题，不仅要靠金融政策扶持，还应从问题成因出发，制定全面政策解决问题。

第一，制定金融政策精准扶持中小、民营企业。商业银行应加快普惠金融部门发展，注重业务创新，提升对中小、民营企业金融服务水平。资本市场方面，应加快发展面向中小企业的资本市场，特别是“新三板”（全国中小企业股份转让系统）和“新四板”（区域性股权交易市场）的建立和发展。

第二，多方面制定政策，要从信息不对称问题出发解决融资约束问题。相关政策不能一味从金融体系角度出发给予民营和中小企业的金融倾斜政策，更应从融资约束成因出发缓解企业融资约束问题。根据本书梳理的理论研究结论，融资约束主要源于信息不对称和代理问题。直接融资市场往往要求企业进行信息披露和公正的会计和审计来提升其经营状况透明度，中小企业往往难以达到要求且相应花费也给企业带来较大负担，而信息透明度低的中小企业也难以承担直接融资为此要求的风险溢价，再加上我国资本市场不够完善、门槛较高，中小企业融资主要来自间接融资。而中小企业财务制度不规范以及经营背景造假和财务造假普遍，增加了银行对企业真实情况核实、评估的难度，中小、民营企业违约率和不良率高，是银行信贷“歧视”的一个重要原因。要消除这种信贷“歧视”不能单方面要求银行部门增加对中小、民营企业信贷支持，还应联合政府、监管部门等多方面采取措施缓解中小企业和外部投资者之间的信息不对称，减少道德风险问题，由此提出以下建议：一是建立中小企业信用评级系统，可优先将科技型中小企业纳入信用评级系统，并将企业各类途径的融资信息纳入监管平台，推进详细的信息收集和共享，便于资金供给方掌握企业从民间借贷等其他途径融资情况和各类违约受罚等信息，降低信息成本。二是政府和司法部门提供司法支持，严厉打击逃废债行为，建立良好社会信用环境，减轻银行不良资产处置压力，将信贷资源留给高质量企业。三是政府扶持民营、中小型科技企业的政策中，要重视规范企业财务制度，提升财务透明化。四是要重视供应链金融服务模式推广和创新来缓解科技型中小企业融资约束，在发挥商业银行主体作用的同时，也应着力推动政府、科技产业园、科技类小贷公司等其他主体的金融创新。

（5）注重发挥政府支持金融资源向企业科技创新配置的引导作用。

企业创新活动的外部性和高风险所导致的“市场失灵”，为政府补助提供了理论依据。政府补助资金能为企业创新活动弥补一部分资金缺口，但面对大额的研发资金需求仍然远远不足。而政府补助可以向外部投资者传递出关于企业创新项目的积极信号，通过金融体系的信息传递和反馈，引导资金流向创新项目，从根本上缓解企业融资困境。本书的研究发现政府补助和企业研发的交互作用显著促进了企业创新投入，因此我国创新激励政策应将政府“有形之手”和金融市场化发展相结合，注重政府激励政策信号效应的引导作用，以金融体系金融功能发挥为基础，促进政府政策激励效应的高效实现。具体来看，第一，政府在缓解企业融资约束促进创新投入的金融政策当中，要明确服务型职能定位。政府补助，特别是专项创新补助，能够起到“质量认证”和对金融资源的信号引导作用，避免了多方投资者对企业技术能力的重复评估工作，降低了投资者的信息成本。第二，政府筛选给予补助的企业要同时考虑两方面因素，一是企业创新项目的价值和发展潜力，二是企业自身融资约束和信息透明度情况。本书的研究表明，金融发展和政府补助交互作用对融资约束和信息不对称程度较高的企业促进作用更明显，政府补助是为了缓解企业融资需求，降低企业融资成本，外部资金可得性对融资约束更严重的企业影响更大，因此政府不仅要考察企业创新项目价值，还要关注企业财务状况和融资环境，提高政府创新激励政策实施的效率。第三，政府应加强对获得补贴企业资金使用情况的跟踪和监督，尽量杜绝企业“骗补”行为，同时也有利于降低其他外部资金供给者的代理成本。第四，政府应充分发挥资源整合优势，联合专业机构建立创新型企业评估平台，特别是将更多中小企业纳入评估平台，力求在保障企业创新项目关键信息隐私的同时也能传递反映企业创新项目价值的有益信息，如行业发展前景、国内外竞争情况等，为外部投资者了解企业项目相关信息提供便利，为投资者判断企业价值提供参考。

8.3 研究展望

本书的研究存在以下不足和进一步研究的空间。

（1）本书样本数据选择具有局限性，考虑数据可得性，本书的研究样本为上市公司，而未将非上市公司纳入在内，虽然上市公司总体研发支出在我国企业研发经费支出中占很大比重，但不能完全涵盖我国企业类型。笔者期待未来相关数据丰富完善后，进行更全面的实证检验，以得到更有普遍意义的结论。

（2）本书参考了国外经典文献，选择从银行部门和股票市场两个方面讨论了金融发展对企业创新的影响，后续研究可以进一步搜集数据，考虑债券市场和风险投资等其他金融体系组成部分，更全面地了解金融体系对企业创新的影响。增加不同金融子体系对企业创新影响的相关理论和经验研究，对于探究创新驱动发展战略下创新支持金融体系的建设有重要意义，未来可以沿这一方向继续深入展开研究。

附 录 A

表 A-1　　关于金融发展对企业信息不对称性的回归结果

变量	(2)	(3)
	Asy	Asy
Fin	-0.0003*** (-2.90)	
Stock		-0.005*** (-3.98)
ROA	-0.011*** (-10.06)	-0.011*** (-10.06)
Size	-0.004*** (-73.65)	-0.004*** (-73.26)
growth	0.0001*** (3.38)	0.0001*** (3.45)
CF	-0.003*** (-3.53)	-0.003*** (-3.56)
dual	-0.000 (-0.59)	-0.000 (-0.59)
lev	0.003*** (9.07)	0.003*** (9.04)
Fshare	0.008*** (23.25)	0.008*** (23.30)

续表

变量	(2)	(3)
	Asy	Asy
export	0. 0004 *** (3. 26)	0. 0004 *** (3. 22)
SOE	-0. 0004 *** (-3. 66)	-0. 0004 *** (-3. 57)
HHI	0. 010 *** (6. 21)	0. 010 *** (6. 19)
_cons	0. 105 *** (89. 80)	0. 105 *** (89. 15)
Year & Ind & Reg	Yes	Yes
N	17310	17310
R^2	0. 597	0. 598

注：括号内为稳健性 t 统计量。

参 考 文 献

[1] Acemoglu, D. & Zilibotti, F. Was Prometheus Unbound by Chance? Risk, Diversification, and Growth [J]. Journal of Political Economy, 1997, 105: 709 - 775.

[2] Aghion, P. & Howitt, P. Model of Growth Through Creative Destruction [J]. Econometrica, 1992, 60 (2): 323 - 351.

[3] Aghion, P. & Howitt, P. The Economic of Growth [M]. Massachusetts: MIT Press, 2009.

[4] Aghion, P., Askenazy, P. & Berman, N., et al. Credit Constraints and the Cyclicality of R&D investment: Evidence from France [J]. Journal of the European Economic Association, 2012, 10 (5): 1001 - 1024.

[5] Agostino, M., Gagliardi, F. & Trivieri, F. Bank Competition, Lending Relationships and Firm Default Risk: An Investigation of Italian SMEs [J]. International Small Business Journal, 2012, 30 (8): 907 - 943.

[6] Akerlof, G. Market for Lemons [J]. Journal of Economics, 1970, 7 (16): 1372 - 1391.

[7] Alfonso, E. D. & Giannangeli, S. Outsourcing Innovation and the Role of Bank Deft for SMEs [R]. Unicredit Foundation Working Paper, 2012.

[8] Allen, F. Stock Markets and Resource Allocation, Capital Markets and Financial Interrnecliation [M]. Cambridge University Press, Cambridge, 1993.

[9] Allen, F. & Gale, D. Diversity of option and financing of new technologies [J]. Journal of Financial Intermediation, 1999, 8 (12): 68 - 89.

[10] Allen, F. & Gale, D. Financial Contagion [J]. The Journal of Political

Economy, 2000, 108 (1): 1 - 33.

[11] Allen, F., Qian, J. & Qian, M. Law, Finance, and Economic Growth in China [J]. Journal of Financial Economics, 2005, 77 (1): 57 - 116.

[12] Allen, F., Carletti, E. & Qianc, J. Q., et al. Financial Intermediation, Markets, and Alternative Financial Sectors [J]. Economics Working Papers, 2013, 2: 759 - 798.

[13] Almeida, H. & Campello, M. Financial Constraints, Asset Tangibility, and Corporate Investment [J]. Review of Financial Studies, 2007, 20 (5): 1429 - 1460.

[14] Amihud, Y. Liquidity and Stock Returns: Cross - section and Time - series Effects [J]. Journal of Financial Markets, 2002, 5 (1): 31 - 56.

[15] Amore, M. D., Schneider, C. & Zaldokas, A. Credit Supply and Corporate Innovation [J]. Journal of Financial Economics, 2013, 109 (3): 835 - 855.

[16] Arrow, K. Economic Welfare and the Allocation of Resources for Invention [M]. The Rate and Direction of Inventive Activity: Economic and Social Factors. NBER, 1962: 609 - 626.

[17] Asker, J., Farre - Mensa, J. & Ljungqvist, A. Comparing the Investment Behavior of Public and Private Firms [R]. Working paper, 2011.

[18] Ayyagari, M., Demirguc - Kunt, A. & Maksimovic, V. Firm Innovation in Emerging Markets: The Role of Finance, Governance and Competition [J]. Journal of Financial & Quantitative Analysis, 2011, 46 (6): 1545 - 1580.

[19] Bank, M., Larch, M. & Peter, G. Google Search Volume and Its Influence on Liquidity and Returns of German Stocks [J]. Financial Markets and Portfolio Management, 2011, 25 (3): 239 - 264.

[20] Barber, B. M. & Odean, T. All that Glitters: The Effect of Attention and News on the Buying Behavior of Individual and Institutional Investors [J]. Review of Financial Studies, 2008, 21 (2): 785 - 818.

[21] Baum, C. F., Schafer, D. & Talavera, O. The Impact of the Financial System's Structure on Firm's Financial Constraints [J]. Journal of International Money

and Finance, 2011, 30 (4): 678 -691.

[22] Beck, T. , Levine, R. & Loayza, N. Finance and the Source of Growth [J]. Journal of Financial Economics, 2000, 58: 261 -300.

[23] Beck, T. & Levine, R. Industry Growth and Capital Allocation: Does Having a Market - or Bank - based System Matter? [J]. Journal of Financial Economics, 2002, 64 (2): 147 -180.

[24] Beck, T. , Demirguc - Kunt, A. & Maksimovic, V. Bank Competition and Access to Finance: International Evidence [J]. Journal of Money Credit & Banking, 2004, 36 (3): 627 -648.

[25] Beck, T. , Demirguc - Kunt, A. & Maksimovic, V. Financial and Legal Constraints to Growth: Does Firm SizeMatter? [J] Journal of Finance, 2005, 60 (1): 137 -177.

[26] Benfratello, L. , Schiantarelli, F. & Sembenelli, A. Banks and Innovation: Micro - econometric Evidence on Italian Firms [J]. Journal of Financial Economics, 2008, 90 (2): 197 -217.

[27] Bergemann, D. & Hege, U. The Financing of Innovation: Learning and Stopping [J]. Rand Journal of Economics, 2005, 36 (4): 719 -752.

[28] Berger, A. N. & Udell, G. F. Collateral, Loan Quality, and Bank Risk [J]. Journal of Monetary Economics, 1990, 25: 21 -42.

[29] Berlin, M. & Mester, L. On the Profitability and Cost of Relationship Lending [J]. Journal of Banking and Finance, 1998, 22: 873 -897.

[30] Blackburn, K. & Hung, V. T. A Theory of Growth, Financial Development and Trade [J]. Economica, 1998, 65 (257): 107 -124.

[31] Bloch, C. R&D Investment and Internal Finance: The Cash Flow Effect [J]. Economics of Innovation and New Technology, 2005, 14 (3): 213 -223.

[32] Bond, S. , Harhoff, D. & Reenen, J. V. Investment, R&D and Financial Constraints in Britain and Germany [R]. Working Paper, London School of Economics and Political Science, 2003.

[33] Boot, A. W. A. Relationship Banking: What Do We Know? [J]. Journal

of Financial Intermediation, 2000, 9 (1): 7 –25.

[34] Boot, A. W. A. & Thakor, A. V. Financial system architecture [J]. Review of Financial studies, 1997, 10 (3): 693 –733.

[35] Boot, A. W. A. & Thakor, A. V. Can Relationship Banking Survive Competition [J]. The Journal of Finance, 2000, 55 (2): 679 –713.

[36] Bougheas. S. , Gorg, H. & Strobl, E. Is R&D Financially Constrained? Theory and Evidence from Irish Manufacturing [J]. Review of Industrial Organization, 2003, 22 (2): 159 –174.

[37] Bravo – biosca, A. Essays on Innovation and Finance [D]. Cambridge, MA: Harvard University, 2007.

[38] Broome, T. , Moore, W. & Alleyneb, P. Financing Constraints and the R&D Decision in the Caribbean [J]. Entrepreneurship and Regional Development, 2018, 30 (3): 1 –23.

[39] Brown, J. R. Fazzari, S. M. & Petersen, B. C. Financing Innovation and Growth: Cash Flow, External Equity and the 1990s R&D Boom [J]. Journal of Finance, 2009, 64 (1): 151 –185.

[40] Brown, J. R. & Petersen, B. C. Why Has the Investment – Cash Flow Sensitivity Declined So Sharply? Rising R&D and Equity Market Developments [J]. Journal of Banking & Finance, 2009, 33 (5): 971 –984.

[41] Brown, J. R. , Martinsson, G. & Petersen, B. C. Do Financing Constraints Matter for R&D? [J]. European Economic Review, 2012a, 56 (8): 1512 –1529.

[42] Brown, J. R. , Martinsson, G. & Petersen, B. C. Law, Stock Markets, and Innovation [J]. Journal of Finance, 2012b, 68 (4): 1517 –1549.

[43] Brown, J. R. , Martinsson, G. & Petersen, B. C. Stock markets, Credit markets, and Technology – led Growth [J]. Journal of Financial Intermediation, 2016, 32 (10): 45 –59.

[44] Campello, M. , Graham, J. R. & Harvey, C. R. The Real Effects of Financial Constraints: Evidence From a Financial Crisis [J]. Journal of Financial Economics, 2010, 97 (3): 470 –487.

[45] Canepa, A. & Stoneman, P. Financial Constraints to Innovation in the UK: Evidence from CIS2 and CIS3 [R]. Oxford Economic Papers, 2008, 60 (4): 711 -730.

[46] Carlin, W. & Mayer, C. Finance, Investment and Growth [J]. Journal of Financial Economics, 2003, 69 (1): 191 -226.

[47] Carpenter, R., Fazzari, S& Petersen, B. Inventory (dis) Investment, Internal Finance Fluctuations, and the Business Cycle [J]. Brookings Papers in Economic Activity, 1994 (2): 75 -122.

[48] Cetorelli, N. & Gambera, M. Banking Market Structure, Financial Dependence and Growth: International Evidence from Industry Data [J]. The Journal of Finance, 2001, 56 (2): 617 -648.

[49] Chang, K., Zeng, Y. & Wang, W., et al. The Effects of Credit Policy and Financial Constraints on Tangible and Research & Development Investment: Firm - level Evidence from China's Renewable Energy Industry [J]. Energy Policy, 2019, 130: 438 -337.

[50] Chiao, C. Relationship between Debt, R&D and Physical Investment: Evidence from US Firm - level Data [J]. Applied Financial Economies, 2002, 12 (2): 105 -121.

[51] Cincera, M. & Ravet, J. Financing Constraints and R&D Investment of Large Corporations in Europe and the US [J]. Science and Public Policy, 2010, 37 (6): 455 -466.

[52] Claessens, S. & Laeven, L. Financial Development, Property Rights, and Growth [J]. The Journal of Finance, 2003, 58 (6): 2401 -2436.

[53] Cleary, S. The Relationship between Firm Investment and Financial Status [J]. The Journal of Finance, 1999, 54 (2): 673 -692.

[54] Cohen, J., Cohen, P. & West, S. G., et al. Applied Multiple Regression and Correlation for the Behavioral Sciences (3rd ed.) [M]. Mahwah, NJ: Lawrence Erlbaum Associates, 2003.

[55] Colombage, S. R. N. Financial Markets and Economic Performances:

Empirical Evidence from Five Industrialized Economies [J]. Research in International Business and Finance, 2009, 23 (3): 339 – 348.

[56] Conti, A., Thursby, J. & Thursby, M. C. Patents as Signals for Startup Financing [J]. The Journal of Industrial Economics, 2013, 61 (3): 592 – 622.

[57] Czarnitzki, D. & Hottenrott, H. R&D Investment and Financing Constraints of Small and Medium Sized Firms [J]. Small Business Economics, 2011, 36 (1): 65 – 83.

[58] Diamond, D. W. & Dybvig, P. H. Bank Runs, Deposit Insurance, and Liquidity [J]. Journal of Political Economy, 1983, 91: 401 – 419.

[59] Diamond, D. Financial Intermediation and Delegated Monitoring [J]. Review of Economic Studies, 1984, 51: 393 – 414.

[60] Diamond, D. Monitoring and Ruputaion: The Choice between Bank Loans and Directly Placed Debt [J]. Journal of Political Economy, 1991, 99: 689 – 721.

[61] Fazzari, S. M., Hubbard, R. G. & Petersen, B. C. Financing Constraints and Corporate Investment [J]. Brookings Papers on Economic Activity, 1988 (1): 141 – 206.

[62] Fazzari, S. M., Hubbard, R. G. & Petersen, B. C. Investment – cash Sensitivities Are Useful: a Comment on Kaplan and Zingales [J]. Quarterly Journal of Economics, 2000, 115 (2): 695 – 705.

[63] Freeman, C. & Soete, L. The Economics of Industrial Innovation [M]. London: Pinter, 1997.

[64] Gerschenkron, A. Economic Backwardness in Historical Perspective [M]. Economic Backwardness in Historical Perspective, 1962.

[65] Gezici, A., Özgür, O. & Cihan, Y. R&D Activity and Financing Constraints: Evidence from Turkey [J]. Panoeconomicus, 2020, 67 (4): 557 – 571.

[66] Giacinto, M. & Paola, R. Financing R&D Investments: An Analysis on Italian Manufacturing Firms and Their Lending Banks [J]. Economia E Politica Industriale, 2017, 44: 23 – 49.

[67] Giudici, G. & Paleari, S. The Provision of Finance to Innovation: A Survey

Conducted among Italian Technology - based Small Firms [J]. Small Business Economics, 2000, 14 (1): 37 -53.

[68] Goldsmith, R. Financial Structure and Economic Development [M]. New Haven: Yale University Press, 1969.

[69] Goodacre, A. & Tonks, I. Finance and Technological Change [M]. Handbook of the Economics of Technological Change, Oxford: Basil Blackwell, 1995, 298 -341.

[70] Gorodnichenko, Y. & Schnitzer, M. Financial Constrains and Innovation: Why Poor Countries Don't Catch Up [J]. Journal of the European Economic Association, 2013, 11 (5): 1115 -1152.

[71] Greenwald, B. , Stiglitz, J. E. & Weiss, A. Informational Imperfections in the Capital Market and Macroeconomic Fluctuations [J]. American Economic Review, 1984, 74: 194 -199.

[72] Greenwood, J. & Jovanovic, B. Financial Development, Growth and the Distribution of Income [J]. Journal of Political Economy, 1990, 98 (5): 1076 -1107.

[73] Grossman, S. On the Efficiency of Competitive Stock Markets where Trades Have Diverse Information [J]. Journal of Finance, 1976, 31 (2): 573 -585.

[74] Grossman, S. J. & Stiglitz, J. E. On the Impossibility of Informationally Efficient Markets [J]. The American Economic Review, 1980: 393 -408.

[75] Gurley, J. G. & Shaw, E. S. Financial Aspects of Economic Development [J]. American Economic Review, 1955, 45 (4): 515 -538.

[76] Gurley, J. G. & Shaw, E. S. . Financial Intermediaries and the Saving Investment process [J]. Journal of Fiance, 1956, 11 (2): 257 -276.

[77] Gurley, J. G. & Shaw, E. S. Financial Structure and Economic Development [R]. International Finance Discussion Papers, 1967, 15 (3): 189 -242.

[78] Hadlock C. J. & Pierce, J. R. New Evidence on Measuring Financial Constraints: Moving beyond the KZ Index [J]. The Review of Financial Studies, 2010, 23 (5): 1909 -1940.

[79] Hajivassiliou, V. & Savignac, F. Financing Constraints and a Firm's Decision and Ability to Innovate: Establishing Direct and Reverse Effects [R]. FMG Discussion Papers No. 594, Financial Markets Group, London School of Economics and Political Science, 2007.

[80] Hall, B. H., Zvi, G. & Jerry, A. H. Patents and R&D: Is There a Lag? [J]. International Economic Review, 1986, 27: 265 –283.

[81] Hall, B. H. Investment and Research and Development at the Firm Level: Does the Source of Financing Matter? [R]. NBER Working Paper No, 4096, 1992.

[82] Hall, B. H., Jacques, M. & Lee, B., et al. Does Cash Flow Cause Investment and R&D: An Exploration using Panel Data for French, Japanese, and United States Scientific Firms [R]. University of California at Berkeley Working Paper, No. 98 –260, 1998.

[83] Hall, B. H. & Ziedonis, R. H. The patent paradox revisited: An empirical study of patenting in the U. S. semiconductor industry, 1979 – 1995 [J]. The Rand Journal of Economics, 2001, 32 (1): 101 –128.

[84] Hall, B. H. The Financing of Research and Development [J]. Oxford Review of Economic Policy, 2002, 18 (1): 35 –51.

[85] Hall, B. H. & Lerner, J. The Financing of R&D and Innovation [R]. National Bureau of Economic Research Working Paper No. 15326, 2009.

[86] Hall, B. H. & Harhoff, D. Recent research on the economics of patents [J]. Annual Review of Economics, 2012, 4 (1): 541 –565.

[87] Hall, B. H., Pietro, M. & Sandro, M., et al. Financing Constraints, R&D Investments and Innovative Performances: New Empirical Evidence at the Firm Level for Europe [J]. Economics of Innovation and New Technology, 2016, 25 (3): 183 –196.

[88] Harhoff, D. Are There Financing Constraints for R&D and Investment in German Manufacturing Firms? [J]. Annales d'Economie et de Statistique, 1998, 50: 421 –456.

[89] Hausman, J., Hall, B. & Griliches, Z. Econometric Model for Count

Data with an Application to Patent R&D Relationship [J]. Econometrican, 1984, 52 (4): 909 - 938.

[90] Hayes, A. F. Introduction to Mediation, Moderation, and Conditional Process Analysis: A Regression - based Approach [M]. Guilford Press, 2013.

[91] He, Z. & Wintoki, M. B. The Cost of Innovation: R&D and High Cash Holdings in U. S. Firms [J]. 2016, 41: 280 - 303.

[92] Hellman, T., Murdock, K. & Stiglitz, J. Financial Restraint: Towards a New Paradigm [M]. Newyork: Oxford University Press, 1997.

[93] Hellwig, M. Banking, financial intermediation and corporate finance. In A. Giovannini & C. Mayer (Eds.), European Financial Integration [M]. Cambridge: Cambridge University Press: 35 - 63.

[94] Helpman, E. The Mystery of Economic Growth [M]. Cambridge: Harvard University Press, 2004.

[95] Henderson, R. M. & Clark, K. B.. Architectural innovation: The reconfiguration of existing product technologies and the failure of established firms [J]. Administrative Science Quarterly, 1990, 35 (1): 9 - 30.

[96] Herrera, A. M. & Minetti, R. Informed Finance and Technological Change: Evidence from Credit Relationships [J]. Journal of Financial Economics, 2007, 83 (1): 223 - 269.

[97] Himmelberg, C. P. & Bruce, C. P. R&D and Internal Finance: A Panel Study of Small Firms in High - Tech Industries [J]. Review of Economics and Statistics, 1994, 76 (1): 38 - 51.

[98] Holmstrom, B. Agecy Costs and Innovation [J]. Journal of Economic Behavior and Organization, 1989, 12 (3): 305 - 327.

[99] Hsu, P. H., Tian, X. & Xu, Y. Financial Development and Innovation: Cross - country Evidence [J]. Journal of Financial Economics, 2014, 112 (1): 116 - 135.

[100] Hubbard, R. G. Capital - Market Imperfections and Investment [J]. Journal of Economic Literature, 1998, 36 (1): 193 - 225.

[101] Jaffee, D. M. & Russell, T. Imperfect Information, Uncertainty, and Credit Rationing [J]. Quarterly Journal of Economics, 1976, 90 (4): 651 -666.

[102] Jensen, M. C. Agency Cost of Free Cash Flow, Corporate Finance and Takeovers [J]. American Economic Review, 1986, 76: 323 -339.

[103] Jensen, M. C. The Modern Industrial Revolution, Exit, and the Failure of Internal Control System [J]. Journal of Finance, 1993, 48 (4): 831 -880.

[104] Jensen, M. C. & Meckling, W. H. Theory of the Firm: Managerial Behavior, Agency Costs and Ownership Structure [J]. Journal of Financial Economics, 1976, 3: 305 -360.

[105] Kamien, M. I. & Schwartz, N. L. Self - Financing of an R&D Project [J]. The American Economic Review, 1978, 68 (3): 252 -261.

[106] Kapidani, M. & Luci, E. The Effects on Innovation from Financial Sector Development: Evidence from Developing Countries [J]. Journal of Competitiveness, 2019, 11 (2): 84 -94.

[107] Kaplan S. N. & Zingales, L. Do Investment - cash Flow Sensitivities Provide Useful Measures of Financing Constraints [J]. Quarterly Journal of Economics, 1997, 112 (1): 169 -215.

[108] Kaplan S. N. & Zingales, L. Investment - Cash Flow Sensitivities Are Not Valid Measures of Financing Constraints [J]. Quarterly Journal of Economics, 2000, 115 (2): 707 -712.

[109] King, R. G. & Levine, R. Financial Indicators and Growth in a Cross - section of Countries [R]. World Bank Working Paper, No. 819, 1992.

[110] King, R. G. & Levine, R. Finance and Growth: Schumpeter Might be Rights [J]. Quarterly Journal of Economies, 1993, 108 (3): 717 -737.

[111] King, R. G. & Levine, R. Finance, Entrepreneurship and Growth [J]. Journal of Monetary Economics, 1993, 32 (3): 513 -542.

[112] Kogan, L. D. , Papanikolaou, A. S. & Stoffman, N. Technological Innovation, Resource Allocation, and Growth [J]. Quarterly Journal of Economics, 2017, 132 (2): 665 -712.

[113] Kothari, S. P., Laguerre, T. E. & Leone, A. J. Capitalization Versus Expensing: Evidence on the Uncertainty of Future Earnings from Capital Expenditures Versus R&D Outlays [J]. Review of Accounting Studies, 2002, 7 (4): 355 -382.

[114] Khurana, I., Martin, X. & Pereira, R. Financial Development and the Cash Flow Sensitivity of Cash [J]. Journal of Financial and Quantitative Analysis, 2006, 41 (4): 787 -807.

[115] Lach, S. & Schankerman, M. Dynamics of R&D and Investment in the Scientific Sector [J]. Journal of Political Economy, 1989, 97 (4): 880 -904.

[116] Lance E. D. & Douglass C. N. "A Theory of Institutional Change: Concepts and Causes," in Lance E. D. and Douglass C. N, eds., Institutional Change and American Economic Growth [M]. London: Cambridge University Press, 1971: 3 -25.

[117] Leitner, M. & Stehrer, R. R&D and Non - R&D Innovators during the Global Financial Crisis: The Role of Binding Credit Constraints [J]. Journal of Economic, 2016 (11): 1 -38.

[118] Levine, R. Stock Markets, Growth, and Tax Policy [J]. Journal of Finance, 1991, 46 (4): 1445 -1465.

[119] Levine R. Financial Development and Economic Growth: Views and Agenda [J]. Journal of Economic Literature, 1997, 35 (2), 688 -726.

[120] Levine R. Bank - based or Market - based Financial System: Which is Better? [J]. Journal of Financial Intermediation, 2002, 11: 1 -30.

[121] Levine, R. Finance and growth: Theory and Evidence, P. Aghion and S. Durlauf (eds.), Handbook of economic growth [M]. Amsterdam: Elsevie, 2005: 865 -934.

[122] Li, D. Financial Constriants, R&D Investment, and Stock Returns: Theory and Evidence [D]. Degree of Doctor, the University of Pennsylvania, 2007.

[123] Lin, C., Ma, Y. & Xuan, Y. Ownership Structure and Financial Constrainsts: Evidence from a Structural Estimation [J]. Journal of Financial Economics, 2011, 102 (2): 416 -431.

[124] Lin, J. Y. & Tan, G., Policy Burdens, Accountability and the Soft Budget Constraint [J]. American Economic Review, 1999, 89 (2): 426 – 431.

[125] Love, I. Financial Development and Financing Constraints: International Evidence from the Structural Investment Model [J]. Review of Financial Studies, 2003, 16 (3): 765 – 791.

[126] Macey, J. & Miller, G. Universal Banks Are Not the Answer to America's Corporate Governance Problem [J]. Journal of Applied Corporate Finance, 1997, 9 (4): 57 – 73.

[127] MacKinnon, D. P., Warsi, G. & Dwyer, J. H. A Comparison of methods to test mediati on and other intervening variable effects [J]. Psychological Methods, 2002, 7 (1): 83 – 104.

[128] Magri, S. The Financing of Small Innovative Firms: The Italian Case [J]. Economics of Innovation and New Technology, 2009, 18 (2): 181 – 204.

[129] Maria, A., Maria, C. B. & Gustavo, C. Does Financial Development Promote Innovation in Developing Economies? An Empirical Analysis [J]. Review of Development Economics, 2017, 21 (3): 475 – 496.

[130] Marianna, S. & Giuseppina, D. C. Finance and R&D Investment: A Panel Study of Italian Manufacturing Firms [J]. International Journal of Economics and Finance, 2016, 8 (8): 95 – 110.

[131] Mark K. P. & Hinh D. K. Financial Constriant and Cash Holdings in The Reit Industry [J]. Journal of Real Estate Portfolio Management, 2018, 24 (2): 135 – 150.

[132] Martinsson, G. Equity Financing and Innovation: Is Europe Different from the United States? [J]. Journal of Banking and Finance, 2010, 34: 1215 – 1224.

[133] McKinnon, R. I. Money and Capital in Economic Development [M]. Washington, D. C.: Brookings Institution, 1973.

[134] Meierrieks, D. Financial Development and Innovation: Is There Evidence of a Schumpeterian Finance Innovation Nexus? [J]. Annals of Economics and

Finance, 2014, 15 (2): 343 - 363.

[135] Merton, R. C. & Bodie, Z. A Framework for Analyzing the Financial System, in Crane et al. Eds. , The Global Financial System: A Functional Perspective [M]. Boston, Ma, Harvard Business school Press, 1995.

[136] Mina, A. , Lahr, H. & Hughes, A. The Demand and Supply of External Finance for Innovative Firms [J]. Industrial and Corporate Change, 2013, 22 (4): 869 - 901.

[137] Mulkay, B. , Hall, B. H. & Mairesse, J. Firm Level Investment and R&D in France and the United States: A Comparison [M]. Springer Berlin Heidelberg, 2001.

[138] Modigliani, F. & Miller, M. H. American Economic Association the Cost of Capital, Corporation Finance and the Theory of Investment [J]. The American Economic Review, 1958, 48: 261 - 297.

[139] Morales, M. F. Financial Intermediation in a Model of Growth through Creative Destruction [J]. Macroeconomic Dynamics, 2003, 7 (3): 363 - 393.

[140] Myers, S. C. Determinants of Corporate Borrowing [J]. Journal of Financial Economics, 1977, 5 (2): 147 - 175.

[141] Myers, S. C. & Majluf, N. S. Corporate Financing and Investment Decisions When Films Have Information that Investors Do Not Have [J]. Journal of Financial Economics, 1984, 13 (2): 187 - 221.

[142] O'Brien, J. P. The Capital Structure Implications of Pursuing a Strategy of Innovation [J]. Strategic Management Journal, 2003, 24 (5): 415 - 431.

[143] Palangkaraya, A. The Link Between Innovation and Export: Evidence From Australia's Small and Medium Enterprises [R]. ERIA Discussion Paper, 2012.

[144] Peterson, M. A. and Rajan, R. G. The effect of credit market competition on lending relationships [J]. Quarterly Journal of Economics, 1995, 110 (2): 407 - 443.

[145] Platikanov, S. Investments and Firm Characteristics [R]. Financial Management Association October 2006 Meeting, 2006.

[146] Poncet, S., Steingress, W. & Vandenbussche, H. Financial Constraints in China: Firm – Level Evidence [J]. China Economic Review, 2010, 21 (3): 411 – 422.

[147] Rajan, R. G. Stock Markets, Banks, and Growth: Panel Evidence [J]. Journal of Finance, 1992, 47 (4): 1367 – 1400.

[148] Rajan, R. G. & Zingales, L. Financial Dependence and Growth [J]. American Economic Review, 1998, 88 (3): 559 – 586.

[149] Rajan, R. G. & Zingales, L. Financial Systems, Industrial Structure, and Growth [J]. Oxford Review of Economic Policy, 2001, 17 (4): 467 – 482.

[150] Rajan, R. G. Presidential address: the corporation in finance [J]. Journal of Finance, 2012, 67 (4): 1173 – 1217.

[151] Roberto, A. & Gustavo A. C. Heterogeneous Effects of Financial Constraints on Innovation: Evidence from Chile [J]. Science and Public Policy, 2015, 42 (5): 711 – 724.

[152] Romer, P. M. Endogenous Technological Change [J]. Journal of Political Economy, 1990, 98 (5): 71 – 102.

[153] Sasidharan, S., Lukose, J. & Komera, S. Financing Constraints and Investments in R&D: Evidence from Indian Manufacturing Firms [J]. The Quarterly Review of Economics and Finance, 2015, 55: 28 – 39.

[154] Scellaro, G. Patents, Firm Size and Financial Constraints: An Empirical Analysis for a Panel of Italian Manufacturing Firms [J]. Cambridge Journal of Economics, 2007, 31 (1): 55 – 76.

[155] Scherer, F. M. Firm Size, Market Structure, Opportunity, and the Output of Patented Inventions [J]. American Economic Review, 1965, 55 (3): 1097 – 1125.

[156] Schmookler, J. Invention and Economic Growth [M]. Cambridge: Harvard University Press, 1966.

[157] Schumpeter, J. A. The Theory of Economic Development [M]. Cambridge: Havard University Press, 1912.

[158] Schumpeter, J. A. Capitalism, Socialism and Democracy [M]. London: Routledge, 1942.

[159] Segarra, A., Garcia – Quevedo, J. & Teruel, M. Financial Constraints and the Failure of Innovation Projects [R]. Working Papers, Institut d'Economia de Barcelona (IEB), 2013.

[160] Sharma, S. Financial Development and Innovation in Small Firms [R]. World Bank PolicyResearch working paper series, 2007.

[161] Shaw, E. S. Financial Deepening in Economic Development [M]. New York: Oxford University Press, 1973.

[162] Silva, F. & Carreira, C. Do Financial Constraints Threat the Innovation Process? Evidence from Portuguese Firms [J]. Economics of Innovation and New Technology, 2012, 21 (8): 701 – 736.

[163] Sobel, M. E. Asymptotic Confidence Intervals for Indirect Effect in Structural Equation Models [J]. Sociological Methodology, 1982, 13: 290 – 312.

[164] Soderblom, A., Samuelsson, M. & Wiklund, J., et al. Inside the Black Box of Outcome Additionality: Effects of Early – stage Government Subsidies on Resource Accumulation and New Venture Performance [J]. Research Policy, 2015, 44 (8): 1501 – 1512.

[165] Solow, R. M. Technical Change and the Aggregate Production Function [J]. Review of Economics and Statistics, 1957, 39 (3): 312 – 320.

[166] Solt, M. E. SWORD Financing of Innovation in the Biotechnology Industry [J]. Financial Management, 1993, 22 (2): 173 – 187.

[167] Stein, J. C. Efficient Capital Markets, Inefficient Firms: a Model of Myopic Corporate Behavior [J]. Quarterly Journal of Economics, 1989, 104: 655 – 669.

[168] Stiglitz, J. E. & Weiss, A. Credit Rationing in Markets with Imperfect Information [J]. American Economic Review, 1981, 71 (3): 393 – 410.

[169] Stiglitz, J. E. Credit Markets and the Control of Capital [J]. Journal of Money, 1985, 17 (2): 133 – 152.

[170] Stulz, R. M. Financial Structure, Corporate Finance and Economic

Growth [J]. International Review of Finance, 2000, 1 (1): 11 -38.

[171] Tadesse, S. Financial Development and Technology [R]. William Davidson Institute Working Paper, 2005.

[172] Tyagi, R. K. New Product Introductions and Failures under Uncertainty [J]. International Journal of Research in Marketing, 2006, 23 (2): 199 -213.

[173] Ughetto, E. Does Internal Finance Matter for R&D? New Evidence from a Panel of Italian Firms [J]. Cambridge Journal of Economics, 2008, 32 (6): 907 -925.

[174] Weinstein, D. & Yafeh, Y. On the Costs of a Bank - centered Financial System: Evidence from the Changing Main Bank Relations in Japan [J]. Journal of Finance, 1998, 53 (2): 635 -672.

[175] White, T. M. & Wu, G. Financial Constraints Risk [J]. Review of Financial Studies, 2006, 19 (2): 531 -559.

[176] Wurgler, J. Financial markets and the allocation of capital [J]. Journal of Financial Economics, 2000, 58 (1 -2): 187 -214.

[177] Xu, K. , Geng, C. & Wei, X. , et al. Financing Development, Financing Constraint and R&D Investment of Strategic Emerging Industries in China [J]. Journal of Business Economics and Management, 2020, 21 (4): 1010 - 1034.

[178] Zander, U. & Kogut, B. Knowledge and the Speed of the Transfer and Imitation of Organizational Capabilities: An Empirical Test [J]. Organization Science, 1995, 6 (1): 76 -92.

[179] Zhao, W. F. Financial Development and Regional Innovation Output Growth: Based on Empirical Analysis of Provincial Panel Data in China [J]. Modern Economy, 2016, 7 (1): 10 - 19.

[180] 白钦先. 金融结构、金融功能演进与金融发展理论的研究历程 [J]. 经济评论, 2005 (3): 39 -45.

[181] 蔡竞, 董艳. 银行业竞争与企业创新——来自中国工业企业的经验证据 [J]. 金融研究, 2016 (11): 96 - 111.

[182] 曹平, 王桂军. 选择性产业政策、企业创新与创新生存时间——

来自中国工业企业数据的经验证据［J］．产业经济研究，2018（4）：26－39.

［183］陈东，汪敏，沈春苗．金融中介发展提升中国技术创新能力了吗——基于中国省际面板数据的实证分析［J］．山西财经大学学报，2014（11）：1－11.

［184］陈红，张玉，刘东霞．政府补助、税收优惠与企业创新绩效——不同生命周期阶段的实证研究［J］．南开管理评论，2019（3）：187－200.

［185］陈璐．政府补助对科技型企业研发投入影响机制研究——基于企业融资视角［D］．博士学位论文，华南理工大学，2019.

［186］陈强．高级计量经济学及Stata应用［M］．北京：高等教育出版社，2014.

［187］陈强远，林思彤，张醒．中国技术创新激励政策：激励了数量还是质量［J］．中国工业经济，2020（4）：79－96.

［188］陈希敏，王小腾．政府补贴、融资约束与企业技术创新［J］．科技管理研究，2016（6）：11－18.

［189］程玲，汪顺，刘晴．融资约束与企业研发操纵的经济学分析［J］．财贸经济，2019（8）：67－82.

［190］戴静，张建华．金融所有制歧视、所有制结构与创新产出——来自中国地区工业部门的证据［J］．金融研究，2013（5）：86－98.

［191］戴相龙，黄达．中华金融辞库［M］．北京：中国金融出版社，1998.

［192］戴小勇，成力为．金融发展对企业融资约束与研发投资的影响机理［J］．研究与发展管理，2015（3）：25－33.

［193］邓伟，陆敏．股价信息含量对上市公司研发的影响——基于中国制造业上市公司的实证研究［J］．南方金融，2019（1）：15－27.

［194］董小君．建立健全支持我国经济转型升级的现代金融体系［J］．经济研究参考，2014（26）：3－12.

［195］杜小飞．经济政策不确定性和融资约束对企业加成率的影响研究［D］．博士学位论文，大连理工大学，2020.

［196］杜勇，谢瑾，陈建英．CEO金融背景与实体企业金融化［J］．中国工业经济，2019（5）：136－154.

［197］丰若旸，温军．沪港通会促进我国国有企业技术创新吗？［J］．产

业经济研究，2019（4）：88－100.

［198］傅利平，李小静．政府补贴在企业创新过程的信号传递效应分析——基于战略性新兴产业上市公司面板数据［J］．系统工程，2014（11）：50－58.

［199］高歌．产权视角下的企业创新绩效分析［M］．北京：北京大学出版社，2016.

［200］郭联邦，王勇．金融发展、融资约束与企业创新［J］．金融发展研究，2020（4）：17－25.

［201］郭玥．政府创新补助的信号传递机制与企业创新［J］．中国工业经济，2018（9）：98－116.

［202］过新伟，王曦．融资约束、现金平滑与企业 R&D 投资——来自中国制造业上市公司的证据［J］．经济管理，2014（8）：144－155.

［203］韩国高，张倩．政府补贴、制度环境与企业研发投资——基于面板门槛模型的实证检验［J］．投资研究，2017（10）：19－33.

［204］韩元亮，石贝贝，马喜立．金融发展对异质性企业投融资影响的实证研究——基于平衡面板数据的系统 GMM 方法［J］．投资研究，2020（3）：57－71.

［205］何安妮．金融结构对自主创新能力的影响——理论分析和基于全球数据的实证检验［D］．博士学位论文，广西大学，2016.

［206］何晓群．多元统计分析［M］．北京：中国人民大学出版社，2007.

［207］胡永平，王蕾．金融发展、政府补助与企业研发投入——基于创业板上市公司的实证研究［J］．重庆理工大学学报（社会科学），2019（9）：71－78.

［208］黄庆华，陈习定，张芳芳．CEO 两职合一对企业技术创新的影响研究［J］．科研管理，2017（3）：69－76.

［209］黄婷婷，高波．金融发展、融资约束与企业创新［J］．现代经济探讨，2020（3）：22－32.

［210］姬广林．中国金融发展对技术创新影响的实在分析［D］．博士学位论文，吉林大学，2017.

［211］贾俊生，伦晓波，林树．金融发展、微观企业创新产出与经济增

长——基于上市公司专利视角的实证分析［J］. 金融研究，2017（1）：99－113.

［212］蒋冠宏，张馨月. 金融发展与对外直接投资——来自跨国的证据［J］. 国际贸易问题，2016（1）：166－176.

［213］蒋灵多，陆毅. 市场竞争加剧是否助推国有企业加杠杆［J］. 中国工业经济，2018（11）：155－173.

［214］解维敏. 混合所有制与国有企业研发投入研究［J］. 系统工程理论与实践，2019（4）：1067－1078.

［215］解维敏，方红星. 金融发展、融资约束和企业研发投入［J］. 金融研究，2011（5）：171－183.

［216］鞠晓生，卢荻，虞义华. 融资约束、营运资本管理与企业创新可持续性［J］. 经济研究，2013（1）：4－16.

［217］鞠晓生. 中国上市企业创新投资的融资来源与平滑机制［J］. 世界经济，2013（4）：138－159.

［218］黎欢，龚六堂. 金融发展、创新研发与经济增长［J］. 世界经济文海，2014（2）：1－16.

［219］黎文靖，郑曼妮. 实质性创新还是策略性创新？——宏观产业政策对微观企业创新的影响［J］. 经济研究，2016（4）：60－73.

［220］李斌，江伟. 金融发展、融资约束与企业成长［J］. 南开经济研究，2006（3）：68－78.

［221］李广子，刘力. 债务融资成本与民营信贷歧视［J］. 金融研究，2009（12）：137－150.

［222］李红，谢娟娟. 金融发展、企业融资约束与投资效率——基于2002—2013年上市企业面板数据的经验研究［J］. 南开经济研究，2018（4）：36－52.

［223］李汇东，唐跃军，左晶晶. 用自己的钱还是用别人的钱创新——基于中国上市公司融资结构与公司创新的研究［J］. 金融研究，2013（2）：170－183.

［224］李洁，张天顶，黄璟. 融资约束和中国制造业企业成长动态［J］. 产业经济研究，2016（2）：62－73.

[225] 李骏，万君宝．研发补贴与融资约束：信号效应的检验 [J]．上海财经大学学报，2019 (12)：81-95.

[226] 李莉，闫斌，顾春霞．知识产权保护、信息不对称与高科技企业资本结构 [J]．管理世界，2014 (11)：1-9.

[227] 李青原，赵奇伟，李江冰等．外商直接投资、金融发展与地区资本配置效率——来自省级工业行业数据的证据 [J]．金融研究，2010 (3)：89-97.

[228] 李青原，李江冰，江春等．金融发展与地区实体经济资本配置效率——来自省级工业行业数据的证据 [J]．经济学，2013 (1)：527-548.

[229] 李文静．融资约束对技术创新的影响研究 [D]．博士学位论文，中南财经政法大学，2019.

[230] 李香菊，贺娜．税收激励有利于企业技术创新吗？[J]．经济科学，2019 (1)：18-30.

[231] 李晓龙，冉光和，郑威．金融发展、空间关联与区域创新产出 [J]．研究与发展管理，2017 (2)：55-64.

[232] 李延凯，韩廷春．金融环境演化下的金融发展与经济增长：一个国际经验 [J]．世界经济，2013 (8)：145-160.

[233] 李玉山，陆远权．金融歧视、金融错配与技术创新 [J]．研究与发展管理，2020，32 (4)：25-36.

[234] 李真，李茂林，黄正阳．研发融资约束、融资结构偏向性与制造业企业创新 [J]．中国经济问题，2020 (6)：121-133.

[235] 林毅夫，李永军．中小金融机构发展与中小企业融资 [J]．经济研究，2001 (1)：10-18.

[236] 林毅夫，孙希芳，姜烨．经济发展中的最优金融结构理论初探 [J]．经济研究，2009 (8)：4-17.

[237] 刘飞，杜建华，Chao Bian. 股票卖空机制与企业研发投资 [J]．科研管理，2020 (2)：152-161.

[238] 刘家树，范从来．内外融资对企业不同阶段创新投资的异质性效应——基于中国制造业上市公司的数据 [J]．商业经济与管理，2019 (1)：

88 – 97.

[239] 刘津宇，王正位，朱武祥．产权性质、市场化改革与融资歧视——来自上市公司投资—现金流敏感性的证据［J］．南开管理评论，2014，17（5）：126 – 135.

[240] 刘莉亚，何彦林，王照飞等．融资约束会影响中国企业对外直接投资吗？——基于微观视角的理论和实证分析［J］．金融研究，2015（8）：124 – 140.

[241] 刘胜强，林志军，孙芳城等．融资约束、代理成本对企业 R&D 投资的影响——基于我国上市公司的经验证据［J］．会计研究，2015（11）：62 – 68.

[242] 刘文琦，何宜庆，郑悦．金融深化、融资约束与企业研发投资——基于行业异质性视角的分析［J］．江西社会科学，2018（12）：197 – 206.

[243] 刘新民，宋红汝，范柳．政府补助、企业创新对投资者投资决策的信号传递效应［J］．科技进步与对策，2020（1）：26 – 33.

[244] 刘张发．所有制性质、内部薪酬差距与企业创新——基于企业创新的三个维度［J］．山西财经大学学报，2019（11）：69 – 82.

[245] 卢盛峰，陈思霞．政府偏袒缓解了企业融资约束吗？——来自中国的准自然实验［J］．管理世界，2017（5）：51 – 65.

[246] 卢馨，郑阳飞，李建明．融资约束对企业 R&D 投资的影响研究——来自中国高新技术上市公司的经验证据［J］．会计研究，2013（5）：51 – 58.

[247] 逯东，余渡，黄丹．内部培养与外部空降：谁更能促进企业创新［J］．中国工业经济，2020（10）：157 – 174.

[248] 吕晓军．政府补贴对企业技术创新的影响研究——来自战略性新兴产业上市公司的经验证据［D］．博士学位论文，武汉大学，2015.

[249] 马述忠，张洪胜，王笑笑．融资约束与全球价值链地位提升——来自中国加工贸易企业的理论与证据［J］．中国社会科学，2017a（1）：83 – 107.

[250] 马述忠，张洪胜．集群商业信用与企业出口——对中国出口扩张奇迹的一种解释［J］．经济研究，2017b（1）：13 – 27.

[251] 彭明生，范从来．中国金融改革的实践及其深化改革的方向［J］．学术月刊，2020（5）：51 – 61.

[252] 彭兴韵. 金融发展的路径依赖与金融自由化 [M]. 上海: 上海人民出版社, 2002.

[253] 彭俞超. 金融功能观视角下的金融结构与经济增长——来自1989—2011年的国际经验 [J]. 金融研究, 2015 (1): 32-49.

[254] 钱水土, 张宇. 科技金融发展对企业研发投入的影响研究 [J]. 科学学研究, 2017 (9): 1320-1325.

[255] 钱雪松, 杜立, 马文涛. 中国货币政策利率传导有效性研究: 中介效应和体制内外差异 [J]. 管理世界, 2015 (11): 11-28.

[256] 饶华春. 中国金融发展与企业融资约束的缓解——基于系统广义矩估计的动态面板数据分析 [J]. 金融研究, 2009 (9): 156-164.

[257] 申广军, 龚雅, 姛姚洋. 金融发展与教育回报率的地区差异 [J]. 金融研究, 2015 (3): 131-145.

[258] 沈红波, 寇宏, 张川. 金融发展、融资约束和企业投资的实证研究 [J]. 中国工业经济, 2010 (6): 55-64.

[259] 施炳展, 李建桐. 互联网是否促进了分工: 来自中国制造业企业的证据 [J]. 管理世界, 2020 (4): 130-147.

[260] 石璋铭, 谢存旭. 银行竞争、融资约束与战略性新兴产业技术创新 [J]. 宏观经济研究, 2015 (8): 117-126.

[261] 孙静, 许涛, 俞乔. 基于金融功能的金融结构促进技术创新之作用机制研究 [J]. 山东社会科学, 2019 (3): 109-113.

[262] 孙俊杰, 彭飞. 金融发展、研发投入对民营企业融资能力影响的实证检验 [J]. 统计与决策, 2019 (5): 185-188.

[263] 孙晓华, 王昀, 徐冉. 金融发展、融资约束缓解与企业研发投资 [J]. 科研管理, 2015 (5): 47-54.

[264] 孙雪娇, 翟淑萍, 于苏. 柔性税收征管能否缓解企业融资约束——来自纳税信用评级披露自然实验的证据 [J]. 中国工业经济, 2019 (3): 81-99.

[265] 孙早, 肖利平. 融资结构与企业自主创新——来自中国战略性新兴产业A股上市公司的经验证据 [J]. 经济理论与经济管理, 2016 (3): 45-58.

[266] 谭雪. 行业竞争、产权性质与企业社会责任信息披露——基于信

号传递理论的分析［J］. 产业经济研究，2017（3）：15－28.

［267］谭之博，赵岳．外商直接投资的挤入挤出效应：金融发展的影响［J］. 金融研究，2014（9）：69－83.

［268］唐清泉，肖海莲．融资约束与企业创新投资—现金流敏感性——基于企业 R&D 异质性视角［J］. 南方经济，2012（11）：40－54.

［269］唐松，伍旭川，祝佳．数字金融与企业技术创新——结构特征、机制识别与金融监管下的效应差异［J］. 管理世界，2020（5）：52－66.

［270］王春丽，马路．股权性质、股权集中度和股权制衡度与研发投入绩效［J］. 投资研究，2017（7）：138－147.

［271］王洪盾，吴虹仪，岳华．第二类代理问题与企业研发投入——基于中国制造业上市公司的实证分析［J］. 工业技术经济，2020（6）：45－53.

［272］王山慧．中国上市公司 R&D 投资的融资约束研究［D］. 博士学位论文，华中科技大学，2013.

［273］王世强，张金山．金融发展水平对区域创新创业能力提升的影响研究［J］. 经济纵横，2020（12）：109－117.

［274］王文华，张卓．金融发展、政府补贴与研发融资约束——来自股高新技术上市公司的经验证据［J］. 经济与管理研究，2013（11）：51－57.

［275］王昱，成力为，安贝．金融发展对企业创新投资的边界影响——基于 HECKIT 模型的规模与效率门槛研究［J］. 科学学研究，2017（1）：110－124.

［276］王昱．金融发展对企业创新影响的边际效应研究［D］. 博士学位论文，大连理工大学，2015.

［277］王智波，李长洪．轻资产运营对企业利润率的影响——基于中国工业企业数据的实证研究［J］. 中国工业经济，2015（6）：108－121.

［278］魏志华，曾爱民，李博．金融生态环境与企业融资约束——基于中国上市公司的实证研究［J］. 会计研究，2014（5）：73－95.

［279］温忠麟，张雷，侯杰泰等．中介效应检验程序及其应用［J］. 心理学报，2004（9）：614－620.

［280］吴秋生，黄贤环．财务公司的职能配置与集团成员上市公司融资约束

缓解 [J]. 中国工业经济, 2017 (9): 156 - 173.

[281] 夏清华, 何丹. 政府研发补贴促进企业创新了吗——信号理论视角的解释 [J]. 科技进步与对策, 2020 (1): 92 - 101.

[282] 肖利平. 公司治理如何影响企业研发投入? ——来自中国战略性新兴产业的经验考察 [J]. 产业经济研究, 2016 (1): 60 - 70.

[283] 肖珉. 现金股利、内部现金流和投资效率 [J]. 金融研究, 2010 (10): 117 - 134.

[284] 邢会, 王飞, 高素英. 政府补助促进企业实质性创新了吗——资源和信号传递双重属性协同视角 [J]. 现代经济探讨, 2019 (3): 57 - 64.

[285] 严若森, 姜潇. 关于制度环境、政治关联、融资约束与企业研发投入的多重关系模型与实证研究 [J]. 管理学报, 2019 (1): 84 - 72.

[286] 杨洋, 魏江, 罗来军. 谁在利用政府补贴进行创新? ——所有制和要素市场扭曲的联合调节效应 [J]. 管理世界, 2015 (1): 75 - 98.

[287] 杨志群. 金融集聚、金融发展对企业技术创新的影响研究 [D]. 博士学位论文, 南开大学, 2013.

[288] 姚耀军, 董钢峰. 中小企业融资约束缓解: 金融发展水平重要抑或金融结构重要? ——来自中小企业板上市公司的经验证据 [J]. 金融研究, 2015 (4): 148 - 161.

[289] 殷剑峰. 金融结构与经济增长 [M]. 北京: 人民出版社, 2006.

[290] 于蔚, 汪淼军, 金祥荣. 政治关联和融资约束: 信息效应与资源效应 [J]. 经济研究, 2012 (9): 125 - 139.

[291] 余明桂, 钟慧洁, 范蕊. 民营化、融资约束与企业创新——来自中国工业企业的证据 [J]. 金融研究, 2019 (4): 75 - 91.

[292] 余琰, 李怡宗. 高息委托贷款与企业创新 [J]. 金融研究, 2016 (4): 99 - 114.

[293] 余子良, 佟家栋. 所有制、出口行为与企业融资约束 [J]. 世界经济, 2016 (3): 26 - 48.

[294] 俞成森. 金融结构对技术创新的影响研究——基于投入和效率视角的国际比较 [D]. 博士学位论文, 中央财经大学, 2019.

[295] 岳怡廷，张西征. 异质性企业创新投入资金来源差异及其变迁研究 [J]. 科学学研究，2017 (1)：125 - 138.

[296] 张凡. 金融发展、企业融资行为与融资约束缓解——基于微观结构理论的实证分析 [J]. 财经问题研究，2015 (7)：122 - 128.

[297] 张洪胜. 贸易自由化、融资约束与中国外贸转型升级 [D]. 博士学位论文，浙江大学，2017.

[298] 张杰，芦哲，郑文平等. 融资约束、融资渠道与企业 R&D 投入 [J]. 世界经济，2012 (10)：66 - 90.

[299] 张杰，高德步. 金融发展与创新：来自中国的证据与解释 [J]. 产业经济研究，2017 (3)：43 - 57.

[300] 张璟，刘晓辉. 融资结构、企业异质性与研发投资——来自中国上市公司的经验证据 [J]. 经济理论与经济管理，2018 (1)：75 - 86.

[301] 张明祥. 上市公司内部控制缺陷与融资约束研究 [D]. 博士学位论文，中央财经大学，2019.

[302] 张倩肖，冯雷. 金融发展与企业技术创新——基于中国 A 股市场上市公司的经验分析 [J]. 统计与信息论坛，2019 (5)：25 - 33.

[303] 张璇，李子健，李春涛. 银行业竞争、融资约束与企业创新——中国工业企业的经验证据 [J]. 金融研究，2019 (10)：98 - 116.

[304] 张璇，刘贝贝，汪婷等. 信贷寻租、融资约束与企业创新 [J]. 经济研究，2017 (5)：161 - 174.

[305] 张玉娟，张学慧，长青. 股权结构、高管激励对企业创新的影响机理及实证研究——基于 A 股上市公司的经验证据 [J]. 科学管理研究，2018 (4)：67 - 75.

[306] 张志强. 金融发展、研发创新与区域技术深化 [J]. 经济评论，2012 (3)：82 - 92.

[307] 章卫东，黄一松，李斯蕾等. 信息不对称、研发支出与关联股东认购定向增发股份——来自中国证券市场的经验数据 [J]. 会计研究，2017 (1)：68 - 74.

[308] 赵增耀，周晶晶，沈能. 金融发展与区域创新效率影响的实证研

究——基于开放度的中介效应［J］. 科学学研究，2016（9）：1408－1416.

［309］甄丽明，杨群华. 产权性质、薪酬制度与企业研发——基于中国上市公司的实证检验［J］. 南方经济，2014（12）：82－95.

［310］郑妍妍，戴晓慧，魏倩. 融资约束与企业研发投资——来自中国工业企业的微观证据［J］. 中央财经大学学报，2017（5）：58－66.

［311］钟腾. 金融发展如何支持企业创新：研究综述和展望［J］. 金融监管研究，2019（4）：62－76.

［312］钟腾，汪昌云. 金融发展与企业创新产出——基于不同融资模式对比视角［J］. 金融研究，2017（12）：127－142.

［313］钟田丽，马娜，胡彦斌. 企业创新投入要素与融资结构选择——基于创业板上市公司的实证检验［J］. 会计研究，2014（4）：66－73

［314］周铭山，张倩倩."面子工程"还是"真才实干"？——基于政治晋升激励下的国有企业创新研究［J］. 管理世界，2016（12）：116－132.

［315］朱冰，张晓亮，郑晓佳. 多个大股东与企业创新［J］. 管理世界，2018（7）：151－165.

［316］朱欢. 中国金融发展对企业技术创新的效应研究［D］. 博士学位论文，中国矿业大学，2012.

［317］朱琳，伊志宏. 资本市场对外开放能够促进企业创新吗？——基于"沪港通"交易制度的经验证据［J］. 经济管理，2020（2）：40－57.

［318］祝继高，齐肖，汤谷良. 产权性质、政府干预与企业财务困境应对——基于中国远洋、尚德电力和李宁公司的多案例研究［J］. 会计研究，2015（5）：28－34，94.

［319］庄芹芹. 中国制造业企业融资约束对研发投入的影响研究［J］. 当代经济管理，2020（42）：1－11.

［320］庄毓敏，储青青，马勇. 金融发展、企业创新与经济增长［J］. 金融研究，2020（4）：11－30.